ORAÇÕES DE DAVÍ

Comentário Bíblico

ORAÇÕES DE DAVI

Abdenal Carvalho

DEDICATÓRIA

Desejo homenagear com o primeiro volume desta série aos verdadeiros autores desta obra: Deus Pai, Deus Filho e o Deus Espírito Santo, que por sua incomparável misericórdia escolheram me inspirar para criar, escrever e publicar esta importantíssima obra que com toda certeza enriquecerá bastante o conhecimento de cada leitor e o levará a conhecer mais do infinito amor que o Senhor tem por cada um de seus escolhidos.

SUMÁRIO

Prefácio

Toda Escritura divinamente inspirada é proveitosa para ensinar, para redarguir, para corrigir, para instruir em justiça, para que o homem de Deus seja perfeito e perfeitamente instruído para toda boa obra" (2 Tm 3.16,17). Cremos na inspiração plenária da Bíblia. Deus fala com os homens pela Palavra. Ele fala conosco pelo Filho. Mas sem a palavra escrita como saberíamos que o Verbo (ou Palavra) se fez carne?

Ele fala conosco pelo Espírito, mas o Espírito usa a Palavra escrita como veículo de revelação, pois Ele é o verdadeiro Autor das Santas Escrituras. O que o Espírito revela está de acordo com a Palavra. A fé cristã deriva da Bíblia. Esta é o fundamento para a fé, para a salvação e para a santificação. É o guia do caráter e conduta cristãos. "Lâmpada para os meus pés é tua palavra e luz, para o meu caminho" (Sl 119.105).

A revelação de Deus e sua vontade para os homens são adequadas e completas na Bíblia. A grande tarefa da igreja é comunicar o conhecimento da Palavra, iluminar os olhos do entendimento e despertar e aclarar a consciência para que os homens aprendam a viver "neste presente século sóbria, justa e piamente".

Este processo conduz à posse da "herança [que é] incorruptível, incontaminável e que se não pode murchar, guardada nos céus" (Tt 2.12; 1 Pe 1.4). — G. B. Williamson

A Integridade de Davi

C omo um profundo conhecedor da vontade de Deus e de sua aversão contra a prática do pecado e da rebelião humana o Salmista deixa claro nos versos deste cântico, escrito especialmente para relembrar ao Senhor de sua integridade, que seguia fielmente seus desígnios quanto a afastar-se do mal. Davi sabia que as más companhias poderiam corromper o caminho do justo e que satanás vivia à espreita.

Esperando por uma chance de destruir aqueles que se esforçavam para viver retamente. Então, sabiamente ele decide afastar-se de qualquer perigo à sua vida espiritual. Sua atitude nos estimula a compreender os esforços que todos nós, cristãos, devemos fazer para nos mantermos íntegros às exigências de santidade que o Senhor faz ao seu povo desde os primórdios (Levítico 18:1-5)

E, principalmente agora, quando vivemos a época da apostasia, onde muitos abandonaram a verdadeira fé e o pecado, bem como a ideia de salvação, se tornou um tabu religioso. Na semelhança do salmista devemos nos esforçar para oferecer maior reverencia e adoração ao nosso Criador. Buscar a santidade necessária e nos afastarmos o máximo possível daqueles que se renem no objetivo de praticar o pecado deliberado em afronta ao que é sagrado.

Salmo - 1

"Bem-aventurado o homem que não anda segundo o conselho dos ímpios, nem se detém no caminho dos pecadores, nem se assenta na roda dos escarnecedores.

Antes tem o seu prazer na lei do Senhor, e na sua lei medita de dia e de noite.

Pois será como a árvore plantada junto a ribeiros de águas, a qual dá o seu fruto no seu tempo; as suas folhas não cairão, e tudo quanto fizer prosperará.

Não são assim os ímpios; mas são como a moinha que o vento espalha.

Por isso os ímpios não subsistirão no juízo, nem os pecadores na congregação dos justos.

Porque o Senhor conhece o caminho dos justos; porém o caminho dos ímpios perecerá"

" Uma das chaves para nosso crescimento espiritual é voltar-se para Deus e nos afastar dos tipos de pessoa que nos leva à tentação. E não há maior fonte de sabedoria e orientação do que a Palavra de Deus. Quando deixamos de estudar e aplicar as Escrituras, nossa tendência é vaguear pela vida e ou ir atrás daqueles que não seguem ao Senhor. Se não tivermos o cuidado de guiar nossa vida pela Bíblia **seremos jogados de um lado para o ouro por qualquer moda ou filosofia que surgir em nosso caminho"**

— ARTERBURN, Stephen e MERRILL, Dean. Bíblia de Estudos Desafio de Todo Homem, pg 624, 2000

"O Salmo primeiro, é um exemplo de vida dedicada a Deus. Se todos nós, como cristão, entendermos a preciosidade desses versos que o compõe, teremos uma vida próspera e abundante na presença de Deus. Esse é o primeiro comentário bíblico (estudo) que faço aqui no site sobre os Salmos, e fiz questão de começar literalmente pelo início do livro dos Salmos, porque sei a importâncias desse salmo que será analisado. Podemos dividi-lo em duas partes:

Verso 1 ao 3: A benção dos santos.

Verso 4 ao 6: A carga do pecador.

Como você mesmo deve ter observado acima, ele irá tratar, tanto daqueles que servem ao Senhor como os que se desviaram dos caminhos dele. Não consigo imaginar um cristão sem viver esse salmo, pois nele está rigorosamente escrito o caminho para a cumprir a vontade de Deus em nossas vidas.

Nesse estudo, serei bem enfático, analisando o máximo possível, versículo por versículo. Quero transpor com clareza e amor, minha compreensão sobre cada verso, claro, com subsídios adicionais. Tentando ao máximo mostrar, toda a verdade nele contida. Se você porventura, "chegou aqui de paraquedas" e ainda não leu esse salmo, por favor, leia abaixo para sua melhor compreensão:

"Bem-aventurado o varão que não anda segundo o conselho dos ímpios, nem se detém no caminho dos pecadores, nem se assenta na roda dos escarnecedores. Antes, tem o seu prazer na lei do SENHOR, e na sua lei medita de dia e de noite.

Pois será como a árvore plantada junto a ribeiros de águas a qual dá o seu fruto na estação própria, e cujas folhas não caem, e tudo quanto fizer prosperará. Não são assim os ímpios; mas são como a moinha que o vento espalha. Pelo que os ímpios não subsistirão no juízo, nem os pecadores na congregação dos justos. Porque o SENHOR conhece o caminho dos justos; mas o caminho dos ímpios perecerá" **(Salmos 1.1-6)**

Não se sabe ao certo, quem foi o escritor desse Salmo, mas sabemos que quando compuseram a ordem do livro dos Salmos, esse foi escolhido para ser o primeiro. Mas, vamos logo ao estudo desse lindo texto, hoje você irá aprender:

> Bem-aventurado o varão.

> Antes tem o seu prazer na lei do SENHOR.

> Pois será como a árvore plantada junto a ribeiros de águas.

> Não são assim os ímpios.

> Pelo que os ímpios não subsistirão no juízo.

Bem-aventurado o varão

"Bem-aventurado o varão que não anda segundo o conselho dos ímpios, nem se detém no caminho dos pecadores, nem se assenta na roda dos escarnecedores" **(Salmos 1.1)**

O escritor desse salmo, começa de forma clara, demonstrando como um homem deve verdadeiramente portar-se diante de Deus. E ele não podia iniciar falando de outra coisa, se não, dos que são bem-aventurados. Esse termo bem-aventurado, é em outras palavras, explicado como: "Mais que felizes". Ele é bastante utilizado também por Jesus, _(Mateus 5). Se pararmos para pensar, não é possível construir um prédio sem escavação.

Semelhantemente, não pode haver vida santa sem renúncia do mal. Todos aqueles que querem ser justou, ou melhor dizendo. Um homem bem-aventurado, deve ir na contramão de uma sociedade ímpia, pecadora e escarnecedora. Quando estamos constantemente, em contato com o mal, a tendência é ser leal a ele. Assim sendo, o escritor sabia que, aqueles que realmente querem se aproximar de Deus, devem fugir da aparência do maligno **(1 Tessalonicenses 5.22).**

A verdadeira felicidade de um homem justo, consiste em:

1 - Não anda segundo o conselho dos ímpios: Ímpio é aquele que é desumano, bárbaro e até cruel. Não adianta seguir o conselho desses homens, pois esses consistem em pensamentos antropocêntricos, exaltando sua vontade da carne e rejeitando a vontade do Espírito Santo.

2- - Os ímpios, são pessoas que não tem de forma alguma os frutos do Espírito em suas vidas **(Gálatas 5.22)** E todos nós somos chamados para produzir frutos dignos de arrependimento **(Mateus 3.8).**

A palavra, ímpio, também expressa, de uma maneira clara a desarmoniosa que o pecado incutiu na natureza humana, afetando o relacionamento do homem com Deus, com o próximo e consigo mesmo.

3 - Nem se detém no caminho dos pecadores: A forma intensa do termo traduzido por pecadores indica que o autor tinha temor. **E referia-se a** transgressores habituais e determinados. Nós sabemos que os nossos pecados nos afastam de Deus **(Isaías 59.2).** Então de forma alguma podemos se deter no caminho dos pecadores, pois isso nos afasta do Criador.

3- Nem se assenta na roda dos escarnecedores: Os escarnecedores, com frequência descritos no livro de Provérbios. São "os ímpios da pior qualidade; eles são arrogantes, briguentos, injuriosos, inimigos da paz e ordem entre os homens e em suas comunidades, e zombadores da bondade". Escarnecedores também são aqueles que rejeitam nosso Jesus, então imagine você cristão assentado em uma roda. Aonde tudo que eles falam ou estão zombando ou difamando o nome do Senhor. Esse último é tão grave e diabólico, que uma vez tomei conhecimento sobre um fato de um terreiro de Umbanda, localizado perto de minha residência.

Foi me informado que todos aqueles que iam lá, e já tinha de alguma forma ou outra, acreditado na pessoa de Jesus. Se realmente decidissem seguir a religião Umbanda.

Deviam ficar trancados em uma sala, durante um período de um dia e lá zombavam e xingavam o Espírito Santo de Deus. Agora pense, se o diabo faz isso com todos aqueles que são seus seguidores. Porque então você continua se assentando ao lado dessas pessoas?

Existe um progresso inequívoco aqui, descrevendo o caminho que o justo evita com todo cuidado. **"Anda"** significa uma associação casual ou passageira com aqueles que estão fora de sintonia com Deus.

"Detém" é uma comunhão contínua com pessoas que são continuamente pecaminosas em atitudes e atos. **"Assenta"** implica que a pessoa está à vontade no meio daqueles que zombam de Deus e da religião. A pessoa **justa** recusa-se a dar um passo sequer em direção a esse caminho inferior.

Antes, tem o seu prazer na lei do Senhor

"Antes, tem o seu prazer na lei do SENHOR, e na sua lei medita de dia e de noite" **(Salmos 1.2)** Tudo aquilo que já foi descrito no verso 1, complementa esse verso 2. Um verdadeiro homem feliz é aquele que sente prazer na lei do SENHOR. E medita de dia e de noite nela.

Acerca disso, o comentário bíblico BEACON diz: *O caráter do justo é então descrito positivamente. Uma pessoa que é verdadeiramente feliz faz o seguinte: Ela tem o seu prazer na lei do SENHOR. O ensino ou instrução de Javé. O termo hebraico* **torah** *tem um significado muito mais amplo do que é sugerido por "lei".*

Ela representa todo o caminho revelado de vida contido nos ensinos de Moisés e nos profetas e é usada paralelamente com a expressão "a palavra do Senhor". Estes termos são virtualmente sinônimos. O termo hebraico para medita vem da raiz que sugere o murmúrio (sussurro) daquele que está estudando à meia voz as palavras de um livro.

"A verdadeira felicidade não se encontra no próprio pensamento do homem, mas na vontade revelada de Deus". *O cristão é* **"gerado, guiado e nutrido pela Bíblia".**

Se uma pessoa não tem um mínimo de interesse de saber sobre a Bíblia, quero dizer, que essa pessoa e um ateu são quase a mesma coisa. Porque os dois falam do que não conhecem. Para isso, todos nós devemos meditar nas Escrituras, pois como o salmista disse, são lâmpadas para os nossos pés. E luz para os caminhos **(Salmos 119.105).**

Você também pode descobrir um pouco mais sobre meditar em outro estudo que publicamos aqui no site, ensinando justamente sobre isso. O alimento de todo cristão deve ser a Palavra, logo, se ele não lê, estará sem alimento sólido, sujeito facilmente a cair em pecado.

Pois será como a árvore plantada junto a ribeiros de águas

"Pois será como a árvore plantada junto a ribeiros de águas, a qual dá o seu fruto na estação própria, e cujas folhas não caem, e tudo quanto fizer prosperará" **(Salmos 1.3)**

Em consequência dessa vida de devoção a Deus, seremos com uma arvore aonde tem abundância de água e fruto. Cujo as folhas não caem e tudo quanto fizer prosperará. Se pegar cada um desses elementos citados podemos aprender 3 verdades importantes sobre esse verso, vejamos:

1- Abundância de água: Uma pessoa que é justa, tem sempre água para produzir os seus frutos. Se analisar água segundo a Bíblia.

Veremos que o próprio Senhor falou que quem nele crê rios de águas vivas correrão do seu ventre **(João 7.38).** Essa água é o Espírito Santo em nossas vidas, que muitas das vezes diante das dificuldades ele nos ajuda. Somente uma pessoa que é plantada junto a ribeiros de águas, consegue provar da graça e da paz proporcionada por Jesus.

2- Abundância de fruto: Uma pessoa na presença de Deus, dá os frutos na estação própria. Não importa por qual momento que você está passando, se muita das vezes parece impossível, continue pelejando. Deus vai fazer no momento certo seus frutos aparecer.

Lembre-se da ilustração que ele fez com a videira, toda a vara que não dá fruto ele tira, porém, aquelas que dão fruto, ele limpa, para que dê mais fruto ainda, porque sem Ele nada podemos fazer **(João 15.1-5).**

3- As folhas não caem e tudo quanto fizer prosperará: As folhas não cair é um símbolo de prosperidade dessa árvore. Vale ressaltar que não estou falando de uma prosperidade igual a muitos que creem que Jesus é obrigado a te dar. A prosperidade que estou falando, é aquela que você luta e peleja e nunca falta nada na sua casa. Ainda que por certos dias, você não tenha toda a fartura, pode ter certeza, de fome você não morre. Aliás, esses dias me peguei pensando, eu percebo que existem pessoas na igreja que mesmo com muitas necessidades.

Principalmente alimentícias, mas elas, nunca morrem de fome, porque Jesus sempre está cuidando de um jeito ou de outro. Pode ter certeza, que Jesus está cuidando e cultivando cada árvore que persevera na sua presença.

Como disse no início do estudo, estes três primeiros versos, que já foram analisados, fala sobre a benção dos santos, agora, iremos analisar a carga do pecador!

Não são assim os ímpios

"Não são assim os ímpios; mas são como a moinha que o vento espalha" **(Salmos 1.4)** Existe um enorme contraste entre o pecador e o justo. Como já vimos, aqueles que estão no Mestre, são como árvores, em contrapartida, os ímpios são apenas moinha (palha) que o próprio vento espalha.

Podemos contextualizar um pouco mais essas palavras. Naquela época no local de debulha. Aonde geralmente era no topo de um monte, jogava-se o trigo e a palha juntos para cima O vento levava somente a palha, pois o trigo, era pesado. Esses são os caminhos pecaminosos, são levados pelos ventos. Uma hora está de um jeito, e algum tempo depois, já está de outro. Não tem consistência naquilo que faz ou que vive, fica pulando de galho em galho sem ter um verdadeiro rumo na vida. Nós como servos do Soberano, não podemos de forma alguma ser assim. Pois, se como a palha significa que somos facilmente enganados.

Aliás, existem tantas igrejas hoje em dia pregando heresias em cima dos seus púlpitos, justamente por causa disso. As pessoas são como palhas, não querem se aprofundar na verdade. Muitos já não oram e também não leem a Bíblia. Um povo longe da verdade, levado por falsos mestres **(1 Timóteo 4.1-16).** Como toda atitude leva a uma consequência, veremos a dos ímpios.

Pelo que os ímpios não subsistirão no juiz

"Pelo que os ímpios não subsistirão no juízo, nem os pecadores na congregação dos justos. Porque o SENHOR conhece o caminho dos justos; mas o caminho dos ímpios perecerá" **(Salmos 1.5-6)**

Para esse último tópico, faço questão de mencionar novamente o **comentário bíblico BEACON**: As pessoas ímpias são semelhantes à palha, sem raízes ou frutos, incapazes de subsistir no juízo (5). Os ímpios não conseguirão sobreviver ao julgamento do último dia nem ao julgamento contínuo do peneirar providencial de Deus do caráter humano. Nem resistirão os pecadores na congregação dos justos. Esses pecadores são persistentes e habituais, como no versículo

1. A congregação dos justos é o ideal bíblico para a verdadeira comunidade de fé.

O propósito dos julgamentos atuais de Deus bem como do seu julgamento final no porvir (Mateus 13.24-30, 36-43) é remover o mal e os malfeitores de sua Igreja. Um resumo do contraste entre justo e ímpio no Salmo 1 pode ser observado no seu último versículo. A primeira parte do versículo 6, "Porque o Senhor conhece o caminho dos justos", resume os versículos 1-3. A segunda parte resume os versículos 4-5. O Senhor conhece, não no sentido abstrato de estar ciente ou informado.

Mas no sentido concreto e pessoal de cuidar, aprovar, guiar e estar atento. E possível, em alguns contextos, traduzir o termo **"Vada"**, (conhecer), por "cuidar" ou "se importar". De modo inverso, o caminho dos ímpios perecerá, terminará em ruína, "caminhos da morte" (Provérbios 14.12). As primeiras e últimas palavras do salmo resumem o contraste que é traçado entre os justos e os ímpios: bem-aventurado e perecerá." **— *Versão bíblica – Almeida corrigida e revisada (Fiel) - Comentário bíblico BEACON***

A Prepotência dos Poderosos

Ahumanidade caminhou rumo ao futuro na crença deliberada de que tudo o que tem conquistado até hoje foi fruto de seus próprios esforços e que depende do trabalho de seus próprios braços o êxito de suas conquistas, sejam no âmbito pessoal, social, cientifica ou tecnológica, negando dessa maneira o poder absoluto de Deus sobre todas as coisas, inclusive nas nossas vidas e em o universo como um todo.

No Salmo de número dois vemos Davi se perguntando o porquê de as pessoas confiarem nas suas riquezas ou nos homens poderosos para resolverem suas questões pessoais ou sociais. Quando sabemos que a Ele pertence todo o poder necessário para trazer a paz, cura, liberdade e mudança que necessitamos.

Aqui podemos citar o que foi pronunciado através do profeta Jeremias, que diz: "Assim diz o Senhor: Maldito o homem que confia no homem, e faz da carne o seu braço, e aparta o seu coração do Senhor!" (Jeremias 17:5) Este Salmo, também, menciona Jesus Cristo, descendente de Davi, como o Ungido do Senhor (O Messias) evidenciando seu poder e glória como único Senhor sobre os céus e a terra, Bem como seu Reino Futuro

Salmos 2

Por que se amotinam os gentios, e os povos imaginam coisas vãs? Os reis da terra se levantam e os governos consultam juntamente contra o Senhor e contra o seu ungido, dizendo. Rompamos as suas ataduras, e sacudamos de nós as suas cordas.

Aquele que habita nos céus se rirá; o Senhor zombará deles. Então lhes falará na sua ira, e no seu furor os turbará.

Eu, porém, ungi o meu Rei sobre o meu santo Monte de Sião. Proclamarei o decreto: o Senhor me disse: Tu és meu Filho, eu hoje te gerei. Pede-me, e eu te darei os gentios por herança, e os fins da terra por tua possessão.

Tu os esmigalharás com uma vara de ferro; tu os despedaçarás como a um vaso de oleiro. Agora, pois, ó reis, sede prudentes; deixai-vos instruir, juízes da terra. Servi ao Senhor com temor, e alegrai-vos com tremor.

Beijai o Filho, para que se não ire, e pereçais no caminho, quando em breve se acender a sua ira; bem-aventurados todos aqueles que nele confiam.

"Se Deus está no controle do mundo, porque insistimos em fazer as coisas à nossa maneira? Lemos aqui que lutar contra os planos divino é uma coisa tola a se fazer. Muitos se afastam do Senhor porque não querem ser dependentes dele, mas se rejeitarmos o controle divino sobre nós invariavelmente ficaremos escravos de algo ou de alguém. Ao rejeitar o justo reinado de Deus o homem tolo logo cai numa prisão do pecado e hábitos destrutivos. O Senhor nos mostra através deste Salmo quão tolo e perigoso é desafiá-lo.

A única maneira de estar em sintonia com os planos de Deus e receber sua ajuda é nos rendendo a ele e aceitando seu domínio amoroso sobre nossa vida.
— **ARTERBURN, Stephen e MERRILL, Dean. Bíblia de Estudos Desafio de Todo Homem, p 624 2000 —**

Salmo 2 e o Reino Messiânico

"Vários dos Salmos são citados no Novo Testamento para explicar a missão do Messias (Cristo) e seus seguidores. Um dos mais ricos é o segundo Salmo, que diz:

1 Por que se enfurecem os gentios e os povos imaginam coisas vãs?
2 Os reis da terra se levantam, e os príncipes conspiram contra o SENHOR e contra o seu Ungido, dizendo:

3 Rompamos os seus laços e sacudamos de nós as suas algemas.
4 Ri-se aquele que habita nos céus; o Senhor zomba deles.
5 Na sua ira, a seu tempo, lhes há de falar e no seu furor os confundirá.
6 Eu, porém, constituí o meu Rei sobre o meu santo monte Sião.
7 Proclamarei o decreto do SENHOR: Ele me disse: Tu és meu Filho, eu, hoje, te gerei.

8 Pede, e eu te darei as nações por herança e as extremidades da terra por tua possessão.

9 - Com vara de ferro as regerás e as despedaçarás como um vaso de oleiro.
10 - Agora, pois, ó reis, sede prudentes; deixai-vos advertir, juízes da terra.
11 - Servi ao SENHOR com temor e alegrai-vos nele com tremor.

12 - Beijai o Filho para que se não irrite, e não pereçais no caminho; porque dentro em pouco se lhe inflamará a ira. Bem-aventurados todos os que nele se refugiam. Os primeiros versículos deste Salmo mostram a rebeldia dos povos e dos líderes humanos.

Os gentios ou povos são aqueles que não se submetem a Deus. Seus príncipes e líderes se exaltam contra o Senhor e contra o seu Ungido (o significado das palavras Messias e Cristo). Em Atos 4:25-27, os cristãos em Jerusalém entenderam a aplicação desta profecia às perseguições que sofriam.

Quando lembraram do Salmo 2, acharam conforto e confiança em suas palavras de vitória. O versículo 3 descreve muito bem a atitude dos homens rebeldes. Ao invés de receber o evangelho como uma mensagem de libertação, eles enxergam apenas as limitações postas na vida dos justos. Consideram a palavra de Deus algemas e laços a serem rompidos. Muitas pessoas continuam com a mesma opinião da palavra de Deus.

Olham para a Bíblia como um livro de restrições que estraga o prazer da vida. Não entendem que seu próprio pecado é escravizador (2 Pedro 2:17-22). A perspectiva dos justos é totalmente oposta (veja Salmo 1:2). Quando os inimigos de Deus atacam com toda a sua força, ele zomba deles (4). Um Deus que vê as nações como uma gota de água num balde (Isaías 40:15) não teme a força humana. O mais forte dos reis do mundo não passa de uma criatura minúscula (Daniel 4:32).

Deus ri e confunde os homens que se exaltam (4-5). Em contraste com a fraqueza dos homens, este Salmo destaca o poder do Cristo que viria. Deus fala sobre a coroação do Messias como um fato já realizado (6). Mesmo revelando estas palavras mil anos antes da vinda de Jesus.

Ele usou o pretérito (constituí o meu Rei. Para mostrar a certeza do cumprimento da profecia. A proclamação do versículo 7 não fala de criação, nem do nascimento de Jesus. O contexto já definiu o assunto do estabelecimento do reino do Messias.

Citações no Novo Testamento (Atos 13:33; Hebreus 1:5 e 5:5) claramente aplicam este versículo à ressurreição e à ascensão do Cristo à sua posição de domínio no céu. Ele venceu a morte e tomou seu lugar como sumo sacerdote eterno no Santo dos Santos (veja Hebreus 9:12).

O Ungido reina sobre todas as nações (8, veja Atos 17:30; Filipenses 2:9-11). Cumprindo uma longa série de promessas e profecias, Jesus recebeu toda autoridade sobre todos os povos. Ele é o Rei eterno sobre todos.

Este Rei domina com sua vara de ferro, despedaçando as nações rebeldes (9). Ele tem toda a autoridade (Mateus 28:18), aparência brilhante, olhos penetrantes, uma língua afiada. Uma voz poderosa (Apocalipse 1:13-16). Devemos temê-lo!

De fato, todos devem temê-lo – reis, juízes e pessoas comuns (10-12) Mas, o Messias não viria apenas para castigar e quebrar. Ele oferece refúgio para as pessoas que o buscam, e elas encontram descanso nesse Salvador (12; veja Mateus 11:28-30). Deus mandou o seu Filho para oferecer a salvação ao mundo. Cada um deve buscá-lo e se submeter ao Ungido. **— Pr. Dennis Allan**

Proteção e Livramento

O terceiro Salmo, atribuído a Davi nas Escrituras Sagradas, tem como tema principal o pedido de socorro e livramento feito pelo salmista à Deus num dos seus muitos momentos de angústia e sofrimento vividos no seu cotidiano, sempre repletos de perseguições por parte do vasto número de inimigos que o cercavam na intenção de tirar-lhe a vida.

Sua oração ao Senhor é para pedir que ele o livre das armadilhas feitas por aqueles que desejavam sua morte e que os punissem por intentar fazer-lhe mal. Podemos perceber a profunda confiança depositada por ele no Rei de Israel e a certeza de que lhe enviaria socorro. Esta oração em forma de cântico nos traz como aprendizagem que durante as perseguições que sofremos. Quer sejam por inimigos visíveis ou invisíveis.

Devemos buscar a proteção divina antes de tudo e não depositarmos nossa confiança em nós mesmos nem no poder humano. Mas no Senhor, que enviará o socorro e livramento que precisamos. Durante todo a sua vida Davi buscou em Deus a solução para seus problemas. E por essa razão sempre foi bem-sucedido em tudo o que fez, assim seremos nós se aprendermos a colocar nas mãos do Altíssimo a solução daquilo que nos parece impossível.

Salmo 3

Senhor, como se têm multiplicado os meus adversários! São muitos os que se levantam contra mim. Muitos dizem da minha alma: Não há salvação para ele em Deus.

Porém tu, Senhor, és um escudo para mim, a minha glória, e o que exalta a minha cabeça. Com a minha voz clamei ao Senhor, e ouviu-me desde o seu Santo Monte.

Eu me deitei e dormi, acordei, porque o Senhor me sustentou. Não temerei dez milhares de pessoas que se puseram contra mim e me cercam.

Levanta-te, Senhor; salva-me, Deus meu; pois feriste a todos os meus inimigos nos queixos; quebraste os dentes aos ímpios. A salvação vem do Senhor; sobre o teu povo seja a tua bênção.

" Davi teve que lutar contra inimigos que lhe faziam zombarias, dizendo que não havia esperanças para ele. O salmista não acreditava nessas pessoas e ao invés disso chamou a Deus, pedindo-lhe ajuda. Podemos encontrar pessoas que afirmam não haver mais esperança para nós, mas não devemos lhes dar ouvidos.

Ao invés disso devemos seguir o exemplo de Davi e clamar ao Senhor em busca de auxílio. Deus confortava a seu servo de tal maneira que ele podia dormir como se fosse um bebê mesmo em meio ás tribulações.

Além disso as preocupações e ansiedades do salmista desapareceram quando ele concentrou seus pensamentos totalmente no Senhor. Dessa maneira pôde ver a vida como se todos os seus problemas tivessem sido resolvidos.

Ao colocar todas as suas dificuldades nas mãos de Deus deu o passo mais importante para resolvê-los, pois, quando rendemos nossa vida ao Senhor podemos descansar tranquilos, cientes de que ele está no controle de tudo". — *ARTERBURN, Stephen e MERRILL, Dean. Bíblia de Estudos Desafio de Todo Homem, p. 624, 2000*

Uma Multidão Contra Mim

Em 2006, passei o mês de janeiro em Guiné Bissau, na África, junto com uma equipe que, por meio de atendimentos médicos, odontológicos fisioterapêuticos, investiu na pregação do Evangelho. Atendi cerca de duzentas pessoas e não tenho nem ideia de quantas extrações dentais fiz – extraí nove dentes só de uma mulher.

Apesar do trabalho árduo, o que mais trouxe dificuldades foi a diferença de cultura e de hábitos. Nesse aspecto, dei uma "mancada" que quase me custou uma surra de um grupo de jovens senegalezes. Mesmo com as claras orientações do missionário que nos hospedou sobre o cuidado com as fotos. Fotografei a estrutura de um mercado popular, algo parecido com barracas de camelôs. Sem perceber que havia pessoas nas proximidades.

Estas, ao perceberem o disparo da câmara, protestaram com veemência. Quando notei o que eu havia feito, me desculpei com eles na esperança de resolver o assunto. Mas, para meu espanto. Foi chegando cada vez mais gente e cada vez mais brava. Uma missionária, então, interveio. Em lugar de melhorar a situação, outros homens se juntaram ao grupo com expressões de rancor.

Gritando coisas que eu não podia compreender. A única coisa que entendi, para meu desespero, foi a palavra "arrebentar". Por fim, aos poucos fui afastado da multidão por uma pequena menina e posto em segurança dentro do carro. Que susto!

Davi teve um problema parecido, não com relação a fotografias, mas em relação à uma multidão contrária a ele. Absalão, por meio de dissimulações e tramoias, reuniu, em Hebrom, a título de uma festa pela tosquia do seu rebanho, um grupo de aristocratas e de militares de Israel (*2Sm 15*). Tendo combinado secretamente uma conspiração contra Davi em todo o país, no momento certo Absalão se proclamou rei em Hebrom e, ao som de trombetas tocadas do Sul até o Norte, a frase "Absalão é rei em Hebrom" foi proclamada por todo o reino.

Apesar de as pessoas na festa nada saberem, as circunstâncias as obrigaram a aderir ao movimento. O mesmo ocorreu nos quatro cantos do território. Assim, em pouco tempo "tornou-se poderosa a conspirata e crescia em número o povo que tomava o partido de Absalão" (*2Sm 15.12*).

O próximo passo de Absalão foi partir para Jerusalém a fim de tomar o trono de Davi, seu pai. Este, enquanto fugia do filho, foi ainda perseguido e atacado até por gente da própria Jerusalém (*2Sm 16.5-8*). Nesse contexto, Davi exclama ao Senhor (*v.1*):

"Como têm se multiplicado os meus inimigos; são muitos os que se levantam contra mim! A palavra usada para "inimigos", aqui, também pode ser traduzida como "agressores". Tratava-se de um grupo violento. Davi tinha um histórico glorioso como guerreiro e como general. Venceu muitas vezes tropas numerosas. Mas, dessa vez, a situação era desesperadora. Quase todo o país se uniu a Absalão em um dos mais bem executados golpes de estado da História.

Poucos foram os que permaneceram fiéis a Davi. Por causa disso, as pessoas olhavam para o rei e diziam (*v.2*): "Não há, para ele, salvação em Deus". Para os tais, nada podia salvar Davi. Contrariando todas as expectativas, Davi não se desespera.

Ele, em lugar disso, busca o Senhor com certas atitudes que devem ser compartilhadas por todos os cristãos. Em primeiro lugar, ele **entrega seu caminho ao Senhor** (v.3-5). Davi, falando da atuação de Deus em relação a ele diz: "Ele é 'o escudo que me protege' a minha dignidade' , 'aquele que levanta a minha cabeça').

Com isso, Davi se esvazia da função de garantir seu próprio bem-estar, pois o responsável e o promotor desse bem é o Senhor em pessoa. Por esse motivo, Davi também não desanima, nem anda de cabeça baixa como quem não tem esperança. Imagine só o que essa esperança significa para um rei que tem de fugir da sua cidade parecendo um covarde.

Além de ser agredido verbalmente e se tornar alvo de pedras como se fosse um cachorro! O rei Davi, também, durante a fuga diante dos inimigos, **busca o Senhor em oração** (*vv.4,7*). "Minha voz clama ao Senhor" são as palavras utilizadas (*v.4*) para se referir à sua atitude de pedir a Deus.

Em oração, que faça o que ele, mesmo sendo rei, não conseguia fazer. No *v.7* há um dos exemplos mais sucintos de oração e, ainda assim, mais corretos à vista da Teologia. O rei, deixando de lado a pompa, os métodos e os costumes, simplesmente se dirige a Deus com o clamor que sua necessidade exige: "Salva-me, meu Deus" . Não há como olhar para esse pedido sem recordar de Pedro. Entre ondas bravias que o afundavam, clamando a Jesus: "Salva-me, Senhor" (*Mt 14.30*).

Apesar de, na hora das dificuldades, ser comum algumas pessoas se esquecerem de Deus para se concentrarem na solução dos problemas, é justamente nessa hora que os servos de Deus devem clamar "salva-me, Senhor". Como resultado da entrega e da oração, Davi, agora, **descansa em Deus** (*vv.5,6*). Apesar do conflito familiar. Das acusações falsas e do real risco de perder a vida, ao dizer que se deita e dorme, ele completa:

"Acordo porque o Senhor me mantém". Davi demonstra, nessa frase, não sofrer de insônia nas horas de tribulação. Justamente porque sabe que o Senhor atua na sua proteção e amparo. Isso o tranquiliza e o faz descansar. A coragem de Davi é fruto dessa confiança e não dos seus recursos militares. Diz: "Não temo a multidão de pessoas que me cercam" . Note bem: Davi escreve isso sabendo que, "de fato", milhares de soldados estão se preparando para cercá-lo e matá-lo.

"A salvação pertence ao Senhor é a declaração final do rei (*v.8*) mesmo quando tudo parece perdido. Quando é tratado de modo indigno e vergonhoso. E, ainda, quando tem todos os motivos para, humilhado e de cabeça baixa, desistir de tudo. Alguém até poderia dizer que Davi tinha "nervos de aço", mas acho que ele não concordaria. Em lugar disso, ele falaria sobre a soberania de Deus, sobre seu amor e zelo pelos que lhe pertencem.

Sobre a confiabilidade de suas palavras, sobre o papel da oração e coisas do tipo. Enfim, Davi renderia toda a glória a Deus e, assim, explicaria sua confiança em um dos piores momentos da sua vida. Recordando o susto que passei na África, quando a multidão aumentava em número e fúria contra mim, não me lembro de ter pensado em todos esses pontos teológicos extraídos do *Salmo 3* – Acho que isso sequer aconteceu. Entretanto, seus efeitos práticos foram sentidos por mim.

Se não me recordo de todos os detalhes do que pensei no momento, lembro-me como se tudo tivesse ocorrido ontem, que, como o salmista e o apóstolo, confiante no poder de Deus, clamei de todo o coração: "Salva-me, Senhor". — **Pr. Thomas Tronco**

Significado do Salmo 3

O "**Salmo 3**" é um salmo de lamentação atribuído a Davi.

O sobrescrito indica uma ambientação precisa: o período em que Davi fugiu de seu filho Absalão (2 Sm 15). Este é um dos poucos títulos de salmo que o atrela a um incidente específico na vida de Davi.

O breve poema possui quatro passagens: (1) lamento de abertura de Davi (v. 1,2); (2) sua vigorosa confissão de confiança (v. 3,4); (3) seu ato de fé determinado (v. 5,6); (4) seu lamento prossegue (v. 7,8).

3.1,2 — Nesse ponto da vida de Davi, havia um desafeto em especial que o perturbava muito — seu filho Absalão. Mas os amigos de Davi também haviam se-tomado seus desafetos, porque o advertiam de que ninguém o ajudaria, nem mesmo Deus. "**Selá**". Este é um termo musical, talvez indicando uma pausa nas letras para um interlúdio melódico.

3.3,4 — A frase: "**Mas tu, Senhor...**" muda o clima do salmo, de depressão para confiança. Davi diz três coisas a respeito do Senhor: (1) Quando ninguém ajudou Davi, Deus foi seu escudo. (2) Quando Davi nada tinha de valor financeiro, Deus foi sua glória. (3) Quando ninguém o estimulava, Deus em pessoa o estimulava a erguer a cabeça.

O **"Santo Monte"** é uma referência poética à morada de Deus no paraíso; o local de adoração de Israel era apenas um símbolo físico dessa morada.

3.5,6 — **"Eu me deitei e dormi"**. Dada a aflição por que Davi passava, é impressionante o fato de ele ter desfrutado de uma noite de sono. Isso só lhe foi possível por causa do poder de Deus, que o amparava. O dom do descanso de Deus pode ser concedido até nas épocas mais turbulentas.

"Não terei medo" — Quando Deus protege alguém, não há o que temer (SI 23.4; 27.3; 118.6).

3.7,8 — Em linguagem de salmos de lamentação, Davi conclama Deus a levantasse, a tomar posição em favor dele. A inclinar-se para ouvir sua prece (40.1). Nos queixos. Na metáfora poética usada por Davi, seus inimigos são como feras poderosas, cuja força está na mandíbula e cujo terror reside nos dentes. O golpe dado por Deus na fonte da força deles significa que não serão mais uma ameaça.

A salvação, neste caso, refere-se à libertação do perigo imediato que o salmo descreveu antes. Um dos sentidos da palavra hebraica traduzida por salvação é espaço para respirar. **"O teu povo"**. Conforme é padrão nos Salmos, a experiência do indivíduo vira modelo para a comunidade. **— Biblioteca Bíblica – web**

Clamor Pela Justiça Divina

O quarto Salmo possui como tema principal o clamor do salmista pela justiça divina sobre os adversários de seu povo, Davi pergunta ao Senhor até quando teria que suportar ver a exploração dos israelitas pelos poderosos da época, pois como Israel era uma nação pequena suas forças se tornavam ineficientes.

Para combater os inimigos que se amontoavam em derredor respirando ar de destruição. Ele pede que o seu Deus lhe conceda livramento, juntamente com seus compatriotas, que não tape seus ouvidos e ouça sua oração ao estarem passando por um momento de tamanha calamidade. Este clamor do salmista nos inspira a da mesma maneira orarmos dia e noite ao Senhor.

Em busca de uma solução para os graves problemas sociais nos quais estamos sendo vitimados nestes últimos dias. Onde nossos governantes tornam-se corruptos e criam leis no objetivo de defenderem apenas seus próprios interesses. Deixando a população a mercê da injustiça e do acaso. Cabe a cada indivíduo em particular levantar seu clamor aos céus.

E pedir ao Senhor de toda a terra que se ponha de pé diante do seu Trono e ordene a seus anjos para que desçam. E travem uma forte batalha contra os inimigos da igreja e das pessoas de bem. Afinal, o que se percebe é que todas as nossas autoridades estão sendo influenciadas diretamente pelo poder das trevas e por causa disso cresce. A cada dia o descaso pelas necessidades da nação e pela prática de ações mais dignas.

E justas em favor da população que sofre com este crítico estado em que se encontra. Na semelhança do salmista devemos levantar nossas mãos para os altos céus e pedir com inteireza de coração, ao Criador. Que nos envie imediata mudança para o caos no qual nos encontramos, afim de que possamos novamente ver raiar a luz da paz e prosperidade em nossas vidas.

Os poderosos daquele período acusavam o servo de Deus com calúnias e mentiras. Apontavam o dedo em riste e afirmavam ter ele cometido atos jamais praticados, com isso ele não encontrou outra saída a não ser levar perante o Justo Juiz essa questão e pedir-lhe que julgasse sua retidão e em seguida punisse seus acusadores.

Nesta parte do Salmo lembramos quando Jesus foi acusado injustamente pelos fariseus e doutores da Lei de estar efetuando curas e milagres pelo poder de Belzebu. Blasfemando dessa forma contra a ação do Espírito Santo. No final o salmista, após ter recebido de Deus o que buscou em oração conclui, dizendo: "Em paz me deito e logo adormeço, pois só tu,

Senhor, me fazes viver em segurança" (v 8) Sempre que buscarmos a presença do Altíssimo em busca de algo a nosso favor. Ou em favor de toda a humanidade, devemos ter em mente que ele é poderoso o bastante para realizar todas as coisas e que nada estará fora de seu alcance.

Que nos amou ao ponto de entregar para morrer no Calvário seu único Filho afim de que fossemos salvos, então tem maior prazer em ouvir nosso clamor e nos enviar socorro.

Salmo 4

Ouve-me quando eu clamo, ó Deus da minha justiça, na angústia me deste largueza; tem misericórdia de mim e ouve a minha oração.

Filhos dos homens, até quando convertereis a minha glória em infâmia? Até quando amareis a vaidade e buscareis a mentira? (Selá.)

Sabei, pois, que o Senhor separou para si aquele que é piedoso; o Senhor ouvirá quando eu clamar a ele.

Perturbai-vos e não pequeis; falai com o vosso coração sobre a vossa cama, e calai-vos. (Selá.)

Oferecei sacrifícios de justiça, e confiai no Senhor. Muitos dizem: Quem nos mostrará o bem? Senhor, exalta sobre nós a luz do teu rosto.

Puseste alegria no meu coração, mais do que no tempo em que se lhes multiplicaram o trigo e o vinho.

Em paz também me deitarei e dormirei, porque só tu, Senhor, me fazes habitar em segurança.

"Davi se alegrou com a poderosa proteção de Deus. Em tempos de dificuldades nosso Deus misericordioso é o perfeito porto de descanso, ele está ouvindo e escuta nosso clamor por ajuda.

O Senhor deseja que possamos depositar nele nossa total confiança. Nós o insultamos quando confiamos em nossos próprios recursos. Ou em alguma outra coisa, para nos livrar dos problemas. Quando rendemos nossa vida a Deus nos tornamos seus escolhidos a quem ele promete ouvir quando clamarmos

Muitos dos que vivem ao nosso redor não conseguem ver Deus trabalhando em nosso favor. Porém, à medida que ele nos transforma tornamo-nos testemunhas vivas de seu infinito poder. A verdadeira alegria vem do Senhor, uma alegria maior do que toda a felicidade que o mundo possa produzir. Nada nos trará mais noites tranquilas de sono do que a certeza de que o Senhor está conosco". — *ARTERBURN, Stephen e MERRILL, Dean. Bíblia de Estudos Desafio de Todo Homem, p. 625, 2000*

A Angústia do Cristão e o 'Salmo 4

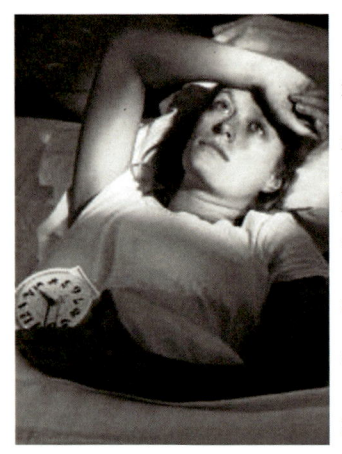

Ultimamente, algumas notícias têm me abalado. Não me refiro a catástrofes naturais, a crimes terríveis reportados nos jornais ou ao rumo das eleições do nosso país. Estou chocado com os rumos da igreja. Digo "igreja" de um modo genérico, pois muito do que se apresenta com tal nome nenhuma semelhança guarda com a igreja de Cristo descrita nas *Escrituras*.

São, em vez disso, covis de malandros que, com linguagem marcada por termos extraídos da *Bíblia* e com promessas de fazer inveja aos políticos mais mentiroso.

Enganam pessoas desesperadas em busca de soluções para o seu dia a dia, sem buscarem soluções para o pecado que as separa de Deus. Fora a tristeza de ver ladrões fazerem comércio das pessoas enquanto se dizem servos de Deus, cumprindo, assim, o que foi predito por Pedro (*2Pe 2.1-3*).

Os afazeres cotidianos que se acumulam uns sobre os outros e a falta de efeito de diversos investimentos também têm me cansado e me angustiado. Coisas de tirar o sono. Nesses momentos, eu me lembro do *Salmo 4*.

Nele, Davi se dirige ao Senhor chamando-o de "*Deus da minha justiça*" e lhe diz: "*Na angústia, me tens aliviado; tem misericórdia de mim e ouve a minha oração*" (*v.1*). Sabendo que o contexto do salmo nos leva a Davi em um momento de tristeza, preocupação e angústia, há três verdades nesse texto que sempre me alentam. A primeira delas é que **o Senhor trata os seus servos de modo especial** (*v.3*). O texto diz que Deus "*distingue para si o piedoso*" (ARA) ou que ele o "*escolheu*" (NVI).

A palavra hebraica *palah* na forma em que se encontra, significa "separar" ou "tratar com preferência". Assim, apesar de o mundo ser até mesmo inóspito para os cristãos, o Senhor nos trata da maneira característica que os pais tratam seus filhos. A segunda é que **o Senhor é o alvo da nossa confiança** (*vv.4-6*). Nesses versículos, Davi diz que o servo de Deus não deve agir mal quando recebe o mal; antes, deve refrear seus impulsos devido ao louvor que rende ao seu Deus.

Diante de uma instrução tão contrária aos impulsos humanos, ele imagina alguém se lamentando. E perguntando quem, então, poderia estabelecer a justiça onde ela foi corrompida. A resposta vem na forma de uma oração em que o rei clama: "*Senhor, levanta sobre nós a luz do teu rosto*".

É um pedido munido de esperança na fidelidade, no poder e na capacidade de Deus de, um dia, trazer à luz a justiça que agora nos parece não importar. A terceira verdade é que **o Senhor dá a alegria verdadeira** (*v.7*). Davi relata, aqui, seu próprio relacionamento com Deus e sua experiência pessoal, lembrando ser ele alguém que passou por inúmeras tristezas e injustiças.

Ele compara a alegria que o Senhor lhe deu à alegria dos homens quando o Senhor "*lhes dá fartura de cereal e de vinho*". Uma tradução literal é: "Deste-me alegria mais do que o trigo e o vinho deles *ao se multiplicar*". Em resumo, a alegria gerada pela prosperidade financeira não era superior à que Deus produzia em Davi ao se relacionar com ele. O resultado da contemplação dessas verdades pelo salmista produzia nele o mesmo que produz em mim: paz e segurança. Isso é revelado no *v.8*, quando Davi diz: "*Em paz me deito e <u>logo</u> pego no sono, porque, Senhor, só tu me fazes repousar seguro*".

A insônia do rei – e a minha – são curadas ao lembrar do tratamento que recebemos do nosso Pai celestial e do relacionamento que nutrimos com ele por meio do Senhor Jesus Cristo. Que tais verdades alentem e produzam esperança em cada um de nós, servos de Deus, e que, nas nossas horas de meditação noturna...— **Pr. Thomas Tronco**

Clamor Por Livramento

No Salmo de número cinco do livro sagrado Davi está a fazer mais uma de suas orações a Deus em busca de ajuda e livramento, suas palavras iniciais deixam claro que já fazia dias em que ele buscava a face do Senhor e não recebia respostas, em sua inquietude ele lamenta que suas preces estejam aparentemente sendo em vão, então diz **" Escuta Senhor as minhas palavras, considera o meu gemer...".**

Na semelhança dele muitas vezes nos inquietamos por clamar a Deus por ajuda e receber o silencio como resposta. Mas é necessário compreender que quando o Altíssimo se cala é porque já está agindo a nosso favor. Outro detalhe interessante a se notar neste Salmo é que Davi disse está orando todos os dias pela manhã e aguardava com esperança ser atendido. A maioria dos cristãos, principalmente os pentecostais, possuem o hábito de orar logo bem cedo, quando acordam, no que comumente chamam de "consagração".

As Escrituras afirmam que o melhor horário para buscarmos a presença de Deus é pela madrugada (Oséias 5:15) E o salmista tinha como costume falar com o Senhor antes do amanhecer. Por acreditar na justiça divina ele diz, com plena convicção: **"Tu, não é um Deus que tenha prazer na injustiça, contigo o mal não pode habitar.**

Os arrogantes não são aceitos na tua presença..." Uma das maiores qualidades de Davi que levou o Santo de Israel a afirmar ser ele um homem segundo seu coração. Depois da fé e da extrema obediência que nele havia, era sua imensa humildade.

Uma menção a ser feita aqui, neste sentido. É o fato dele não exigir a posse imediata do trono logo após ter sido ungido pelo profeta Samuel, tendo o atual rei, Saul, sido rejeitado pelo Senhor para continuar reinando sobre seu povo Israel.

Somente depois que Saul morreu ele assumiu seu posto como rei e liderou os israelitas, mesmo que tivesse vivido como um dos guerreiros do rei e por ele sido grandemente perseguido. A oração do salmista prossegue com a convicção de que entraria na casa do Pai e ali habitaria em segurança. Crente de que possuía garantida sua salvação vindoura e o livramento presente. Aproveita o ensejo e pede vingança sobre seus inimigos.

E destruição dos hipócritas e mentirosos, daqueles que se rebelam contra o Todo Poderoso. Esta deve ser a oração e o desejo diário do verdadeiro cristão. Pedir a Deus que exerça sua justiça contra aqueles que perseguem o seu povo, sua igreja e sua Palavra. Devemos clamar para que o mal seja vencido em todas as suas formas de manifestação neste mundo.

Precisamos parar de fazer orações egoístas. Pensando apenas no nosso bem-estar e pedir livramento coletivo, em favor de todos os salvos, aqueles que professam a fé no Senhor Jesus.

E que vivem segundo os ensinamentos contidos no seu Evangelho. O mundo torna-se inabitável para os seguidores de Cristo a cada dia e somente uma intervenção divina poderá mudar essa terrível situação.

Salmo 5

Dá ouvidos às minhas palavras, ó Senhor, atende à minha meditação.

Atende à voz do meu clamor, Rei meu e Deus meu, pois a ti orarei.Pela manhã ouvirás a minha voz, ó Senhor; pela manhã apresentarei a ti a minha oração, e vigiarei.

Porque tu não és um Deus que tenha prazer na iniquidade, nem contigo habitará o mal.

Os loucos não pararão à tua vista; odeias a todos os que praticam a maldade.

Destruirás aqueles que falam a mentira; o Senhor aborrecerá o homem sanguinário e fraudulento. Porém eu entrarei em tua casa pela grandeza da tua benignidade; e em teu temor me inclinarei para o teu santo templo.

Senhor, guia-me na tua justiça, por causa dos meus inimigos; endireita diante de mim o teu caminho.

Porque não há retidão na boca deles; as suas entranhas são verdadeiras maldades, a sua garganta é um sepulcro aberto; lisonjeiam com a sua língua.

Declara-os culpados, ó Deus; caiam por seus próprios conselhos; lança-os fora por causa da multidão de suas transgressões.

Pois se rebelaram contra ti, porém alegrem-se todos os que confiam em ti; exultem eternamente, porquanto tu os defendes; e em ti se gloriem os que amam o teu nome.

Pois tu, Senhor, abençoarás ao justo; circundá-lo-ás da tua benevolência como de um escudo.

"Davi sabia ser tolice buscar socorro em qualquer outra coisa ou pessoa que não fosse em Deus, uma a uma ele levava diariamente suas necessidades ao Senhor. Iguais ao salmista, por onde quer que andarmos ou o que façamos, podemos confiar que Deus nos ajudará a cada passo de nossa caminhada, desde que vivamos em completa obediência.

Ele pediu a orientação divina porque sabia que o Senhor o ajudaria em meio aos muitos problemas que enfrentava. Tal como os inimigos de Davi, muitas pessoas nos contarão a grande mentira, ou seja, a de que o pecado não nos ferirá.

Suas palavras soam tão bem, mas essas pessoas provam pela própria vida de escravidão ao pecado que estão fadadas à destruição. No meio dessas ciladas do mundo, porém, sempre podemos encontrar proteção ao confiarmos em Deus".
— ARTERBURN, Stephen e MERRILL, Dean. Bíblia de Estudos Desafio de Todo Homem, p. 626, 2000

O Salmo De Lamentação

INTERPRETAÇÃO DO SALMO 5

"O Salmo 5 faz parte dos Salmos de Davi. Nestas palavras sagradas, lemos a aflição do Rei Davi quando os seus inimigos se opunham ao seu reinado. Na época do Antigo Testamento, acreditava-se que as pragas e maldições poderiam fazer com que os poderes divinos caíssem por terra.

Então, Davi está aflito com medo das acusações, mentiras e maledicências de seus adversários. O Salmo 5 pode ser dividido em 3 partes:

Oração ao Senhor pelo Livramento dos tempos difíceis (v. 1 a 6)

O desejo de louvar ao senhor nos tempos difíceis (v. 7 a 9)

O anseio pelo juízo final nos tempos difíceis (v. 10 a 12)

VERSÍCULO 1 A 3 – DÁ OUVIDOS

Os primeiros versículos deste salmo mostram o desespero do filho que teme que o seu Pai não lhe esteja ouvindo. Ele confia em Deus mas sente a necessidade de clamar ao Senhor para que ele não o abandone.

Por isso os gemidos incessantes. Ele se dirige a Deus como Rei, como o Rei dos Reis, tentando uma identificação com a divindade. Ele realizava esta prece pela manhã, o que é considerado um hábito elogiável, já que pedia a Deus que guiasse os seus passos e suas atividades diárias todos os dias, antes mesmo de começa-las.

VERSÍCULO 4 A 6 – DETESTAS A TODOS OS QUE PRATICAM A MALDADE

Nestes versículos ele mostra como não existe prazer que valha de desfrutar do mal. O juízo final não tarda para os perversos e eles não terão permissão para estar na presença Gloriosa de Deus. Ele realça como o aborrecimento de Deus a quem pratica o mal não é um mero sentimento, mas uma ação de Sua vontade. Pede a Deus que o defenda, que destrua **aqueles que mentem** e praticam fraudes, já que esses atos vão contra a vontade de divina.

VERSÍCULO 7 E 8 – MAS EU ENTRAREI EM SUA CASA

Nestes versículos, existe um forte contraste em comparação aos anteriores. Aqui, Davi sente-se honrado e protegido por merecer a glória da presença Divina. Davi foi líder da reforma do louvor a Deus em Jerusalém e estabeleceu uma rotina de adoração que seria utilizada no templo construído por Salomão. Ele antecipa o futuro do prédio grandioso que viria a ser o Templo. Ele pede então que Deus o guie para o caminho certo, para o caminho da justiça, sem cruzar com os inimigos.

VERSÍCULO 9 E 10 – A SUA GARGANTA É UM SEPULCRO ABERTO

Ele usa das palavras sepulcro aberto para descrever os termos perversos que as pessoas que se opõem a Deus utilizam. Os homens sobre a influência do pecado, deixam que saiam de suas bocas perversidades inimagináveis, que são sopradas pelo mal aos seus ouvidos.

Esbravejam maldades e orgulham-se desta sua postura. Davi pede que Deus veja o que fazem, e que os façam perceber suas transgressões. Ele relembra que todos pagaram por ter se revoltado com o Pai.

VERSÍCULO 11 E 12 – ALEGREM-SE

Aqui, ele assume novamente o tom mais ameno e confiante dos versículos 7 e 8. Ele diz os que amam, confiam e defendem o nome de Deus que se alegrem.

Deus irá defende-los de todos os inimigos e males, por isso confiem e concentrem-se no Salvador. Desde que exaltemos o poder divino e sejamos justos, **Deus** irá nos abençoar e nos defender, o louvor a Deus funciona como um escudo a todos os males da terra." — ***Pr. Diego Nasciment***

Perdão e Misericórdia

O sexto Salmo nos revela um homem completamente amargurado após ter cometido um grave delito ou feito algo que entristeceu o coração de Deus, clamando pelo seu perdão e misericórdia. Nesta oração o salmista deixa claro ser merecedor do castigo divino.

Porém humilha-se e pede clemencia, roga para que a ira do Senhor não seja derramada sobre ele além do que possa suportar. Suas palavras demonstram imenso temor do que possa lhe acontecer caso não lhe seja concedido perdão, visto que já sente no próprio corpo as consequências de seus atos, quando diz:

"Misericórdia Senhor, pois vou desfalecendo! Cura-me Senhor, pois os meus ossos tremem e o meu ser estremece."(v2).

Àqueles que conhecem o poder da ira divina através das Escrituras ou por experiência própria já tem uma ideia do quão terrível é cair nas mãos de Deus (Hebreus 10:31) Pois, agindo ele quem o impedirá? (Isaías 43:13). Quando cometemos algum pecado e imediatamente somos acusados por nossa consciência nosso espírito se incomoda. E nos leva a buscar a misericórdia de Deus. Através da humilhação e do arrependimento. Como Davi sentimos nosso corpo como se estivesse sendo esmiuçado e não encontramos paz.

Enquanto não confessarmos nossas transgressões e receber do Altíssimo a absolvição pelos delitos praticados. Durante nossas fraquezas ou momentos de pura rebeldia, não conseguiremos ter tranquilidade e sossego interior. Somente quando a potente mão de Deus tocar nossas cabeças e confirmar que a partir daquele instante estaremos sendo liberados da culpa que nos tornou réus perante ele.

Poderemos descansar. O pecado e a transgressão nos levam para longe da comunhão com o Espírito Santo e a vida sem sua constante presença é feita de dor, angústia e infelicidade. Esta é a razão pela qual podemos ver muitas pessoas< muitas delas famosas e milionárias, cometendo suicídio, alegando ser infelizes.

O mundo secular onde habitamos oferece variadas formas de se alcançar a plena felicidade, mas todos os caminhos só levam o homem sem Deus ao abismo da alma, composto pela dor e a amargura. O poder do dinheiro e das riquezas que por meio dele serão conquistadas não são suficientes para preencher o vazio que cresce descontroladamente dentro do coração de uma humanidade cada vez mais perdida nas suas apostasias.

Por ter a convicção de que nada mais poderia lhe confortar naquele momento angustiante Davi orou. Ele se pôs a clamar pelo favor divino e suplicar que voltasse a estar a seu lado. Pois entendia que toda aquela angústia ocorria devido a distância originada desde que seu pecado o afastou do Criador.

Em meio àquela inquietude Davi lembra ao Senhor de seu intenso amor para com seus filhos. Do quanto ama seu povo (v4), apela para sua justiça ao dizer que do túmulo seria impossível continuar adorando-o (v5) E evidencia suas lágrimas de tristeza diante de terrível situação (v6). As vezes somos induzidos a pecar pelos maus exemplos que presenciamos

Ou pelas más companhias com as quais andamos ou nos envolvemos. Nestas horas de prestação de contas e diante de tamanha repreensão nós juramos nunca mais repetir o erro e decidimos cortar todas as relações com os ímpios que porventura cruzarem nosso caminho. Davi pareceu ter ciência de que por causa das más amizades teria deslizado na sua comunhão com o Altíssimo, então no ponto extremo de sua confissão, exclamou:

" Afastem-se de mim todos vocês que praticam o mal, porque o Senhor ouviu o meu choro. O Senhor ouviu as minhas súplicas, o Senhor aceitou a minha oração..."

Agora que se sentiu perdoado e a paz fluía de seu interior como as águas de um rio ele expulsou de sua presença as más companhias.

Todos os que lhe serviram de tropeço, voltando a dar valor somente aquilo que o aproximava de seu Deus. Este exemplo do salmista Davi nos leva a entender o verdadeiro sentido do primeiro mandamento exposto no decálogo, que diz*:*

"Amarás, pois, o Senhor teu Deus de todo o teu coração, e de toda a tua alma, e de todas as tuas forças" (Deuteronômio 6:5)

Pois ele nos explica que nossa entrega deve ser total e única, ou seja, o Senhor deve vir antes e acima de tudo o mais nas nossas vidas. Nada deve desviar nosso foco e a atenção que precisa estar direcionado para a Pessoa de Jesus Cristo. As falsas amizades, as distrações deste mundo ou a ambição pelo materialismo secular, nada deve ser motivo para dele nos afastar.

Salmo 6

Senhor, não me repreendas na tua ira, nem me castigues no teu furor. Tem misericórdia de mim, Senhor, porque sou fraco; sara-me, Senhor, porque os meus ossos estão perturbados.

Até a minha alma está perturbada; mas tu, Senhor, até quando? Volta-te, Senhor, livra a minha alma; salva-me por tua benignidade.

Porque na morte não há lembrança de ti; no sepulcro quem te louvará? Já estou cansado do meu gemido, toda a noite faço nadar a minha cama; molho o meu leito com as minhas lágrimas,

Já os meus olhos estão consumidos pela mágoa, e têm-se envelhecido por causa de todos os meus inimigos.

Apartai-vos de mim todos os que praticais a iniquidade; porque o Senhor já ouviu a voz do meu pranto. O Senhor já ouviu a minha súplica; o Senhor aceitará a minha oração.

Envergonhem-se e perturbem-se todos os meus inimigos; tornem atrás e envergonhem-se num momento

" Há momentos em que a vida nos traz angústia e outros em que nós mesmos somos responsáveis por muitos de nossos sofrimentos, devido a prática de certos pecados ou pela insensatez. Em momentos assim precisamos de humildade para derramar nossos corações perante Deus.

Confessar nossas transgressões, derramando nossas lágrimas com sinceridade em verdadeiro arrependimento. Podemos clamar por sua misericórdia cientes de que ele ouvirá o nosso clamor desde que seja sincero, Ele nos resgatará e usará nossas vidas para demonstrar sua misericórdia.

Ainda que estejamos meio a muitos sofrimentos devemos ter a confiança de que Deus responderá às nossas orações, pois o Senhor sempre ouve as nossas petições. Todos nós devemos ser tão ousados como Davi que declarou já ter conquistado a vitória tão logo terminou de fazer sua oração. Quando buscamos à Deus e lhe entregamos nossa vida com inteireza de coração podemos orar com segurança e declarar a vitória porque o próprio Senhor lutará e vencerá nossos inimigos" ". **— ARTERBURN. Stephen e MERRILL, Dean. Bíblia de Estudos Desafio de Todo Homem, p. 626, 2000**

Significado do Salmo 6

"O **Salmo 6** é um salmo de lamentação que compartilha elementos com os salmos penitenciais. Davi estava passando pelo que ele julgava ser uma doença fatal. Sentia que a doença poderia tê-lo abatido por causa de seus próprios pecados. O título do salmo é semelhante aos dos Salmos 4 e 5. A especificação de instrumentos lembra que este salmo, bastante pessoal. Fez parte da adoração no templo quando construído. Ele tem quatro momentos: (1) pedido de misericórdia ao Senhor em tempos de grande aflição (v. 1-3).

(2) Afirmativa de que o louvor ao Senhor provém dos vivos (v. 4,5); (3) descrição do sofrimento do salmista (v. 6,7); (4) repúdio aos inimigos do salmista, pois o Senhor ouviu suas preces (v. 8-10).

6.1-3 — Na tua ira. O salmista sofre de grave doença física, da qual teme jamais se recuperar (v. 5). Sua principal preocupação não só é a de que seu sofrimento seja maior do que ele possa suportar.

Mas também que seja fruto de uma grande insatisfação do Senhor. Em sua dor, Davi clama a Deus (como em 38.1). Meus ossos é uma maneira poética de descrever uma doença muito incômoda; todo o ser de Davi está atormentado.

6.4,5 — Volta-te. Esta é uma parte típica da petição em um salmo desse tipo (Sl 13).

Conclamar Deus a agir baseia-se na fé, até mesmo durante tempos de muita angústia. **"Por tua benignidade".** Talvez o termo mais significativo do texto hebraico com relação ao caráter de Deus é o traduzido aqui por benignidade. A palavra hebraica descreve aquilo que alguns preferem chamar de amor fiel de Deus. As traduções variam, pois, a palavra tem profundo significado.

Exceto pelo próprio nome de Deus (Yahweh), pode ser este o termo isolado mais importante que o descreve como objeto de louvor no livro de Salmos (Sl 36.5). No sepulcro. Quando um crente morre, sua voz se perde do coral de cantores do templo de Deus. O raciocínio é claro: se Deus ainda deseja ouvir a voz de Davi em louvor. Deve conservar a vida de Davi. Davi seria inútil para Deus se estivesse morto; vivo, pode cantar, gritar e testemunhar o amor e a misericórdia de Deus (Sl 9417).

6.6,7 — Faço nadar a minha cama. Este exagero é uma forma de ressaltar a veracidade de sua dor. Ele parece estar chorando tanto que se acha prestes a encharcar sua cama, secar seu canal lacrimal e morrer de angústia.

6.8-10 — Apartai-vos. O Salmo 6 é um salmo de lamentação no qual o Senhor responde à oração do aflito Davi. A mudança de clima no salmo se deve à resposta do Senhor. Davi, que estivera tão doente, foi curado. O Senhor respondeu à sua oração. Todos os que praticais a iniquidade. Consulte os Salmos 14-4; 101.8. Envergonhem-se e perturbem-se todos os meus inimigos.

O salmista fala com justa indignação contra os que o desrespeitaram e, pior de tudo, debocharam de seu Deus.

https://bibliotecabiblica.blogspot.com/2015/08/significado-de-salmos-6.html

Caluniadores

O filho de Jessé foi sempre uma pessoa menosprezada por todos à sua volta, inclusive seus próprios familiares. Desde bem jovem era ridicularizado pelos irmãos mais velho que por possuírem porte físico mais elevado o desmereciam por ser ele um jovem pequeno e sem qualquer característica que o tornasse admirável.

Enquanto eles faziam parte do exército e guerreavam contra os inimigos de Israel, ele pastoreava as ovelhas de seu pai. No entanto, quando o rei Saul desobedeceu às ordenanças do Senhor e por ele foi rejeitado, foi o caçula da família a quem Deus escolheu coo sucessor do trono. Antes mesmo de reinar Davi atuou como um bravo guerreiro e derrotou por várias vezes os opressores de Israel.

Matou o gigante Golias por afrontar o nome do Altíssimo Se saiu vitorioso em diversas batalhas. E se tornou símbolo de vitória e conquista diante de seus compatriotas. Mas, infelizmente toda essa glória originou inimigos de todas as partes que viviam a persegui-lo diuturnamente, acusando-o das mais terríveis difamações no intento de manchar sua boa reputação. Diante daqueles que ainda o consideravam como um homem digno de respeito e admiração.

E essa perseguição por parte de seus inimigos perdurou durante toda sua vida. Levando-o a buscar refúgio no Senhor por incontáveis vexes, como podemos confirmar ao lermos seus salmos, quase sempre compostos meio às suas incontáveis tribulações, condição descrita no primeiro versículo, que diz:

"Senhor meu Deus, em ti confio; salva-me de todos os que me perseguem, e livra-me. Para que ele não arrebate a minha alma, como leão, despedaçando-a, sem que haja quem a livre" (v1)

Aqui o temor do salmista é visível diante de seus perseguidores, porém, também é possível perceber sua segurança ao lembrar que o Senhor é Todo Poderoso para livrá-lo dos opressores. No versículo seguinte ele se coloca à disposição do Justo Juiz para que julgue suas atitudes e passe a puni-lo, caso ele tenha praticado o mal que seus adversários o acusam ter feito:

"Senhor meu Deus, se eu fiz isto, se há perversidade nas minhas mãos. Se paguei com o mal àquele que tinha paz comigo (antes, livrei ao que me oprimia sem causa) "

"Persiga o inimigo a minha alma e alcance-a; calque aos pés a minha vida sobre a terra, e reduza a pó a minha glória. (Selá.)"

Sua confiança era tamanha que ao ler suas palavras percebemos a grandeza de sua justiça pessoal, ninguém que não tivesse plena consciência de inocência jamais ousaria autorizar a Deus castiga-lo por algum mal que tivesse praticado contra seus semelhantes. Mesmo que sem causa eles o estivessem acusando de tal coisa o salmista declara-se inocente perante as injustas acusações. E se colocou à disposição do Altíssimo para que o colocasse à prova.

Para que depois de o ter confirmado como justo no seu proceder lhe permita levantar do seu lugar de humilhação. E pedir para que a justiça seja feita. Contra seus acusadores que tentaram difamar seu nome diante dos anciãos de seu povo. Então ele ergue a voz confiante num Deus justo que condena os infiéis e defende os justos, e diz:

" Levanta-te, Senhor, na tua ira; exalta-te por causa do furor dos meus opressores; e desperta por mim para o juízo que ordenaste. Assim te rodeará o ajuntamento de povos; por causa deles, pois, volta-te para as alturas.

O Senhor julgará os povos; julga-me, Senhor, conforme a minha justiça, e conforme a integridade que há em mim. Tenha já fim a malícia dos ímpios; mas estabeleça-se o justo; pois tu, ó justo Deus, provas os corações e os rins.

O meu escudo é de Deus, que salva os retos de coração. Deus é juiz justo, um Deus que se ira todos os dias"

Davi prossegue alertando que se o homem mau não arrepende-se de seus pecados e continuar cometendo maldades o Senhor irá puni-lo, a condenação será o salário dos ímpios, pois quem prepara uma armadilha ao inocente no final será dela a própria vítima. O salmista tinha em mente que quem cavar uma cova terminará por cair dentro dela.

"Se o homem não se converter, Deus afiará a sua espada; já tem armado o seu arco, e está aparelhado. E já para ele preparou armas mortais; E porá em ação as suas setas inflamadas contra os perseguidores. Eis que ele está com dores de perversidade; concebeu trabalhos, e produziu mentiras.

Cavou um poço e o fez fundo, e caiu na cova que fez. A sua obra cairá sobre a sua cabeça; e a sua violência descerá sobre a sua própria cabeça. Eu louvarei ao Senhor segundo a sua justiça, e cantarei louvores ao nome do Senhor altíssimo. Salmos 7:1-17

Esta oração de Davi nos leva a refletir e perceber que a atitude correta diante das acusações injustas de nossos inimigos é buscar em Deus a solução, colocando-se diante dele. Clamando por justiça contra os que nos perseguem. Porém, precisamos antes estar convictos de nossa inocência para que nossa oração não seja rejeitada e sejamos aceitos como dignos de misericórdia aos seus olhos.

Quando o Senhor ouve nossas súplicas e observa nossa angústia a primeira coisa que faz é avaliar nossa condição de culpa. Se estivermos na posição de vítimas ele levanta de seu trono e defende nossa causa. Na vida cotidiana sempre encontraremos em nosso caminho pessoas invejosas de nossas conquistas que farão de tudo para destruir o que construímos com tanto esforço. Seja a compra da casa dos sonhos, o carro do ano, o bom emprego ou o alto salário...

A verdade é que os "olhos gordos" existirão para tentar impedir nossa felicidade e não há como vencê-los sozinhos. Somente a intervenção divina, a defesa de nosso Advogado Eterno, poderá nos dá a vitória definitiva sobre tais adversários. "Davi pediu a Deus que o defendesse contra o julgamento calunioso de seus inimigos.

Se estivermos fazendo todo o possível para provar nossa inocência diante de calúnias podemos estar cientes de que o Senhor punirá aqueles que nos perseguem. Devemos odiar as coisas que o Senhor abomina, pois, quando escolhemos o caminho correto ele promete ser nossa defesa. Há um limite para o tempo em que ele suportará aqueles que continuam a se rebelar.

Se o homem optar em viver contrário ao plano divino logo descobrirá que seus problemas irão aumentar de mal para pior. Os planos que fazemos para alcançarmos sucesso pessoal às custas do detrimento de outras pessoas acabará por nos destruir por completo, pois acabaremos vítimas de nossos próprios planos ambiciosos". ". — *ARTERBURN, Stephen e MERRILL, Dean. Bíblia de Estudos Desafio de Todo Homem, p. 626, 2000*

A Necessidade de um Juiz Reto

Ultimamente, as coisas estão do avesso. Bandidos andam impunemente pelas ruas, enquanto cidadãos de bem ficam presos em suas casas. Pessoas de bem são ameaçadas por quem as deveria proteger. Homens honestos são roubados por pessoas que deveriam garantir a justiça, principalmente aos mais fracos.

Quando isso acontece, mesmo desacreditados a respeito da eficácia do sistema, as pessoas que foram injustiçadas procuram os responsáveis por garantir que a retidão e os direitos dos cidadãos sejam cumpridos. Mas, é aí que começa uma parte triste da história de muita gente. A justiça, que se espera vir de órgãos criados para esse fim, às vezes não chega, seja por corporativismo.

Corrupção ou por desigualdade de condições financeiras entre as partes, seja por meio da morosidade e da burocracia presentes nos veículos da justiça. Tenho de ser honesto: é uma visão desalentadora. Confesso que não acredito mais na justiça promovida pelos homens, apesar de saber que há uma parcela de pessoas comprometida com a verdade e com a honestidade.

No meio da minha desilusão, vêm-me à mente o *Salmo 7*. Ele foi escrito após Davi ser acusado injustamente por alguém chamado Cuxe. Alguns comentaristas acreditam se tratar de alguém desconhecido, enquanto outros arriscam ser ele Simei (*2Sm 16.5-13*), ou o próprio Saul, cujo pai se chamava Quis (*1Sm 9.1,2*).

Independente de quem seja, o fato de ser "benjamita" nos dá, como pano de fundo, a inimizade injustificada de Saul por Davi e as diversas tentativas de assassinato por parte do rei contra o jovem que, tudo que fez, foi servir ao Senhor e a Israel com fidelidade.

Seja Cuxe quem for, ele estava alinhado com a desmoralização e perseguição de Davi com base em interesses escusos. Diante dessa situação, sem se perder no desespero e na lamúria, Davi olha para o Senhor e diz: *"Em ti me refugio"* (*v.1*). Davi usa o mesmo verbo, *hasah*, que usou no *Salmo 36.7* para dizer que *"os filhos dos homens* **se acolhem** *à sombra das tuas asas"*.

Traz a ideia de alguém indefeso, como um filhotinho de ave, buscando abrigo e consolo sob as asas da sua grande e decidida mãe. Afinal, quem nunca viu uma galinha enfrentando quem quer que seja para proteger seus pequeninos? Era assim, e com essa confiança, que Davi olhava para Deus. Isso justifica o pedido de Davi:

"Salva-me de todos os que me perseguem e livra-me, para que ninguém, como leão, me arrebate, despedaçando-me, não havendo quem me livre" (*vv.1,2*).

Essa esperança, contudo, não se baseava apenas em um tipo de otimismo ou em expectativas infundadas. Davi, que sabia qual era o tipo de poder que Deus possui, também conhecia a retidão dos seus juízos.

Se Davi sofria injustiça diante de Cuxe. E de outros benjamitas, o Senhor saberia julgar corretamente a situação e dar "ganho de causa" a quem de direito. Davi diz a Deus: *"Se eu fiz o de que me culpam, se nas minhas mãos há iniqüidade, se paguei com o mal a quem estava em paz comigo, eu, que poupei aquele que sem razão me oprimia, persiga o inimigo a minha alma e alcance-a. Espezinhe no chão a minha vida e arraste no pó a minha glória"* (vv.3-5). Ao apresentar seu caso a Deus, Davi afirma sua retidão diante das falsas acusações.

E da perseguição e lembra seus atos justos, como, provavelmente, o de poupar Saul quando teve chance de matá-lo. O motivo para isso é que ele sabia que Deus conhecia tais fatos e saberia agir com sabedoria e retidão para com ele. Assim, recorrendo ao Senhor de toda justiça, Davi pede *"desperta-te em meu favor"* (v.6). Com o rumo que as coisas têm tomado em nosso país e no mundo, principalmente no que tange à perseguição contra o cristianismo verdadeiro.

É bem possível que a mesma oração de Davi deva ser feita por nós. Mas, se e quando o fizermos, que seja com a mesma atitude, em primeiro lugar confiante. E, em segundo, com as mãos limpas de quem segue as palavras do Mestre. Sendo assim, descansemos, afinal, se uma pequena galinha pode dar conforto e proteção aos seus filhinhos. O que poderá o Senhor eterno, Rei dos reis, fazer por nós, seus filhos por quem enviou e entregou à morte o Senhor Jesus Cristo?

— **Pr. Thomas Tronco**

A Majestade de Deus

Neste cântico de Davi o tema abordado é a majestade divina, desde o primeiro versículo ele enobrece o santo nome do Altíssimo e o reverencia com extrema admiração, dando-lhe o merecido valor e, prestando-lhe a devida adoração que somente um Deus tão poderoso e santo merece receber de seus adoradores.

Inspirado pelo próprio Espírito Santo o salmista declara que o nome do Todo Poderoso é exaltado no céu (Pelos Querubins) e na terra pelos lábios das crianças — fazendo uma referência aos cristãos de corações puros — afim de que os seus inimigos (todos que perseguem a cruz de Cristo) se calem e reconheçam sua glória.

"Ó Senhor, Senhor nosso, quão admirável é o teu nome em toda a terra, pois puseste a tua glória sobre os céus! Tu ordenaste força da boca das crianças e dos que mamam, por causa dos teus inimigos, para fazer calar ao inimigo e ao vingador. (v1,2)

É notória a contemplação do salmista para com a natureza e tudo o que por Deus foi criado, ele enaltece com detalhes as maravilhas que recebemos gratuitamente do Senhor e agradece por todas elas.

Davi admira-se pela enorme importância dada ao ser humano pelo Senhor, obra de suas mãos, visto que não somos nada comparados a glória que dele emana. Esta expressão do salmista também foi citada pelo escritor da carta aos Hebreus, referindo-se à Cristo na sua forma humana (Hebreus 2:6-8).

"Quando vejo os teus céus, obra dos teus dedos, a lua e as estrelas que preparaste. Que é o homem mortal para que te lembres dele? e o filho do homem, para que o visites? Pois pouco menor o fizeste do que os anjos, e de glória e de honra o coroaste.

Fazes com que ele tenha domínio sobre as obras das tuas mãos; tudo puseste debaixo de seus pés: Todas as ovelhas e bois, assim como os animais do campo. As aves dos céus, e os peixes do mar, e tudo o que passa pelas veredas dos mares. Ó Senhor, Senhor nosso, quão admirável é o teu nome sobre toda a terra!" (*v3-8*)

" É maravilhoso perceber que o mesmo Deus Criador do universo com todo o seu impressionante esplendor é o mesmo que nos criou e nos considera a coroa de toda a sua criação. Conhecer a grandeza de nosso Deus nos inspira a busca-lo ainda mais. Devemos nos sentirmos animados à medida em que realmente entendermos como o Senhor nos vê e nos ama e que nos chamou para ser o seu povo.

Nosso desejo deve ser o de chegar cada vez mais perto dele para que sejamos transformados em tudo aquilo que ele desejava que fossemos quando nos criou. A medida que experimentamos a ajuda de Deus e começamos a mudar nossa vida para melhor adquirimos a responsabilidade de compartilhar nossas experiências.

Experiencias de renovação espiritual com os outros para que, a vida dessas pessoas, também sejam transformadas. Conforme pedirmos ao Senhor para que transforme nossas vidas, outros irão ver o que ele tem feito por nós. E receberão o presente da esperança.

Até mesmo nossas dificuldades podem ser uma fonte de incentivo e orientação para outras pessoas se nos rendermos ao Senhor enquanto às enfrentamos e deixamos que outros vejam como ele redireciona o rumo de nossa vida". **ARTERBURN, Stephen e MERRILL, Dean. Bíblia de Estudos Desafio de Todo Homem, p. 627, 2000**

A Revelação Da Glória De Deus

"O Salmo 8 é tanto um salmo de louvor como de adoração. Davi começa esse salmo com uma invocação ao nome de Deus: "Ó SENHOR, Senhor nosso!" No idioma português, parece uma repetição enfática; mas no original, as palavras são Yahweh e Adonay. Yahweh é o nome de Deus mais encontrado na Bíblia e significa "o Eterno.

Aquele que Existe por Si Mesmo". Adonay significa Senhor, Soberano, e é igualmente aplicado a Deus. Portanto, Davi está dizendo: "Ó Eterno, Senhor nosso! " O significado é que o salmista reconhece a Deus em Seu atributo mais exclusivo, como sendo o Eterno. Os deuses da antiguidade não reivindicavam esse atributo. Por não passar pela imaginação dos idólatras e por não ser verdade. Pois só o Deus de Israel pode ser dito como eterno. Sendo assim, somente Ele deve ser o nosso Senhor, o Governador do universo. Como é o nome de Deus? "Quão magnífico em toda a Terra é o Teu nome! " Por que o nome de Deus é magnífico, grandioso?

O salmista continua: "Pois expuseste nos céus a Tua majestade. "(v. 1). O nome é magnífico porque Ele Se expôs em toda a Sua majestade. O nome é a representação do próprio Ser da Divindade eterna! Onde é que vemos a maior demonstração da majestade de Deus?

Em toda a Terra, e nos céus dos quais a Terra é uma minúscula parte, vemos a majestade do Rei do Universo. Davi o louva e esclarece que até mesmo do mínimo Deus tira o Seu louvor: "Da boca de pequeninos e crianças de peito suscitaste força, por causa dos teus adversários. Para fazeres emudecer o inimigo e o vingador." (v. 2).

O nome majestoso de Deus será louvado até por crianças. Estas palavras foram citadas por Cristo e se cumpriram com o louvor das crianças, quando os Seus inimigos estavam a ponto de matar o Seu Benfeitor! E queriam interromper o louvor dos pequenos, incomodando-se pelas glórias e aleluias proferidas por eles. Ele lhes disse:

"Nunca lestes: Da boca de pequeninos e crianças de peito tiraste perfeito louvor" e se calaram os Seus adversários! Desde as estrelas de maior grandeza até uma frágil criança de peito – Ele será louvado! Desde as imensas galáxias até o menor dos cometas – Ele será louvado! Desde o macrocosmos até o microcosmos – Ele será louvado!

I – *A Glória De Deus É Revelada Assombrosamente Através Dos Céus (V. 3-4)*

Davi está entusiasmado com uma visão: "Quando contemplo os Teus céus, obra dos Teus dedos, e a lua e as estrelas que estabeleceste...". A admiração vem pela contemplação.

Há muitas pessoas que não admiram o grande poder do Criador porque não tem o hábito de contemplar os céus. Mas o salmista tinha o costume de olhar para os céus e ver um pouco de sua imensidão e glória.

Naquele tempo não havia poluição que pudesse ocultar as belezas dos céus; não havia luz elétrica na cidade, e isso tornava mais nítida a escuridão da noite e as estrelas mais brilhantes. E ele, então, ficava deslumbrado e não podia deixar de ver a glória de Deus que criou todas estas coisas com as Suas próprias mãos.

O que acontece quando contemplamos os céus?

1 – Não podemos deixar de nos assombrar. No tempo de Davi, os astrônomos da Grécia ensinavam que não havia mais de 1.002 estrelas no Universo. Pouco mais de três séculos mais tarde um rei e astrônomo egípcio, Ptolomeu (323-285 a. C.), contou 3.012 estrelas.

As estrelas haviam então pelo menos "triplicado"! Ao fim do sexto século de nossa era os astrônomos das grandes universidades da Europa consideravam que havia 7.000 estrelas. Mas quando Galileu esboçou seu primeiro telescópio em 1609, ele pôde contar 100.000 estrelas. Poucos anos mais tarde ele fabricou um novo telescópio de duas e meia polegadas.

E eis que 300.000 estrelas apareceram no céu ante o seu olhar espantado! Mas hoje o grande telescópio de 200 polegadas (5 metros de diâmetro) do Monte Palomar na Califórnia demonstra que há estrelas aos bilhões pelo Universo! Através desse potente telescópio, pôde se contemplar a galáxia Andrômeda a uma distância de 2,5 milhões de anos-luz. Considerando-se que um ano-luz é a distância que a luz percorre num ano.

À velocidade de 300.000 km por segundo! [1 ano-luz = 9,5 trilhões de km]. Consideremos a galáxia da qual nosso sistema solar é uma parte: a galáxia chamada Via Láctea. De acordo com um cálculo de Newton, em sua fórmula $(p^2 = (4\Pi^2/GM)\ a^3)$ Somente a nossa galáxia possui 200 bilhões de estrelas semelhantes ao sol, com trilhões de planetas e corpos celestes. Ela mede 100.000 anos-luz de diâmetro. Portanto, se pudéssemos viajar em toda a extensão da

Via Láctea com a velocidade da luz, levaríamos pelo menos 300.000 anos viajando. E, se quiséssemos visitar a galáxia mais próxima da terra, à galáxia Andrômeda. Teríamos de viajar por 2,5 milhões de anos, na velocidade da luz. Tudo isso indica a grandeza da nossa insignificância.

Tudo isso indica a majestade do grande Criador! Ora, os astrônomos descobriram cerca de 200 milhões de outras galáxias semelhantes à nossa, cada uma com seus milhões de estrelas e planetas. Uma dessas galáxias é cerca de 50 vezes maior que a nossa.

Há estrelas fotografadas que estão a 9 milhões de anos-luz de distância! Mas isto nos dá apenas uma pálida ideia do tamanho infinito do Universo. Davi, que não podia conhecer as descobertas científicas atuais, ficou deslumbrado diante do espetáculo que podia contemplar a olho nu.

Entretanto, nós outros podemos nos surpreender muito mais ao contemplar. Por um telescópio ou assistindo a um Planetário, uma parte impressionante da imensidão do universo. Com efeito, não podemos deixar de nos assombrar!

2 – Não podemos deixar de adorar. Quando contemplamos a lua e as estrelas à noite, quando contemplamos os céus em toda a sua beleza. Não podemos deixar de glorificar ao Criador. **Voltaire,** filósofo francês**,** era um incrédulo agnóstico.

Voltaire foi um homem que dedicou a sua vida inteira para pregar contra a Bíblia. E dizer que esta religião da Bíblia seria completamente descartada em 50 anos. **Voltaire**, no entanto, estava numa noite estrelada olhando para os céus, e ele escreveu estas palavras: "Eu estava contemplando este maravilhoso espetáculo, eu estava embevecido;" e ele continua: "é preciso ser cego para não ver esta majestade. É preciso ser estúpido para não reconhecer o seu Autor, é preciso ser louco para não o adorar!". Voltaire era um ateu, mas, quando contemplou os céus. Teve de reconhecer a sua própria loucura: "É preciso ser louco para não lhe adorar!"

3 – Não podemos deixar de nos humilhar. O salmista, depois de contemplar a exuberância e glória de Deus nos céus, disse: "Que é o homem, que dele te lembres e o filho do homem, que o visites? " Depois de contemplarmos os céus, em toda a sua glória, não podemos deixar de ver ao mesmo tempo a nossa pequenez e insignificância! É muita bondade e condescendência do Deus Criador ainda se importar com o homem a ponto de se lembrar dele e visitá-lo.

A pergunta: "Que é o homem? " Exige a resposta lógica: "O homem não é nada, diante de tanto fulgor celeste, diante da glória de um Deus majestoso e onipotente, que criou tanta imensidão! "

O profeta Isaías contemplava os céus como Davi e, depois de ver tanta majestade, disse: "Eis que as nações são consideradas por Ele como um pingo que cai de um balde e como um grão de pó na balança! " (Is 40:15).

"Todas as nações são perante ele como coisa que não é nada; Ele as considera menos do que nada, como um vácuo". (v. 17). "Eis que sois menos do que nada" (Isaías 41:24). Repito: Astronômica, ou biblicamente, vemos em tudo a grandeza da nossa insignificância.

Mas, vemos, também, o interesse de um Deus de amor em todos os detalhes de nossa vida. A humilhação do homem diante de Deus é saudável. E deve ser mais praticada neste século de sofisticada arrogância. Não devemos nos humilhar diante de homens porque somos todos iguais em natureza e valor. Mas é virtuoso nos humilharmos diante de Deus. Disse o apóstolo Tiago: "Humilhai-vos na presença do Senhor! " (Tg 4:10). "Há necessidade de mudanças decididas. É tempo de humilharmos nosso coração orgulhoso e obstinado, e buscarmos ao Senhor enquanto Ele pode ser achado.

Como povo precisamos humilhar nosso coração diante de Deus; pois as cicatrizes de nossa incoerência estão em nossa prática". (E.G.White, CRA, 40). "Que é o homem? Perguntava o salmista Davi. Mesmo não sendo nada, ou se pode haver algo menos do que nada, assim ele é. Esta pergunta deveria ser mais frequentemente posta diante de nós:

"Que é o homem? Quem somos nós? " Frágeis pecadores, adornados com uma natureza pecaminosa, cheios de orgulho e egoísmo, que são os fundamentos de todo o pecado. A ideia básica é a bondade. E o amor condescendentes de Deus para com o homem. Que Deus, que fez os céus e derramou Sua glória sobre eles, devesse ter tanta consideração pelo homem, a ponto de lembrar-se dele, e visitá-lo, é um pensamento impressionante, estarrecedor, até.

II – A GLÓRIA DE DEUS É REVELADA MAIS AMPLAMENTE ATRAVÉS DO HOMEM (v. 5)

Mas o salmista também vê a glória de Deus através do próprio homem. Ele continua dizendo: "Fizeste-o, no entanto, por um pouco, menor do que Deus e de glória e de honra o coroaste. Deste-lhe domínio sobre as obras da Tua mão e sob seus pés tudo lhe puseste: ovelhas e bois.

Todos, e também os animais do campo; as aves do céu, e os peixes do mar, e tudo o que percorre as sendas dos mares".

1 – O homem foi criado à imagem divina. Deus revelou a Sua glória no homem que foi criado à Sua própria imagem e semelhança. Adão foi criado perfeito, recebendo de Seu Criador as glórias de Sua imagem, do Seu caráter, formado com as faculdades físicas, mentais e espirituais, em processo de desenvolvimento e perfeita harmonia. Este é um pensamento estarrecedor: Como pôde o Deus Todo-Poderoso.

2 – O homem foi criado com uma distinção divina: "Fizeste-o, no entanto, por um pouco, menor do que Deus". Os anjos têm a sua própria glória; entretanto, só o homem foi criado à imagem e semelhança de Deus. Não sabemos nada sobre as limitações dos anjos, além do fato de que Deus vê imperfeições neles (Jó 4:18). Mas a coisa mais impressionante é que o homem foi "por um pouco, menor do que Deus". Esta é uma declaração exclusiva para o homem.

Esta é uma afirmação tão bombástica que os 70 judeus que traduziram o Antigo Testamento para o grego trocaram a palavra "Deus" e a substituíram por "anjos", como aparece na Septuaginta (LXX). Eles julgaram que Davi tinha ido longe demais em sua declaração sobre o homem.

Eles pensaram que seria mais próprio comparar o homem com os anjos. Entretanto, os homens podem ser co-criadores com Deus no processo da reprodução, o que não acontece com os anjos (Mt 22:30), razão por que o homem foi criado superior aos anjos em poder de gerar outros seres à semelhança do mesmo Deus. Mas ainda no Céu, cessado o processo da reprodução, os homens serão considerados superiores aos anjos: "Aqueles que, na força de Cristo, vencem o grande inimigo de Deus.

E do homem ocuparão nas cortes celestiais uma posição superior à dos anjos que nunca caíram." (E.G.White, MM 1992, Exaltai-O, p. 231).

3 – O homem foi criado com capacidades divinas: Assim como Deus é o Rei do universo, o homem foi criado para dominar como rei da criação, sobre toda a terra e sobre todos os animais do campo, as aves dos céus e os peixes do mar.

Ele é o único dentre os seres criados neste planeta que pode se comunicar com Deus através do seu espírito, no qual o Espírito Santo fala. Deixando-lhe a convicção inabalável de que somos filhos de Deus. O homem foi criado para desenvolver as suas faculdades físicas, mentais e espirituais, galgando a perfeição.

Iii - A Glória De Deus É Revelada Mais Perfeitamente Através De Cristo (Hb 2:7,9)

A maior revelação da glória de Deus não está nos céus; não está no homem. A maior revelação da glória de Deus está em Jesus Cristo. O apóstolo Paulo nos ensina isto em sua interpretação do salmo 8 que ele torna cristocêntrico, escrevendo aos Hebreus. Citando o salmo 8, disse em Heb 2:7: "Fizeste-o, por um pouco, menor que os anjos, de glória e de honra o coroaste".

Paulo está citando a Septuaginta que era a Escritura de que ele dispunha na época, que colocou a palavra "anjos" no lugar da palavra "Deus". Essa passagem revelou um capricho dos judeus, querendo ser mais reverentes do que Davi, como eu disse antes. Mas foi nessa mesma passagem que Paulo por inspiração divina baseou a sua teologia da humilhação de Cristo para revelar a glória de Deus através dele. Como Paulo interpreta o salmo 8? Este salmo, para ele, tem um sentido muito mais amplo, porque era um salmo messiânico:

Não significava apenas uma descrição do homem, mas de Cristo. Assim ele se expressa: "Vemos, todavia, Aquele que, por um pouco, tendo sido feito menor que os anjos, Jesus, por causa do sofrimento da morte, foi coroado de glória e de honra, para que, pela graça de Deus, provasse a morte por todo homem". (Hb 2:9).

1 – Cristo foi feito menor do que os anjos. Ele não tinha a natureza de Adão antes do pecado. Corpo forte, sem as fraquezas e enfermidades que nos são tão próprias.

Ele assumiu a natureza humana, após 4.000 anos de fraqueza e degradação. Embora sem pecado e sem a natureza pecaminosa, Cristo foi considerado menor que os anjos por causa do Seu sofrimento. Mas isso foi apenas "por um pouco".

2 – Cristo revelou a glória de Deus. Ele foi coroado de glória e honra para exercer o domínio do mundo por vir. Em Cristo, Deus revelou a Sua exuberante glória, em Sua vida perfeita, em Seu poder de curar, realizar milagres, e em Sua ressurreição e ascensão. Então, Ele assumiu o Seu lugar de honra e todos os anjos O receberam e O adoraram. Com isso Paulo prova que Jesus Cristo é superior aos anjos, e, portanto, sendo Deus, deve receber a nossa adoração e obediência.

3 – Cristo revelou a excelência da glória de Deus. Isso não está nos céus estelares, e muito menos no homem. Isto foi revelado em Cristo, na Cruz do Calvário. Lá é que foi revelada a excelência da glória de Deus. Na Cruz, vemos um Deus Se revelando em Seu caráter de amor pelo pecador e justiça ao punir o pecado em Seu próprio Filho! Este é o pensamento mais estarrecedor que encanta aos anjos e aos habitantes dos mundos do universo, e deveria nos encher de assombro e admiração!

É o nosso grande Deus, o Criador das 200 milhões de galáxias que Se inclina na mais abjeta humilhação da Cruz para salvar o pecador, a nós, a mim e a você que aqui está! A Cruz revela a glória do caráter de um Deus de amor e justiça de forma incontestável. Faz calar os Seus inimigos e dá uma resposta satisfatória a todo o Universo! O salmista termina o seu cântico de louvor e adoração exatamente como iniciou:

"Ó SENHOR, Senhor nosso, quão magnífico em toda a terra é o teu nome!" (Sl 8:9). Muitas vezes, no pensamento hebraico, os profetas apresentam o clímax, antes de qualquer outra ideia, o fim antes do princípio, o melhor colocado em primeiro lugar.

Mas como o clímax é muito especial, Davi o repete, no fim, onde deve ser colocado. Depois de estudarmos um salmo como este, não encontramos outras palavras mesmo senão as do próprio Davi, ao dizer:

"Ó SENHOR, Senhor nosso, quão magnífico em toda a Terra é o Teu nome! " Quão digno de ser louvado e glorificado! Quão digno de ser lembrado e visitado em Sua igreja! Quão digno de ser amado, e servido em obediência e amor! Quão digno Ele é de ser ansiosamente esperado em Sua gloriosa vinda à Terra! — *Pr. Roberto Biagini – Mestrado em Teologia - prbiagini@gmail.com* —

Louvor e Adoração

O nono salmo composto por Davi é um sincero louvor e uma completa adoração ao Rei de todo o Universo, nele o salmista expressa claramente sua admiração pelo Altíssimo e toda a sua glória divina. Demonstra encontrar nele a mais intensa alegria e se sente completamente realizado quando abre seus lábios para entoar cânticos em sua homenagem, pois enfatiza isso em suas sinceras palavras:

"Eu te louvarei, Senhor, com todo o meu coração; contarei todas as tuas maravilhas. Em ti me alegrarei e saltarei de prazer; cantarei louvores ao teu nome, ó Altíssimo" (v 1,2)

Os versículos 3-6 expressam o profundo agradecimento do servo pelos livramentos recebidos do seu Senhor, as vitórias alcançadas diante dos inimigos muitas vezes maiores e mais fortes que ele, exaltando a maneira como foram todos destruídos perante a face do seu libertador:

"Porquanto os meus inimigos retornaram, caíram e pereceram diante da tua face. Pois tu tens sustentado o meu direito e a minha causa; tu te assentaste no tribunal, julgando justamente.

Repreendeste as nações, destruíste os ímpios; apagaste o seu nome para sempre e eternamente. Oh! Inimigo! Acabaram-se para sempre as assolações; e tu arrasaste as cidades, e a sua memória pereceu com elas". *(v 3-6)*

Dos versículos 7 ao 10 é ressaltada a justiça divina como sendo a única verdadeiramente perfeita e justa, Davi se dirige ao Criador em agradecimento por defender a causa do pobre e necessitado com equidade e proteger aos que o buscam com sincera devoção:

"Mas o Senhor está assentado perpetuamente, já preparou o seu tribunal para julgar.

Ele mesmo julgará o mundo com justiça, exercerá juízo sobre povos com retidão.

O Senhor será também um alto refúgio para o oprimido, um alto refúgio em tempos de angústia.

Em ti confiarão os que conhecem o teu nome, porque tu, Senhor, nunca desamparaste os que te buscam.

Em seguida é impulsionado a convocar os filhos de Deus a glorificarem seu santo nome, serem gratos por tantos livramentos e bênçãos que dele recebem todos os dias, visto que até o ar que respiramos nos é dado pela sua graça. Davi determina que sejamos agradecidos ao ponto de proclamarmos para às outras nações os feitos do Senhor em nossas vidas e aproveita o ensejo para detalhar qual será o destino dos ímpios, que perseguem os justos, e o fim terrível que os espera:

"*Cantai louvores ao Senhor, que habita em Sião; anunciai entre os povos os seus feitos.*

Pois quando inquire do derramamento de sangue, lembra-se deles: não se esquece do clamor dos aflitos.

Tem misericórdia de mim, Senhor, olha para a minha aflição, causada por aqueles que me odeiam, tu que me levantas das portas da morte.

Para que eu conte todos os teus louvores nas portas da filha de Sião, e me alegre na tua salvação.

Os gentios enterraram-se na cova que fizeram; na rede que ocultaram ficou preso o seu pé.

O Senhor é conhecido pelo juízo que fez; enlaçado foi o ímpio nas obras de suas mãos. (Selá.).

Os ímpios serão lançados no inferno, e todas as nações que se esquecem de Deus.

Porque o necessitado não será esquecido para sempre, nem a expectação dos pobres perecerá perpetuamente.

Levanta-te, Senhor! Não prevaleça o homem; sejam julgados os gentios diante da tua face. Põe em medo, Senhor, para que saibam as nações que são formadas por meros homens.

"Davi mais uma vez orou a Deus, pedindo-lhe que o libertasse de seus inimigos. O Senhor é misericordioso, ele estará sempre pronto a ajudar aqueles que sofrem opressões de seus inimigos. No perfeito tempo de Deus eles encontrarão conforto e incentivo se colocarem nele a confiança.

Deus nunca abandona aqueles que confiam nele, por isso devemos louvá-lo e contar aos outros sobre suas maravilhas e de como ele nos resgatou. As pessoas que preparam armadilhas para os outros acabam elas mesmas sendo presas, não serão bem-sucedidas a longo prazo. Aqueles que percebem a necessidade da ajuda de Deus. E se voltam para ele a receberão, mas, se pensarmos que estamos no controle de nosso destino, ou dos outros, uma enorme surpresa nos espera. Um dia o Senhor irá intervir e mostrará quem realmente está no comando".

— *ARTERBURN, Stephen e MERRILL, Dean. Bíblia de Estudos Desafio de Todo Homem, p. 628, 2000*

Salmo 9 – Louvemos Ao Senhor

"Estas são as palavras iniciais do salmo 9: Vs. 1-2: "Louvar-te-ei, SENHOR, de todo o meu coração; contarei todas as Tuas maravilhas. Alegrar-me-ei e exultarei em Ti; ao Teu nome, ó Altíssimo, eu cantarei louvores". Aqui ele estabelece o assunto de todo o salmo. A palavra–chave é "louvar" e o tema é o "Julgamento". O salmista começa este salmo com uma PROMESSA PARA LOUVAR.

Davi começa prometendo que louvará ao Senhor e nos instrui sobre muitas coisas que temos que saber antes de louvar. Primeiro, é salutar prometermos a Deus que haveremos de louvá-lo. Não tenhamos receio de prometermos alguma coisa para o Senhor, porque Ele Se agrada de nossas promessas, e Ele mesmo gosta de fazer promessas para nós. Segundo, de que modo devemos louvá-lo? Davi disse que louvaria a Deus "de todo o meu coração! " Isso indica a sinceridade que ele revela ao louvar ao Senhor. Isso é diferente de quando nós. O louvamos, cantamos e entoamos hinos, pensando em outras coisas! Terceiro, a quem louvaremos?

Davi se dirige a Deus como Yahweh, o Deus Eterno. O Altíssimo, diante de quem devemos manifestar santa reverência em nosso louvor e nas músicas que usamos para louvar! Quarto, qual é o conteúdo do seu louvor? O salmista "cantava" os louvores, "contando" as maravilhas de Deus. Há muitos cânticos do nosso tempo que estão cheios da experiência humana, cheios das lamúrias do homem em suas desgraças.

Em seus pecados. Mas pouco das maravilhas do Senhor. Mas há uma ciência aqui muito esquecida: é que haveremos de pregar com êxito multiplicado, se falarmos mais das maravilhas dos poderosos feitos de Deus e menos das falhas humanas! Temos contemplado mais "existencialismo" do que cristianismo nas letras de muitos hinos de louvor! E cristianismo é seguir e exaltar a Cristo! Quinto, qual era a atitude no louvor? "Alegrar-me-ei e exultarei em ti".

Precisamos manifestar a nossa alegria ao louvar ao Senhor. Há muitos que louvam sem alegria no coração. Há muitos legalistas que tem o seu coração fechado e cantam sem alegria. O seu canto não é aceito, o seu louvor não chega ao Céu. Mas se o conteúdo de nosso louvor é cantar e contar as maravilhas do nosso grande Deus, o Altíssimo, o Eterno, o nosso Deus Salvador, então, haveremos de louvar com júbilo e alegria transbordantes!

I – O Motivo Para Louvar (V. 3-10)

1- Louvamos a Deus porque Ele julga retamente (v. 3-8).

Aqui temos o primeiro motivo para louvar: Os versos 3-8 nos falam de um justo Juiz. O que significa julgar retamente? O que significa a justiça? De acordo com o Dicionário de Michaelis, justiça é a "virtude que consiste em dá ou deixar a cada um o que por direito lhe pertence". Assim age Deus com os justos e os ímpios, sendo os justos aqueles que foram transformados e convertidos.

E os ímpios aqueles que rejeitam o oferecimento da graça, rejeitam a misericórdia de Deus. Davi disse que os seus inimigos retrocedem e tropeçam porque Deus sustenta o seu direito e defende a sua causa, enquanto está em Seu trono de Julgamento (v. 3-4). E ele identifica a esses inimigos como sendo os mesmos ímpios que rejeitaram ao Senhor, e, portanto, serão destruídos os ímpios de todas as nações (v. 5).

Numa antevisão do grande Julgamento final. O seu nome será apagado, a sua memória perecerá (v. 6). Mas enquanto os ímpios serão esquecidos, a memória de um Juiz justo permanecerá eternamente: 7- "Mas o SENHOR permanece no seu trono eternamente, trono que erigiu para julgar. 8 Ele mesmo julga o mundo com justiça; administra os povos com retidão". Esta verdade dúplice é a garantia de que teremos justiça eternamente, e de que jamais se levantará o pecado com sua hedionda cabeça por outra vez.

Teremos paz, harmonia e consequentemente felicidade para sempre. Não admira de que temos muitos motivos para louvar a Deus sempiternamente. Mesmo hoje, vemos que Deus governa e administra os povos com retidão e segurança. Nos dias da república de seu país, um embaixador, certa noite, com grande ansiedade e cheio de temor, não podia conciliar o sono.

Perturbado e apreensivo com a condição em que se achava o seu país. Um servo sábio e idoso repousava no mesmo aposento, e notou a preocupação excessiva do embaixador:

— Senhor embaixador, disse o sábio, me permite fazer uma pergunta?

— Perfeitamente.

— Porventura Deus governou bem o mundo antes de o senhor nascer?

— Sem dúvida alguma – foi a resposta do embaixador.

— Governará Ele bem o mundo depois de sua ausência? – Perguntou ainda o ancião.

— Por certo – responde o embaixador.

— Então, não pode o senhor confiar a Ele a direção do seu país, enquanto aqui se achar? O embaixador, fatigado, virou-se e dormiu.

De fato, podemos dormir tranquilamente, porque o nosso Deus julga e governa o mundo com justiça e sabedoria.

2- Louvamos a Deus porque Ele protege os justos (v. 9-10).

Lemos ainda as palavras de Davi:

"9 O SENHOR é também alto refúgio para o oprimido, refúgio nas horas de tribulação. 10 Em ti, pois, confiam os que conhecem o teu nome, porque tu, SENHOR, não desamparas os que te buscam". Deus é o Refúgio de todos os que estão sendo oprimidos. Estamos vivendo em um mundo de perseguidores, homens que por motivos escusos, por motivos banais.

Ou sem motivo algum estão prontos a prejudicar o semelhante, sem medir consequências, sem pesar os resultados. Mas em Deus encontramos um "alto Refúgio", nas horas de aflição e angústia. Podemos confiar sempre nele, porque não desampara os que O buscam. Podemos louvá-lo porque Ele nos atende e defende contra os que nos ameaçam.

II – O Apelo Para Louvar (V. 11-12)

Mas Davi está tão cheio do desejo de louvar ao Senhor que ele faz a seguir um veemente apelo para que a nação israelita louve a Deus.

Que façam isso diante dos outros povos: "Cantai louvores ao SENHOR, que habita em Sião; proclamai entre os povos os seus feitos". (v. 11). Somos convidados a louvar com cânticos ao Senhor. Os hinos nos elevam mais rapidamente a Deus do que qualquer sermão.

Os hinos têm um poder de transformar a vida daqueles que vivem a cantar e louvar. Alguns não encontram um meio de se livrar da murmuração. Pois Davi, ao invés de reclamar, ele louva a Deus e convida outros a louvá-lo. Vamos louvar àquele que habita entre o Seu povo. Ele habitava em Sião, no lugar onde estava o Seu templo. O templo que os judeus edificaram para a Sua adoração e louvor.

Mas o templo de Salomão foi destruído, o povo judeu foi rejeitado porque rejeitou ao seu Benfeitor. Mas ele habita conosco, em nossas igrejas, em nossas casas, em nosso coração, e está sempre conosco. Se sentimos a sua presença tão palpável em nosso meio, ergamos o nosso louvor em cânticos alegres, em hinos suaves e cheios de melodia e emoção. Temos um apelo para pregar o Evangelho de nosso Senhor Jesus Cristo: "Proclamai entre os povos os seus feitos! "

Este sempre foi o plano de Deus para o Seu povo escolhido: proclamar as Suas maravilhas através daqueles que estavam sendo beneficiados e salvos. E isto pode ser feito através dos cânticos e hinos espirituais. Temos uma poderosa mensagem em nossos hinos que contém a verdade para este tempo. Ao louvar a Deus, muitos outros dentre os povos em todo o mundo hão de se converter e se unir a nós em nosso louvor.

III – A Oração Para Louvar (13-14)

Nós dependemos de Deus até para louvar. E Davi faz esta oração: "13 - Compadece-te de mim, SENHOR; vê a que sofrimentos me reduziram os que me odeiam, tu que me levantas das portas da morte. 14 –

Para que, às portas da filha de Sião, eu proclame todos os teus louvores e me regozije da tua salvação". Davi faz uma súplica a Deus para que Ele lhe conceda a Sua compaixão. Felizmente, temos um Deus compassivo, que se inclina para ver os nossos sofrimentos, as nossas aflições. Davi está muito preocupado com o que fizeram os seus adversários que o odiavam e tramavam o mal contra ele.

Ele estava sofrendo por causa de homens perversos e odiosos. Porventura, isso é história antiga? Não estamos sofrendo, de igual modo e muitas vezes, por causa dos que nos odeiam, que nos fazem gemer, que nos perseguem e maldizem e intentam todo o mal contra nós? Muitos dentre o povo de Deus, vê se aproximar até a morte, por problemas que estão enfrentando com outras pessoas. Muitos hoje, no entanto, em meio a muitos perigos, estão dizendo, confiantes: Senhor, "Tu me levantas das portas da morte", para que eu adentre as portas da Tua igreja.

"Para eu proclamar todos os Teus louvores". Muitos de nós estamos sendo salvos da morte, a fim de proclamar o louvor de Deus e nos regozijar na Sua salvação.

IV – O Resultado De Não Louvar (15-18)

Agora, Davi apresenta o resultado de não louvar a Deus. Ninguém será obrigado a louvar; todos têm plena liberdade para viver como quiserem. Entretanto, é pecado ser ingrato e não louvar e não reconhecer àquele que faz maravilhas em nossa vida.

É pecado desprezar o Doador da vida, o Salvador do pecado, o Criador do universo e de nós mesmos. É pecado não amar àquele que é amor. E seguirão as consequências. O que acontecerá com as nações que não reconhecem a Yahweh, a começar com os judeus?

"Afundam-se as nações na cova que fizeram, no laço que esconderam, prendeu-lhes os pés". (v 15) Aqui temos uma das manifestações da justiça e do justo juízo divino: Deus dá às nações aquilo que elas planejaram para os outros povos. Elas queriam destruí-los, e então serão destruídas, e lançadas na cova da sepultura. O salmista volta ao tema do juízo e da justiça divina. Ele disse a respeito do ímpio: "enlaçado está o ímpio nas obras de suas próprias mãos". (v.16).

Mais tarde, Salomão, o filho de Davi disse a mesma coisa em outras palavras: "Quanto ao perverso, as suas iniquidades o prenderão, e com as cordas do seu pecado será detido". (Pv 5:22). Mas qual será o destino de todos os que não louvam a Deus? Para onde serão lançados? V. 17: "Os perversos serão lançados no inferno, e todas as nações que se esquecem de Deus".

Estas palavras são citadas por muitos estudiosos para ensinarem a existência de um inferno a arder presentemente, como se o castigo dos ímpios já estivesse em operação. A doutrina do inferno se espalha pela internet e pelos púlpitos modernos em meios católicos e protestantes e até muçulmanos.

Todos em uníssono afirmam que existe um inferno e para lá se encaminham os perdidos de todos os povos. Entretanto, não é isso o que disse Davi, que não cria nesse inferno de fogo a arder eternamente. Primeiro, ele está usando o tempo verbal para o futuro: "Os perversos serão lançados..."; não é algo que acontece agora; os ímpios não estão sendo lançados hoje no inferno de fogo.

A Bíblia fala que o castigo dos ímpios é um acontecimento terrível, mas que ocorrerá no futuro. Como disse Pedro (em 2Pe 3:7): "Ora, os céus que agora existem e a terra, pela mesma palavra, têm sido entesourados para fogo. Estando reservados para o Dia do Juízo e destruição dos homens ímpios".

O apóstolo João, escrevendo no Apocalipse, disse (em Ap 21:8): "Quanto, porém, aos covardes, aos incrédulos, aos abomináveis, aos assassinos. Aos impuros, aos feiticeiros, aos idólatras... E a todos os mentirosos, a parte que lhes cabe será no lago que arde com fogo e enxofre, a saber, a segunda morte". Isto será um acontecimento futuro.

Este será o grande Juízo Executivo contra todos os ímpios que não quiseram reconhecer ao Soberano do universo. Negando-se a louvar àquele que tem todo o direito à mais alta honra, e louvor e glória por todos os séculos da eternidade. Mas as palavras do salmista ainda nos dão mais luz:

ele está usando a palavra hebraica "sheol", que significa "sepultura, cova, morada dos mortos". Ao dizer que "os perversos serão lançados no inferno", Davi está repetindo em um paralelismo sinônimo o que disse no verso 15: "Afundam-se as nações na cova que fizeram". Aqui ele está usando uma palavra sinônima no hebraico para a cova da sepultura. Ele está dizendo que esses ímpios serão destruídos e serão lançados na sepultura. Ele ainda não menciona o fogo destruidor.

Mas indica a destruição que lhe era mais comum sobre que falar em seus dias. Portanto, o v. 15 está em paralelo com o v. 17. E não ensina a doutrina moderna do inferno de fogo eterno. E de fato, ela não se encontra na Bíblia. Mas qual é o grande problema dos ímpios? Eles não serão lançados no inferno ou na sepultura porque cometeram os graves pecados de que são acusados. Por que mesmo eles estão perdidos? A resposta está nas palavras de Davi, o verso 17 (úp): eles "se esquecem de Deus" (v. 17). Disse o apóstolo Paulo a respeito deles (em Rm 1:21-22), que são indesculpáveis "porquanto, tendo conhecimento de Deus. Não o glorificaram como Deus, nem lhe deram graças; antes, se tornaram nulos em seus próprios raciocínios, obscurecendo-se o coração insensato. Inculcando-se por sábios, tornaram-se loucos". Este é o triste resultado de quem não reconhece, não adora e não louva a Deus. É como disse o grande incrédulo Voltaire, acusando-se com suas próprias palavras: "É preciso ser cego para não ver esta majestade [nos céus estelares], é preciso ser estúpido para não reconhecer o seu Autor, é preciso ser louco para não adorá-lo.

"Mas enquanto os ímpios se esquecem deliberadamente de Deus, os justos não serão esquecidos (v. 18). Às vezes nos parece que Deus está se esquecendo de nós, ao contemplarmos que se demora a ajuda em nossas muitas aflições. Parece que as nossas orações não encontram eco no coração do Altíssimo que está tão longe em Seu trono de glória, tão ocupado a julgar as nações e a governar o universo. Entretanto, a Sua promessa é esta, v. 18:

"O necessitado não será para sempre esquecido, e a esperança dos aflitos não se há de frustrar perpetuamente". Aqueles que se lembram de Deus hoje, amanhã e depois serão lembrados eternamente. **(V. 19-20)** Davi termina o salmo com estas palavras cheias de significado:

"19 Levanta-te, SENHOR; não prevaleça o mortal. Sejam as nações julgadas na tua presença". 20 Infunde-lhes, SENHOR, o medo; saibam as nações que não passam de mortais". Ele ora, novamente e se dirige a Deus para que Se levante, tome a iniciativa, a fim de avisar ao ímpio que ele não passa de um simples mortal. Ele volta ao assunto do Juízo, que é o seu tema principal, ao redor do que ele conclama a todos para louvar a Deus.

Que executa a justiça imparcialmente. unindo ao ímpio e justificando ao crente agradecido e cheio de louvor pela libertação e salvação. Esta é uma oração de valor missionário. Davi pede em favor dos ímpios, a fim de que possam abrir os olhos e ser esclarecidos em sua mente, através de uma interferência divina, e sejam salvos.

Quando forem julgados. Ele pede que Deus lhes infunda o medo, o temor saudável, a fim de que possam reconhecer que são mortais. Fracos e que não podem lutar contra Deus e seu povo e ficar impunes no dia do Julgamento final. Tendo esta visão, eles ainda podem ter esperança. Temos nós o temor de Deus diante de nossos olhos? "O temor do Senhor é o princípio da sabedoria" (Pv 1:7). Temos nós outros a consciência de nossas fragilidades, de que não passamos de mortais e que não podemos prevalecer contra Deus e Sua verdade.

Vamos louvar ao nosso grande Deus, porque aí estará a nossa força. Vimos que temos um grande motivo para louvar, pelo fato de que seremos justificados e livres com a nossa causa defendida no Juízo final.

Vimos a necessidade de orarmos antes de louvar, pedindo a compaixão de Deus. A fim de que nos salve, e nos prepare para louvar. Vimos o resultado de não louvar. E finalmente, tivemos um apelo para louvarmos ao Senhor e Salvador nosso. Ele merece o nosso louvor com hinos e cânticos espirituais, hoje, amanhã e eternamente.

— Pr. Roberto Biagini, Mestrado em Teologia —

prbiagini@gmail.com

Tempos de Angústias

Todos os servos do Senhor foram e serão perseguidos pelas portas do inferno de século a século, até que seja chegada a hora do Juízo Vindouro e finalmente possa cessar a vida humana na terra, onde os eleitos de Cristo poderão descansar de suas pelejas neste mundo.

Fora isso, a única saída é aguardar o livramento divino enquanto aguarda-se o dia da partida (morte) reservada a todo ser vivente. Davi era um homem de muitas dores, angústias e perseguições, neste salmo ele clama pela vingança de Deus contra os impiedosos que perseguem os inocentes e lamenta o seu silêncio diante das súplicas feitas:

"Por que estás ao longe, SENHOR? Por que te escondes nos tempos de angústia?

Os ímpios na sua arrogância perseguem furiosamente o pobre, sejam apanhados nas ciladas que maquinaram.

Porque o ímpio gloria-se do desejo da sua alma, bendiz ao avarento, e renuncia ao Senhor". (v 1-3)

Cansado de ver os que praticam a maldade se saírem ilesos depois de praticar o mal e ainda afrontar a Deus.

O salmista intervém em defesa do Todo Poderoso e pergunta a ele próprio até quando irá aceitar que os blasfemadores zombem de seu nome santo. Davi, nesta oração, denuncia aos ouvidos do Senhor que o ímpio é tão exaltado na sua cegueira espiritual... Que afirma não existir um Deus que possa puni-lo ou condenar suas más ações. São orgulhosos, arrogantes e intocáveis:

"Pela altivez do seu rosto o ímpio não busca a Deus; todas as suas cogitações são que não há Deus.

Os seus caminhos atormentam sempre; os teus juízos estão longe da vista dele, em grande altura, e despreza aos seus inimigos.

Diz em seu coração: Não serei abalado, porque nunca me verei na adversidade". (v 4-6)

Destes encontramos muito em nossas andanças pela vida, os poderosos que por confiarem nas suas riquezas materiais esquecem que dinheiro, ouro e prata não serão suficientes para livrá-los da ira vindoura. Davi amava tanto o Santo de Israel que se incomodava ao ver que aqueles arrogantes não tinham por Deus qualquer forma de temor e respeito. Era esse zelo incomparável pelo Senhor que o tornava um homem segundo o coração do seu Criador.

Aqueles que desprezavam o governo do Senhor eram perversos e perseguiam o inocente. Roubava e matava o pobre, negava-lhes justiça e lançavam sobre eles todo tipo de calúnia, difamação e maldições. O salmista sofria ao ver os mais abastados pisando sobre o pescoço dos mais necessitados e decidiu buscar em Deus uma solução para tamanha barbaridade:

"A sua boca está cheia de imprecações, de enganos e de astúcia, debaixo da sua língua há malícia e maldade.

Põe-se de emboscada nas aldeias; nos lugares ocultos mata o inocente, os seus olhos estão ocultamente fixos sobre o pobre.

Arma ciladas no esconderijo, como o leão no seu covil; arma ciladas para roubar o pobre; rouba-o, prendendo-o na sua rede.

Encolhe-se, abaixa-se, para que os pobres caiam em suas fortes garras. Diz em seu coração: Deus esqueceu-se, cobriu o seu rosto, e nunca isto verá". (v 7-11)

Sua oração cheia de indignação para com as atrocidades cometidas pelos maus é concluída com seu forte apelo para que o Senhor se compadeça do necessitado e defenda sua causa, que destrua o ímpio. Vingue-se dos opressores e mostre a eles a altura, largura e profundidade do seu imenso poder. Pois ele, Deus é infinitamente capaz de reduzir a pó os que agem impiedosamente contra seus escolhidos:

"Levanta-te, Senhor. Ó Deus, levanta a tua mão, não te esqueças dos humildes.

Por que blasfema o ímpio de Deus? Dizendo no seu coração: Tu não o esquadrinharás?

Tu o viste, porque atentas para o trabalho e enfado, para o retribuir com tuas mãos, a ti o pobre se encomenda, tu és o auxílio do órfão.

Quebra o braço do ímpio e malvado, busca a sua impiedade, até que nenhuma encontres.

O Senhor é Rei eterno, da sua terra perecerão os gentios. Senhor, tu ouviste os desejos dos mansos, confortarás os seus corações, os teus ouvidos estarão abertos para eles.

Para fazer justiça ao órfão e ao oprimido, a fim de que o homem da terra não prossiga mais em usar da violência". (v 12-18)

"Às vezes parece que Deus está muito distante, em especial quando a tentação para pecar é muito forte. Mas a verdade é que ele nunca está longe de nós. Podemos até achar que quem pratica o mal nunca serão punidos, mas a verdade é que eles estão fadados a ter sérios problemas. Simplesmente ainda não reconheceram o fato. Pode parecer que estão se saindo bem, mas essa é apenas a aparência das coisas. Precisamos tomar cuidado para que o suposto sucesso dessas pessoas não nos afaste do plano que o Senhor reservou para nossas vidas.

Mesmo quando Deus parece passar despercebido em relação aos atos perversos destes tais, tenhamos certeza de que um dia ele os julgará. Aqueles que arrastam outras pessoas para o pecado serão julgados duramente (Lucas 17:1,2). Às vezes Deus trabalha em silencio, nos bastidores, ajudando aqueles que admitem a realidade de suas situações a superar os inimigos e os problemas que enfrentam no dia a dia".

Salmo 10 – Quando Deus Parece Distante

O salmo 10 pode ser dividido em duas partes principais, como vemos na sua introdução. (v. 1-2). Embora este salmo não tenha uma subscrição, o autor mais provável é Davi pela semelhança com o salmo anterior, que foi escrito por ele. Nestes versos introdutórios surge a grande questão: Por que Deus parece estar tão distante, enquanto os ímpios estão reinando e oprimindo os pobres? Mas quem são os pobres?

Primeiro, "pobres" eram os desamparados daquele tempo de Davi, os órfãos, as viúvas, os necessitados, os que não possuíam bens deste mundo. Mas, num sentido mais amplo, em uma segunda aplicação, pobres também são os "humildes de espírito" de quem Jesus Cristo falou que são bem-aventurados (Mt 5:3).

O próprio Davi, que era um homem riquíssimo em bens materiais, disse de si mesmo: "Eu sou pobre e necessitado". (Sl 70:5). As palavras iniciais são: "Por que, SENHOR, te conservas longe? E te escondes nas horas de tribulação? " (v. 1).

O salmista se encontrava em grande angústia, e expressou isso perguntando: "Por que, Senhor? " Este é o reflexo da aflição de sua alma. "Por que Te escondes justamente quando mais precisamos de Ti, em plena tribulação? O salmista está se sentindo só, enquanto Deus parecia manifestar uma letárgica indiferença, escondendo-Se nas horas mais difíceis.

Muitas vezes somos levados a perguntar: "Por que, Senhor? " "Por que, Senhor, " isso está acontecendo comigo? "Por que, Senhor, essas tribulações pesam sobre a minha alma? " Você já se sentiu em uma situação semelhante?

Você já esteve decepcionado com Deus? Por que Deus não responde? Por que Deus não age? Por que Deus parece tão distante? Estas são questões que muitas vezes se levantam na vida de muitas pessoas que estão cansadas e decepcionadas com Deus. Certa vez um jovem foi a uma danceteria e se divertiu muito alegre com as moças que estavam lá, e bebeu muito.

Então, quando já era muito tarde de madrugada, ele pegou a sua moto e resolveu voltar para sua casa – que ficava num sítio distante da cidade. Ele teve que enfrentar uma estrada cheia de curvas perigosas; então, como era fácil de se prever, aquele jovem, controlado pelas bebidas alcoólicas.

Perdeu-se numa curva e foi parar num barranco bem abaixo da estrada. Ele bateu o pescoço e atingiu a coluna cervical e os seus membros inferiores foram afetados e não reagiam mais; ele foi parar numa cadeira de rodas. Então, um pastor adventista foi chamado a fim de consolar o jovem acidentado que não podia mais crer em Deus.

Quando o pastor se aproximou do moço, ele perguntou: "Onde está Deus que não me responde? " De fato, parece que Deus está muito distante nas horas amargas da tribulação. Mas às vezes somos nós os próprios culpados por estas horas amargas de dor.

Se pensarmos física ou astronomicamente, Deus está muito longe, acima de mais de 200 milhões de galáxias no espaço sideral, a 500 milhões de anos-luz de distância de nossa humilde Terra, perdida no espaço sideral que nos parece infinito. Mas, se pensarmos na onipresença de Deus e no seu grande amor por nós, saberemos que Ele está muito perto de nós.

Ele está bem aí perto de você enquanto você pensa que Ele mantém-Se distante. Ele pode ver o seu sofrimento e a sua angústia, pode dizer onde você mora, o que você gosta mais de fazer, qual é a sua família, quais são os seus amigos e sabe quem é que está lhe perseguindo, e desejando o seu mal.

I – O DOMÍNIO DOS ÍMPIOS (vs. 2-11)

Com efeito, não vivemos em um mar de rosas. Quando contemplamos o nosso mundo, não podemos deixar de ver como reinam os perversos.

Davi procura uma razão para a distância de Deus diante das perversas obras dos ímpios habitantes de sua terra, homens que viviam uma religião apostatada. Davi procura um motivo para a indiferença de Deus diante da opressão dos pobres, justos, inocentes e desamparados.

Como são os ímpios? Qual é o seu caráter? O que fazem eles?

1 – **Os ímpios são orgulhosos**. Os versos 2-4 apresentam este aspecto do caráter dos ímpios. Eles são cheios de orgulho. "Com arrogância, os ímpios perseguem os pobres" (v. 2). O grande pecado desses ímpios é originado em seu coração, está no íntimo de sua alma.

O seu pecado é o orgulho que fundamenta a sua cobiça insaciável por bens materiais, que se reflete na perseguição dos pobres. "Pois o perverso se gloria da cobiça de sua alma" (v. 3). Eles se glorificam a si próprios, cantam um hino de louvor a si mesmos em seu pecado.

Jesus Cristo contou uma parábola sobre um homem rico que era avarento e ímpio, cujo campo frutificou com abundância.

E como ele era muito egoísta, pensava apenas em si mesmo, e não era justo para com o seu próximo, gloriou-se na sua cobiça, e disse à sua alma: "Tens em depósito muitos bens para muitos anos; descansa, come, bebe e regala-te.

Mas Deus lhe disse: Louco, esta noite te pedirão a tua alma; e o que tens preparado, para quem será? " (Lc 12:19-20). A lição de Cristo serve para todos: "Tende cuidado e guardai-vos de toda e qualquer avareza; porque a vida de um homem não consiste na abundância dos bens que ele possui. " (Lc 12:15).

A arrogância desses ímpios do salmo 10 chegava ao ponto de maldizer o Senhor.

Certamente, algumas coisas não davam certo como eles queriam e, então, eles blasfemavam de Deus e colocavam a culpa sobre Ele. No seu orgulho, julgavam que Deus era o seu servo e tinha a obrigação de fazer a sua vontade e atender aos seus caprichos pronta e imediatamente.

2 - *Os ímpios são ateus*. Diz o v. 4: "O perverso, na sua soberba, não investiga; que não há Deus são todas as suas cogitações. " Embora o judaísmo cria firmemente na existência de um Deus Criador do universo, os homens ímpios de Israel estavam prontos a duvidar até da existência de Deus, intelectualmente, porque praticavam essa crença na sua vida perversa. Na sua superficialidade, eles não investigavam as evidências da operação de um Deus soberano, e nos seus pensamentos, nas suas cogitações, eles viviam como se Deus não existisse, embora a sua consciência religiosa pudesse apontar a Deus.

Esta é uma descrição fiel de nossos dias. Vivemos em um tempo de muita superficialidade, apesar de tanto conhecimento, apesar de tanta informação por inúmeros meios.

A humanidade ainda é formada por um superficialismo que leva à descrença em Deus ou na sua verdade. Mesmo entre os que professam crer em Deus. Muitos o negam por suas atitudes e incredulidade. Muitos estão discordando da Lei de Deus, do Sábado, do Dízimo, do Espírito de Profecia, da Liderança da Igreja, da Divindade de Cristo, da Personalidade do Espírito Santo, e logo passarão a apostatar do próprio Deus, abandonando as fileiras dos cristãos, para se unirem aos ímpios habitantes da Terra.

E qual é a razão apontada pelo salmista para tudo isso? Falta de investigação. Mas muitos poderiam racionalizar que eles de fato estão negando muitas dessas coisas, justamente porque investigam, examinam os fatos e as "verdades". Entretanto, o texto do salmo fala que o perverso não investiga "na sua soberba" (v. 4). Não basta só a investigação. É preciso muita humildade para que reconheçamos a verdade exposta pelo Espírito Santo. Sem humildade e disposição para aprender de Deus, não é possível alguém chegar ao pleno conhecimento da verdade.

Mas também é preciso achar a Fonte cristalina da verdade; há necessidade de se investigar na fonte verdadeira, porque podemos facilmente ser desviados da verdade – se confiarmos num falso sistema de investigação.

Uma jovem certa vez escreveu a um pastor adventista sobre a doutrina da Trindade. Ele lhe enviou um farto material sobre o assunto. Então, ela respondeu que havia lido tudo, mas não podia crer que aquilo fosse verdade. E que não se imaginava mais crendo na Trindade.

 O pastor lhe respondeu diretamente e sem rodeios: "Moça, se você está confiando em fontes poluídas, como poderá crer na verdade? Se você já foi vacinada pelos dissidentes, se você já recebeu uma lavagem cerebral nas fontes da apostasia da verdade, o que Deus poderá fazer por você?

Que argumento pode convencê-la, se você não pesa a força da verdade e não percebe as contradições? A única solução é abandonar essas fontes da mentira, e voltar à única Fonte da verdade, confiando em Deus e em como Ele dirige a Sua igreja. " Então, ela se humilhou e pediu oração.

3 – Os ímpios são **escarnecedores**. Lemos no v. 5: "São prósperos os seus caminhos em todo tempo; muito acima e longe dele estão os Teus juízos; quanto aos seus adversários, ele a todos ridiculariza". Eles têm os seus inimigos que os censuram porque sua prosperidade é o fruto de perseguir. E assolar aos pobres, e por não atenderem às leis de Deus, que eles rejeitaram.

Entretanto, eles escarnecem desses adversários. Os justos podem perguntar como fez Jeremias: "Por que prospera o caminho dos perversos? " (12:1). Perguntava o salmista por que Deus estava tão longe. Agora, parece que a prosperidade está perto dos ímpios e as leis de Deus estão muito longe deles.

É evidente que os ímpios estão prosperando na base de sua desonestidade e opressão contra os pobres e desamparados. Mas eles estão escarnecendo de tudo e de todos, inclusive de Deus, que permite a sua prosperidade e parece estar muito longe de seus ímpios caminhos. Assim, podem os perversos reinar, como se Deus não estivesse presente num mundo em que dominam.

O salmista ainda descreve a razão do caráter do perverso cheio de orgulho pelo que é rápido em escarnecer: "Pois diz lá no seu íntimo: Jamais serei abalado; de geração em geração, nenhum mal me sobrevirá. " (v. 6).

Ele parece estar muito confiante e seguro de que jamais será destronado. A ausência de uma punição imediata sobre aqueles que praticam o mal é sempre um forte argumento para continuarem no pecado. É uma falsa segurança. Logo veremos isto.

4 – Os ímpios são maldizentes. "A boca, ele a tem cheia de maldição, enganos e opressão; debaixo da língua, insulto e iniquidade". (v. 7). O perverso usa a sua língua de modo ferino, enganoso e ofensivo. A verdade não está em sua boca, porque ela só fala mentiras. Fala mal de tudo e de todos; fala mal de homens e de Deus. Não se pode confiar nele.

5 – Os ímpios são criminosos. O perverso "trucida os inocentes nos lugares ocultos" (v. 8), fica "de emboscada como leão na sua caverna... para enlaçar o pobre (ou aflito) " (v. 9), e "em seu poder lhe caem os necessitados" (v. 10). E, depois de cometer os seus atos homicidas e assassinos, o perverso ainda pensa que pode se livrar da sua merecida recompensa, de cair nas mãos de um Deus irado: "Diz ele, no seu íntimo: Deus se esqueceu, virou o rosto e não verá isto nunca". (v. 11).

Esta é a prova de que não existe ateu realmente. É como disse um ateu, faz algum tempo, a alguém que lhe perguntou: "Você crê em Deus? " E ele respondeu: "Eu sou ateu, graças a Deus! "

No verso 4, lemos acerca do ímpio: "que não há Deus são todas as suas cogitações". Agora, ele não pode sopitar a sua angústia, e tenta se convencer a si mesmo, em seu íntimo, tenta abafar a voz de sua consciência, da qual ele não pode fugir, de que Deus, que ele sabe que existe sim, não se lembrará, Se esqueceu, virou o rosto, e ele, enfim, escapará livre da punição. Só por um tempo.

II – O REINADO DE DEUS (vs. 12-18)

Contemplando o nosso mundo hoje, deveríamos orar mais intensamente pelos pobres e aflitos que estão sendo oprimidos pelos ímpios, pois o quadro se repete. Temos que orar mais pelos pobres, humildes e fiéis servos de Deus, homens e mulheres justos que estão sendo perseguidos.

1 – Davi ora para que Deus Se manifeste. V. 12: "Levanta-te, SENHOR! Ó Deus, ergue a mão! Não te esqueças dos pobres". Davi está angustiado pela atuação dos perversos contra os pobres, e faz um apelo a Deus para que Se levante. O salmista desejava que o Eterno Se interpusesse entre os justos e os ímpios, a fim de salvar aos primeiros, que são chamados de pobres, ou aflitos.

Tanto fisicamente como espiritualmente. Quando Deus Se levanta, Ele age em benefício de seu povo. Ele diz: "Chega de esperar! O tempo da salvação está prestes a manifestar-se". Ele não Se esquece dos aflitos, dos pobres de espírito. Dos perseguidos e oprimidos pelo sistema da corrupção dos ímpios. Muitos pensam que Deus Se esquece dos Seus filhos. Muitos hoje estão simplesmente acreditando na filosofi de Wilhelm Nietzsche (1844-1900)

Filósofo alemão do século XIX, que espalhou a ideia de que "Deus está morto"! Quem está morto é o filósofo, e morreu de modo triste, porque desceu louco à sepultura.

Hoje a sua filosofia é pregada e cantada. Como a banda que propaga a música "Heresy" (Heresia), cujo refrão diz: "O seu Deus morreu e ninguém se importa! " De fato, muitos estão confiantes na mentira de que Deus morreu. E, por isso, não se importam com Ele e ainda dizem que Ele não Se importa; está longe e, se é que existe, abandonou o mundo.

O salmista simplesmente faz esta pergunta aos que, como aquele filósofo, se dizem ateus ou incrédulos, no v. 13: "Por que razão despreza o ímpio a Deus, dizendo no seu íntimo que Deus não se importa?

" Como poderia Deus permitir que triunfasse a iniquidade, sem se importar com isso? Por que razão deveria alguém imaginar que Deus não se levantará para defender o justo e punir ao ímpio? De fato, não há razão para pensar assim, porque Deus já deu abundantes provas de Sua atuação na História de todos os povos, em todos os tempos.

2 – Davi ora para que Deus reprima as obras do ímpio. V. 15: "Quebranta o braço do perverso e do malvado". Esta é uma oração para que os próprios instrumentos da perversidade sejam impedidos, reprimidos. Deus pode quebrar os braços dos opressores e assassinos, e impedi-los de agir. Deus pode quebrar os dentes dos perversos (Sl 3:7) e fazê-los passar fome como fazem com os pobres. Deus pode cegar os olhos dos ímpios cobiçosos (v. 3). Como Ele fez com os habitantes de Sodoma, para que fossem impedidas as suas ações concupiscentes e criminosas (Gn 19:11). O salmo torna-se assim um apelo a Deus para que Ele intervenha e elimine a impiedade.

3 – Davi ora a Deus para que julgue aos ímpios. Ele diz, v. 15: " Lhes esquadrinhas as maldades, até nada mais achares". Esta é uma oração por justiça. Os justos estão angustiados pela opressão dos ímpios; estão sendo roubados de suas propriedades, sofrendo pela perseguição, padecendo fome e necessidade, e Deus parece muito distante. Aqui está a resposta para a pergunta inicial do v. 1.

Aparentemente, Deus se conserva distante, porque Ele está dando um tempo para que os ímpios possam se revelar em sua plenitude de caráter. Mas, brevemente, virá o julgamento de todos. Os seus atos, pensamentos e palavras serão julgados, esquadrinhados, examinados.

Testados segundo a reta justiça. O exame será tão minucioso, de acordo com tudo o que se encontra registrado nos livros, que "nada mais" será achado. Nada escapará diante dos olhos perscrutadores do Juiz de toda a Terra. Os ímpios que agora estão perseguindo, zombando e escarnecendo dos justos e de Deus responderão pelos seus atos de perversidade.

4 – Davi louva a Deus por Seu reinado. Disse ele: "O SENHOR é Rei eterno! " No original, o escritor usou 4 palavras significativas:

Yahweh Rei eterno perpétuo. Mas, se Yahweh também significa eterno, ele disse: "O Eterno é Rei eterna e perpetuamente". Isso indica que ele encontrou a resposta para as suas inquietações.

Embora pareça que Deus esteja distante, longe de nós, na realidade, Deus sempre esteve reinando, está reinando, e reinará pelos séculos intérminos da eternidade. Deus tem ouvido "o desejo dos humildes" (v. 17), e há de fortalecê-los em seu coração ansioso por uma resposta divina. Então, quando o Juízo se manifestar no tempo próprio de Deus.

As nações ímpias serão desbaratadas, desarraigadas da Terra (v. 16), o terrorismo será extinto (v. 18), e os justos e oprimidos hão de louvar para sempre a salvação de nosso Deus eterno. Então, a justiça será estabelecida e restaurada a paz eternamente.

Muitas pessoas estão decepcionadas com Deus. Em angústia, clamam de dia e de noite: Por que, Senhor? Por que Deus não responde às minhas preces? Por que Ele se esconde e não se comunica com os Seus filhos atribulados? Por que não temos respostas definidas para as nossas dúvidas?

Aconteceu um acidente automobilístico, numa cidade dos Estados Unidos e uma criança de 5 anos foi atropelada. Os pais estavam lá quando chegou, imediatamente, o seu pastor. Neste momento, a mãe, segurando a criança ensanguentada nos braços, se dirige ao pastor e diz: "Pastor, onde estava Deus quando o meu filho foi acidentado? " O pastor foi muito feliz em sua resposta. Ele disse: "Minha irmã, Deus estava no mesmo lugar de quando o Seu próprio Filho estava morrendo na cruz do Calvário! "

Agora, podemos ter uma resposta plenamente satisfatória de um Deus que parece distante. Mas Ele está tão perto e se importa tanto que enviou o Seu Filho para morrer em nosso lugar e pagar o preço de nossa redenção.

De fato, Ele está tão perto de você que pode, neste exato momento, saber quais são os seus sentimentos, qual é a sua aflição, sua dor e angústia. Mas Ele precisa de mais um tempo. Apenas um pouco mais, "porque, ainda dentro de pouco tempo, Áquele que vem virá e não tardará. Todavia, o meu justo viverá pela fé; e: se retroceder, nele não se compraz a minha alma". (Hb 10:37-38). É só um pouquinho mais! — **Pr. Roberto Biagini. Mestrado em Teologia -** prbiagini@gmail.com

Salmo 10 - O Retrato do Ímpio

Acho incrível como os policiais são treinados para descreverem suspeitos e reconhecerem tais características nas pessoas. Enquanto certos indivíduos são maus fisionomistas, alguns homens da lei conseguem, ao olhar para uma pessoa, saber sua altura, peso, cor dos olhos e notar marcas como cicatrizes e tatuagens.

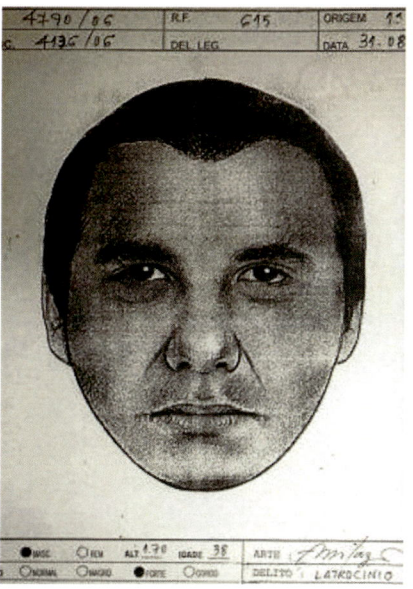

Muitas vezes, a descrição física de um suspeito, para alguns policiais, equivale a um retrato. É uma qualidade admirável – e útil – que não compartilho com os agentes da segurança pública. Apesar de eu nunca me esquecer de um rosto, eu não sei descrever ninguém. Ao que me parece, um dos salmistas soube fazer muito bem uma descrição.

Na verdade, o escritor do *Salmo 10* soube descrever o "perverso" tão bem que é como se tivéssemos um retrato dele. O *v.2* diz que o perverso age "com arrogância", que também pode significar "com orgulho" ou "com majestade". É o sentimento de quem se julga um tipo de rei. Para ele, seu valor pessoal supera o de todos ao redor.

Ele deve ser servido e sua vontade atendida. Esse sentimento maligno, segundo o texto, o leva a perseguir o pobre, tramando contra ele. Nenhum sentimento de injustiça o dissuade de agir mal contra alguém, pois ele se acha no direito de fazer o que quiser. Enquanto a cobiça é apontada pelas *Escrituras* como pecado.

E é vista com desprezo até pelo mundo, o perverso "se gloria da cobiça da sua alma" ou nos "desejos da sua alma" (*v.3*). A ideia de gloriar-se está expressa no verbo *halal* que, no grau em que se apresenta no texto, tem o sentido de "louvar, elogiar, exaltar".

É isso que o perverso faz: ele rende a si mesmo louvor e exaltação ao observar o "apetite da sua alma". Apesar de essa expressão poder ter um sentido positivo, como em *Isaías 26.8*, o próprio *v.3* dá pistas de quais são os "desejos" e "apetites" do perverso ao chamá-lo de "avarento". Na verdade. O salmista usou um verbo para descrever a ação do perverso que aponta para "aquele que arranca para si o lucro".

Nessa disposição, tal homem, diz o texto, "maldiz o Senhor". Os anseios de tal homem são, portanto, diametralmente opostos ao desejo e ao caráter de Deus. O fato de o perverso ser tão contrário a tudo que Deus é e ensina, não o preocupa. Na verdade, ele sequer se detém para avaliar sua vida. O *v.4* diz que, por causa do seu orgulho, ele "não investiga" o fato de Deus não fazer parte de todas as suas cogitações. É uma "busca" que o perverso não realiza.

Afinal, que erros podem ser encontrados pelo soberbo em si mesmo? Confiado na sua perfeição e no seu valor que excede o valor dos outros. Ele "desafia" todos quantos se opõem a ele (*v.5*). Sua confiança de jamais ser abalado e de não ser alvo de nenhum mal, conforme o *v.6*, é algo que ele repete para si mesmo "em seu coração".

Seu mal, sua soberba e sua confiança enganosa são algo nutrido no seu íntimo. Tais sentimentos estão enraizados nele. Não são apenas os atos do perverso que são maus. Aquilo que ele fala é de maldade.

Ele pronuncia "maldição", por meio da sua boca. Sua língua é suficiente para causar destruição em sofrimento. O *v.7* nos diz que naquilo que o injusto profere há "mentira", "engano", "opressão". Não há como minimizar o mal e a violência capazes de ser exercidos pela boca do ímpio. Sua língua deve ser mais temida que suas mãos.

Munido de tamanha maldade, o perverso olha para o desamparado e fica de "tocaia" (*v.8*), e prepara-lhe uma "emboscada" (*v.9*). Seu objetivo, segundo o *v.8*, é "exterminar os inocentes" e, conforme o *v.9*, "arrastar com sua rede". Como um predador esperando a vítima. Diz o *v.10*, ele "se abaixa e fica encurvado", preparando, assim, um ataque mortal.

Essas três expressões transmitem ideias de caça: um animal matando uma presa para devorá-la, um pescador puxando sua rede com o peixe desavisado e um leão se ocultando na savana para atacar de surpresa. São três modos contundentes de avisar-nos sobre o perigo que representam os perversos para aqueles que não são como eles. Finalmente, o *v.11* mostra que o perverso.

Como muitos criminosos e corruptos no nosso país, tem a certeza da sua impunidade. Quando olha para sua maldade e suas ações traiçoeiras, diz para si mesmo que "Deus se esqueceu". No sentido de não se importar com o que acontece. Para o perverso, não há um juiz superior que o possa punir pelo que faz simplesmente porque tal juiz não atua.

Por isso, ele se convence de que seu mal Deus "não vê nunca". Tal convicção não vem apenas da arrogância, mas também do desprezo por Deus e pela sua justiça e santidade. Esse é um retrato terrível de alguém com quem devemos nos preocupar.

O homem perverso é um risco para os servos do Senhor. Aquele que despreza Deus e a sua salvação é inimigo dos que amam o Senhor Jesus. Ainda que não lhe tenham feito nada de mal. Portanto, na convivência com eles e até na pregação do Evangelho a eles, o cristão deve manter cautela a fim de não ser ferido. Seja por meio da oposição aberta, seja por meio do desvio velado em um contato mais íntimo com o ímpio.

Muitos servos do Senhor têm sido perseguidos pelo ódio dos ímpios. Enquanto outros têm se desviado da santidade por meio do "amor" dos incrédulos. As táticas para abater a presa são muitas. Com o retrato do perverso em mãos, devemos ficar atentos como os policiais a fim de reconhecer o perigo e nos prevenir dos seus males. Afinal, depois de a casa ser roubada, pouco sobra para a polícia fazer. — **Pr. Thomas Tronco**

Confiança Em Deus

"No SENHOR confio, como dizeis à minha alma: Fugi para a vossa montanha como pássaro? Pois eis que os ímpios armam o arco, põem as flechas na corda, para com elas atirarem, às escuras, aos retos de coração." Salmos 11:1,2

D avi era um homem convicto de que o Senhor cuida do seu povo e usa de mão forte para defende-lo, diante do medo que se espalhava sobre os israelitas ao serem afrontados pelos inimigos, geralmente mais fortes e em maior número, alguns lhe diziam para que fugisse e se escondesse da fúria dos opressores.

Ele então ele perguntava-lhes o porquê de fugir se tinha o Rei dos Exércitos para livrá-lo? Essa postura do salmista deve ser a mesma de todos quanto desejam agradar a Deus nos momentos difíceis da vida. Pois, como afirmou o escritor aos Hebreus: "Ora, sem fé é impossível agradar-lhe; porque é necessário que aquele que se aproxima de Deus creia que ele existe. Que é galardoador dos que o buscam". Hebreus 11:6. Não importa o tamanho, altura, largura ou profundidade que seja a tempestade que vier sobre nossas vidas.

Devemos honrar ao Senhor dedicando-lhe toda a nossa confiança. Ele se alegra ao perceber que seus filhos se sentem seguros por confiar no seu poder e na sua proteção. Porém, seu Espírito se entristece quando vê que apesar de tantos livramentos já feitos somos descrentes. Mesmo pelas inúmeras maravilhas descritas na sua Palavra, realizadas sobre Israel e depois sobre a igreja no passado, ainda assim duvidamos de sua capacidade em nos proteger do mal. Afinal, como ele afirmou a João:

"Eu sou o Alfa e o Ômega, o princípio e o fim, o primeiro e o derradeiro". Apocalipse 22:13 E novamente o autor da carta aos Hebreus, adverte: "Jesus Cristo é o mesmo, ontem, e hoje, e eternamente. Hebreus 13:8. Ou seja, nele não há variação de caráter, força, poder e santidade. Suas promessas serão eternas e se no passado livrou seu povo de Faraó.

Guiou-os pelo deserto por quarenta anos, sustentando-os e defendendo dos seus adversários, certamente fará o mesmo por nós hoje. Davi possuía fé inabalável no Deus de Abraão, Isaque e Jacó, nada mudaria isso nele, por essa razão era sempre bem-aventurado em tudo que se propunha a fazer. A maioria das pessoas nos dias atuais fracassam ao tentar realizar grandes conquistas na vida.

E isso se dá porque sua fé no Senhor é tão pequena que mal lhes permitiu garantir a salvação de sua alma. Jesus explicou que se nossa confiança nele fosse maior que um simples grão de mostarda teríamos o poder de remover montanhas Lucas 17:6 Quando depositamos em Cristo nossa inteira confiança nada poderá nos abalar ou tirar nossa paz. Porque a tranquilidade do cristão deve estar firmada na certeza de que ele enviará seus anjos para nos livrar e guiar pelo deserto. Que porventura surgirem pelo caminho, nosso Deus é fiel nas suas promessas para cumpri-las e de maneira alguma falhará numa só delas.

Nada impede mais o ser humano de se tornar um vencedor do que a falta de uma fé genuína, afina, como poderíamos agradar o nosso Salvador duvidando de seu poder?

*"**Se forem destruídos os fundamentos, que poderá fazer o justo? O Senhor está no seu santo templo, o trono do Senhor está nos céus; os seus olhos estão atentos, e as suas pálpebras provam os filhos dos homens**". <u>Salmos 11:3,4</u>*

O que nos aconteceria se dependêssemos de nós mesmos e de nossa própria força para garantir livramento diante das tribulações que certamente irão surgir durante nossa caminhada neste mundo? Um mundo de constantes perseguições por parte de satanás? Como iríamos subsistir ao nos defrontarmos com as provações que o próprio Deus lançará sobre nós, quando decidir provar nossa fé? Davi compreendia que a constante presença do Senhor na sua vida era algo indispensável para garantir sua vitória e sobrevivência.

Em nenhum momento confiava em si mesmo e nem no poder de seu braço para vencer as adversidades, nem mesmo quando entrava numa batalha corpo a corpo contra inimigos visíveis aos seus olhos, sua defesa estava no Senhor e em nada mais, por essa razão sempre saia vitorioso. Quando deixamos de confiar em Jesus e somos pretensiosos em acreditar ser possível seguir em frente sozinhos, sem dúvida alguma iremos fracassar.

Porque sem sua ajuda nada somos capazes de realizar, nem de vencer o inimigo de nossas almas. Somente nele e através dele o homem poderá ter certeza de vitória, pois é o único que tem o poder de abrir portas onde não existem. E nos permite passar por lugares em que de outra maneira jamais conseguiríamos. O salmista Davi escreveu esta oração enaltecendo a glória e o poder do Altíssimo.

Reconhecendo que somente ele tem toda a força necessária para livrar o homem e garantir-lhe sucesso em todas as suas empreitadas.

"O Senhor prova o justo; porém ao ímpio e ao que ama a violência odeia a sua alma. Sobre os ímpios fará chover laços, fogo, enxofre e vento tempestuoso; isto será a porção do seu copo. Porque o Senhor é justo, e ama a justiça; o seu rosto olha para os retos." Salmos 11:5-7

O cristão moderno, muitas vezes por pouco ou nunca ler as Escrituras habitua-se a ir ao templo ouvir seus pastores ensinar uma teologia moderna que afirma ser os filhos de Deus abençoados e que em nenhum momento ele permitirá que sejam abalados, o que refuta as verdades descritas na sua Palavra. Em toda a extensão de suas páginas a Bíblia afirma que o Senhor prova seu povo com aflições para que sua fé nele se fortaleça.

A ideia moderna de que o cristão que passa por lutas e provações é porque não está vivendo segundo a sua santa vontade é uma heresia criada pelos materialistas, criadores e seguidores da falsa "Doutrina da Prosperidade". Que alega o fato de que os filhos de Deus não podem ser pobres.

Visto ser ele o dono de toda a riqueza do Universo. Porém, como lemos no texto sagrado acima Davi afirma que o Senhor prova o justo. Entretanto ele conclui seu pensamento, esclarecendo que mesmo provando o homem que crê nele sempre estará pronto para defende-lo, pois seus olhos estarão fitos nos retos de coração. Essa deve ser a nossa firme esperança, lembrar que mesmo meio às piores tribulações o nosso libertador estará ao nosso lado, em nenhum momento ficaremos sozinhos, porque sua fidelidade é para sempre, jamais nos abandonará.

112

Podemos tirar das Escrituras o grande exemplo de fé e confiança em Deus dos três amigos do profeta Daniel, quando após jogados numa fogueira ardente por se recusarem a adorar o bezerro de ouro feito pelo rei Nabucodonosor se encontraram com o Filho de Deus e por ele foram livres de ser consumidos meio às chamas - Daniel 3:17 – Por pior que sejam as provações pelas quais estejamos passando, permaneçamos firmes.

Tenhamos a certeza de que o Senhor permanecerá ao nosso lado e no final nos garantirá a vitória se não negarmos a fé, pois é sua principal característica se manter fiel. Do homem podemos duvidar quando nos promete fidelidade, mas de Deus jamais podemos duvidar, seu caráter é inabalável e imutável.

Portanto, façamos como Davi, cantemos louvores ao nome do nosso Redentor meio as tribulações, pois ele é o único merecedor de toda honra e de toda glória pelos séculos dos séculos, amém.

Refúgio Em Tempos de Perigo

Nunca houve um tempo de tanta insegurança. Temos insegurança física, e nossos corpos podem sofrer danos a qualquer momento por uma bala perdida, por assaltos à mão armada, por enchentes, desastres, catástrofes, ou por explosões. Temos insegurança material, e podemos perder tudo o que juntamos com esforço,.

Dedicação e trabalho honesto; e, no entanto, o governo pode também deixar o povo sem condições de manusear até o próprio dinheiro. Temos insegurança na saúde pública; temos insegurança psicológica. Vivemos tiranizados pelo medo e possuídos pelo temor. Já não estamos mais seguros nas cidades de Sodoma e Gomorra modernas.

Cidades cheias de vândalos e assassinos, homens e mulheres cheios de todos os vícios, criaturas perigosas que matam por nada. Davi estava enfrentando uma situação de perigo diante de seus inimigos que procuravam tirar a sua vida. Possivelmente era o tempo em que Saul procurava matá-lo. Davi expressa a sua confiança, afirmando: "No Senhor me refugio!" No original, a palavra é Yahweh, que significa: Eterno. "Eu tenho um eterno Refúgio.

Eu sei para onde ir e a Quem, recorrer" dizia Davi em um momento de grande perigo de vida. Para ele, não importavam as circunstâncias mais difíceis; ele sempre tinha a Deus como o seu eterno Refúgio.

I – O SENHOR É O NOSSO REFÚGIO (1-3)

1 – O Senhor é nosso Refúgio contra o Medo. **Muitos dentre os seus amigos, querendo salvar a Davi, deram um conselho que revelava o temor, a dúvida e a desconfiança das providências de Deus. Qual foi o conselho? O conselho foi para que Davi escapasse por sua vida e fugisse para os montes, onde havia muitos refúgios.**

Mas ele pôde responder com uma pergunta: "No Senhor me refúgio. Como dizeis, pois, à minha alma: Foge, como pássaro, para o teu monte?" (v. 1). Vivemos em um tempo de temor. Os homens estão sendo atacados pelo medo, que oprime a milhões de pessoas em um mundo afligido pela angústia.

Os homens do século 21 estão sendo tiranizados pelo medo e pelo pavor. A ordem do momento é fugir; fugir para um lugar de segurança, de paz, de escape. Muitos cristãos estão sendo ameaçados e o conselho da incredulidade é fugir.

Ao invés de enfrentar e dar o seu testemunho em favor da verdade. Em um tempo como este, necessitamos confiar em Deus como nosso Refúgio contra o medo, o temor e o pavor. Certa vez um pai com o seu filho de 5 anos passou por um lugar escuro e tenebroso.

O menino, loquaz e falador, pouco a pouco silenciava. Era uma noite escura e perigosa. E o menino sentiu medo. Tomou então, a mão robusta e calosa do pai, e exclamou: " – Papai, nós não estamos com medo, não é verdade?" O menino não podia andar sozinho por aquele lugar escuro. Mas, na companhia do pai, sua confiança se robustecera, e o medo desapareceu. A confiança em nosso Pai Celeste desfaz todo o temor.

2 – O Senhor é nosso Refúgio contra os Ímpios. Os amigos continuavam a dar os seus conselhos a Davi (v. 2): "Porque eis aí os ímpios, armam o arco, dispõem a sua flecha na corda, para, às ocultas, dispararem contra os retos de coração." Mas Deus é o nosso Refúgio mesmo contra os piores homens da terra.

Ele é um Refúgio mesmo contra os ímpios, que traçam planos traiçoeiros para, às ocultas, dispararem as suas armas contra nós. Há um grande número de ímpios, homens que não têm o temor de Deus, e que se constituem em uma ameaça para os cristãos. Mas nós não precisamos nos preocupar, porque Deus é o nosso Refúgio contra os ímpios. Davi não temia as armas dos ímpios de seu tempo.

Ele menciona os arcos, e as flechas que eram disparadas contra o coração dos justos, ocultamente. Mas e em nosso tempo? Os homens ímpios estão armados de facas, revólveres, metralhadoras e fuzis.

E o que dizer das armas de poder mais abrangente, como as bombas atômicas? Haveria algum refúgio contra as bombas modernas, as bombas de hidrogênio, ou as bombas termonucleares? Nos dias 5 e 9 de agosto de 1945, respectivamente, duas desventuradas cidades japonesas – Hiroshima e Nagasaki – Receberam dois presentes diabólicos, duas bombas poderosas, duas bombas atômicas. E, como resultado imediato, 180.000 pessoas se transformaram em cinzas, em poucos minutos.

E o mundo se estarreceu diante de uma bomba que liberava uma energia tão espantosa e medonha. E os homens começaram a temer por sua segurança. Mais tarde, em 1948, os russos também detonaram a sua primeira bomba atômica atrás dos montes Urai. E os historiadores registraram mais esse feito histórico. E daí para cá, vivemos assustados, aterrorizados diante da possibilidade de uma terceira guerra mundial.

Apoiada num detonar de máquinas destruidoras, ou de armas químicas nas mãos de homens ímpios, perversos e maus. E depois da queda das torres gêmeas, o mundo se espantou diante da crueldade dos terroristas, e eis que perece toda a tentativa de segurança.

Mas mesmo assim, podemos confiar em Deus como o nosso eterno Refúgio. Ele é Todo-Poderoso, Ele é capaz de desfazer os efeitos da mais terrível de todas as armas. Ele pode desmontar as poderosas armas termonucleares.

Ele pode desfazer os efeitos das bombas químicas e de qualquer invenção satânica forjada contra os cristãos. O salmista tinha essa confiança: "No Eterno, me refugio".

3 – O Senhor é nosso Refúgio contra a Ilegalidade. **Assim diziam os amigos de Davi, no v. 3: "Ora, destruídos os fundamentos, que poderá fazer o justo?"**

Eles diziam que os ímpios já tinham destruído os fundamentos e ele não poderia fazer mais nada. Davi estava vivendo em um tempo de ilegalidade.

Os fundamentos da sociedade, a estabilidade da lei, da ordem e da moral tinham sido destruídos. O próprio rei Saul quando viu frustrada a sua ordem de matar. Ele próprio tentou assassinar o seu benfeitor, que nesse caso era Davi (1Sm 19:1,10). De fato, sob um reino sem lei, os próprios fundamentos da sociedade e da ordem moral foram removidos; os justos não podiam fazer nada para prevenir isso.

Portanto, o que restava para Davi. Senão retirar-se de uma comunidade onde não havia nem lei nem ordem? Por que Davi não se retira para os montes onde há muitos refúgios? Por que não procura o abrigo dos pássaros?

Assim pensavam os conselheiros de Davi. Já imaginou como seria viver num país onde os governantes são corruptos, ladrões e assassinos? Num país onde a ilegalidade domina, e as leis existentes são injustas? O Que podemos fazer quando o nosso vizinho nos prejudicou e o juiz nos manda para a prisão?

O que você pode fazer quando é defraudado numa igreja, e roubado, porque um irmão não lhe paga o que deve, mas é você que será disciplinado? O que poderá fazer o justo?

Agora pense comigo: se os seus inimigos destruíssem a sua casa, colocando fogo nos seus pertences, matando a sua família, se eles destruíssem a sua reputação. E se esses ímpios acabassem com todos os fundamentos de sua vida, o que você poderia fazer? Nada? Esta era a insinuação dos amigos de Davi. Esta é uma resposta muito fraca, porque está destituída de fé nas providências de Deus como o seu Refúgio eterno.

Durante as 7 Últimas Pragas, os justos estarão vivendo em sociedades sem lei, em comunidades sem ordem, em completa ilegalidade: os seus bens serão confiscados. Sem moradia, estarão vagueando pelas montanhas como pássaros, à procura de um refúgio, sofrendo fome e frio.

Os fundamentos da ordem e da decência estarão destruídos. Que poderão fazer? Nada? Esta é uma resposta muito pessimista, porque eles estarão dia e noite clamando diante de Deus e cantando:

"Deus é o nosso Refúgio, socorro bem presente nas tribulações." (Sl 46:1). Lá estarão se consagrando e buscando mais intensamente a presença de Deus para libertá-los das destruições prometidas pelos ímpios.

Mas Deus é um Refúgio mesmo quando os fundamentos estão destruídos, um Refúgio, mesmo em meio à ilegalidade, quando a ordem é transgredir.

II – ONDE ESTÁ O NOSSO REFÚGIO? (v. 4-7)

O salmista responde a esta pergunta, não levantada no texto, mas que possivelmente estava na mente dos amigos pessimistas de Davi que o aconselhavam, dizendo: "Onde está o seu refúgio, Davi?

Foge para os montes, onde se encontram as cavernas para você se refugiar!" Davi responde e diz: "Não! O meu refúgio está no Senhor." "Mas onde está o Senhor?" perguntavam eles. E a resposta foi pronta e sem detença: "O Senhor está no seu santo templo!" Gosto dessas palavras. "O Senhor está no Seu santo templo!" Deus é o nosso refúgio e está no Seu templo!

É do templo que vem toda a nossa segurança e proteção, porque Ele se encontra lá. No santo templo de Deus está o nosso perdão e salvação. No Seu templo está o nosso grande Intercessor Jesus Cristo, o nosso Advogado que não perde nenhuma causa, que nos defende contra os nossos inimigos, nos absolve do pecado e nos justifica para uma vida de santidade.

No Seu templo glorioso e santo está o nosso nome no livro da vida. No Seu templo está a certeza de nossa glorificação. Deus está no templo, o templo está nos Céus e "nos Céus tem o Senhor o Seu trono.

Os seus olhos estão atentos, as suas pálpebras sondam os filhos dos homens." Deus está no Seu trono, que Se encontra no Santuário, no Lugar Santíssimo, e de lá Ele reina poderosamente. Parece longe?

Mas Ele está em um lugar estratégico, de onde pode governar a todo o universo! Ele está sentado em Seu trono, mas está em todos os lugares. Como Deus pode estar em todos os lugares ao mesmo tempo?

Como Ele consegue isso? É evidente que nós só podemos entender a sua onipresença através de Sua onisciência. E esta onisciência foi aqui colocada na figura de Seus olhos: "Os Seus olhos estão atentos!" Ele pode ver a tudo e a todos. Ele sabe de tudo o que acontece neste exato momento, em todo o universo.

Ele está presente através do poder de Seus olhos que sondam os filhos dos homens. Ele pode estar no Seu trono e está aqui ao mesmo tempo através do Seu conhecimento onisciente, porque os Seus olhos veem a todos. Nada passa despercebido aos Seus olhos perscrutadores.

1- O que faz o Senhor com todos? (v. 5). "O Senhor põe à prova ao justo e ao ímpio." Deus põe à prova a todos. Isso é pura justiça. Ninguém poderá dizer que foi provado, atormentado com tentações, tribulações, percalços e lutas que os outros não tiveram de enfrentar, se bem que cada qual será provado de maneira diferente das provas de seus semelhantes. Cada ser humano que passar por este mundo terá a sua sorte de provas e testes.

Todos passarão pelo fogo das aflições, um de uma forma, outros de outra. Com efeito, "o Senhor põe à prova ao justo e ao ímpio", a fim de que possam conhecer a Deus e endireitar os seus caminhos.

Há algum tempo, dois dos mais preeminentes ateus, Gilberto West e Lord Littleton –, homens intelectuais, e os mais conspícuos de sua época, zombavam do cristianismo onde quer que o encontrassem. Por fim, disseram: Há duas coisas que temos de destruir e então teremos terminado com a religião cristã. Depois disto nada restará dela.

As duas coisas a que se propunham destruir eram a ressurreição de Cristo como ensinam as Escrituras e a maravilhosa vida de Paulo.

Cuja influência é tão poderosa mesmo em nosso século. Disse Gilberto West: "Eu destruirei a doutrina da ressurreição de Cristo." "E eu", disse Littleton, "cxplicarei a vida de Paulo."

Depois desta entrevista ambos retiraram-se para o trabalho a que se propuseram. Meses depois, conforme um acordo prévio, se reuniram para ver os resultados de sua obra. Lord Littleton, iniciou o assunto dizendo a West:

— Que tem você?

— Oh, — respondeu West – tenho algo maravilhoso para contar a você. Quando comecei a estudar a ressurreição de Cristo, tratando de deixar salva minha reputação, tive que buscar argumentos contra e em favor do assunto.

O resultado foi que minha mente e meu coração foram convencidos de que Cristo ressuscitou dos mortos. Orei a Ele, estou salvo e agora sou Seu amigo. Disse Lord Littleton:

— Graças a Deus, West, também tenho uma novidade para contar.

Quando comecei a explicar a vida de Paulo, para destruí-la, também tive que fazer uma investigação minuciosa e sincera. Tive que buscar a verdade e você vai se alegrar comigo quando lhe disser que depois de um consciencioso estudo me encontrei ajoelhado.

Semelhante a Paulo no caminho de Damasco, e meu clamor foi o mesmo: "Senhor, que queres que eu faça?" Também sou um cristã — West." Estes dois ateus convertidos tornaram-se dois dos mais notáveis cristãos. Escreveram duas lindas apologias da religião cristã, das melhores que se tem escrito.

2 - O que fará o Senhor com os ímpios? (v. 6,7). "Fará chover sobre os perversos brasas de fogo e enxofre.

E vento abrasador será a parte do seu cálice. Porque o Senhor é justo, ele ama a justiça.

"Esta é a obra estranha de Deus. Assim como no passado Ele teve que purificar as cidades de Sodoma e Gomorra com fogo e enxofre, todos os ímpios que se identificam com o pecado receberão o mesmo quinhão. Serão destruídos com fogo, conforme nos adverte a Palavra de Deus aqui no Salmo 11, e em Apocalipse (21:8).

Alguns poderão perguntar: "Mas por que Deus faria uma coisa dessas? Não seria um ato arbitrário de Sua parte?" O salmista responde, sem detença: "Porque o Senhor é justo. Ele ama a justiça!" Se Deus é justo, Ele aplicará a recompensa merecida para os ímpios que rejeitaram o oferecimento de Sua misericórdia que custou o imenso sacrifício de Jesus Cristo na Cruz do Calvário.

Em que o Filho de Deus derramou o Seu sangue pelo preço do resgate de todos os ímpios habitantes da terra. A medida da justiça divina não é avaliada meramente por pecados praticados, mas pela rejeição da Sua graça e do oferecimento da salvação.

Todos quantos aceitarem esse maravilhoso Dom passarão pelo fogo purificador do Espírito Santo (Mt 3:11). E serão batizados por Ele nesse processo, em que esse fogo purifica a alma do pecado. Ele os santifica, após purificá-los. E os livra da ira inflamável que vem com fogo e enxofre sobre os desprezadores da Sua graça.

O fogo tem o objetivo de purificar a Terra, a fim de que possa ser novamente habitada por todos os que foram redimidos. Mas aqueles que rejeitarem a obra de fogo do Espírito Santo. Serão eles mesmos queimados com o fogo destruidor, porque não podem mais se separar do pecado que será consumido pelo fogo derramado dos céus.

O fogo, que destrói o pecado, destruirá também os pecadores que se identificaram com o pecado. Isso confirma a justiça de Deus. Mas, disse Davi, o justo Deus ama a justiça. Ele não poderia dar um castigo que os ímpios não merecem. Ou que ficaria além da justiça. Imagine se é justiça condenar os pobres pecadores de 70 anos a queimar pelos séculos intérminos da eternidade!

Esse nunca foi o plano de um Deus que ama a justiça. Disse Jesus Cristo que cada pecador levará poucos ou muitos açoites de castigo, dependendo do grau de culpa que lhe é própria, conforme o conhecimento adquirido, e nada mais (Lc 12:47-48).

Ninguém pagará um minuto a mais além do que merece! Isso é justiça! Portanto, a doutrina do tormento eterno não faz justiça ao caráter de Deus e prega a mentira de que Deus não ama a justiça! O fogo do castigo há de destruir e não continuar queimando.

Os pecadores impenitentes hão de passar pela segunda morte e perecerão, transformando-se em cinzas (Ml 4:3). Mas Deus não tem prazer na morte de ninguém (Ez 18:32). Portanto, Ele ainda apela para que todos se arrependam e se convertam dos seus maus caminhos.

3 - O que fará o Senhor com os justos? (v. 7, úp). Os justos serão recompensados, de tal modo que "Lhe contemplarão a face." Esta é a suprema esperança de todos os cristãos. Jamais alguém pôde contemplar a face de Deus. Este foi o grande sonho de Moisés, que embora falasse pessoalmente com Deus, não podia Lhe contemplar a face.

Então, um dia, não podendo sopitar esse o desejo imenso de ver a Deus, Moisés expressou o seu pedido nestas palavras: "Rogo-te que me mostres a Tua glória." E Deus lhe respondeu: "Não poderás ver a Minha face, porquanto homem nenhum verá a minha face e viverá." (Êx 32:18,20).

Era um sonho impossível! Entretanto, há um dia marcado, em que todos os justos poderão contemplar a face de Deus e ser imortalizados nessa contemplação gloriosa. Esse dia está chegando, e você também pode se candidatar para ser um dos felizardos. Jesus Cristo está voltando, o nosso Senhor estará retornando em glória e majestade e os justos contemplarão a Sua face e viverão!

O Senhor é o nosso Refúgio! Enquanto que os ímpios serão destruídos pela ira de Deus, Ele é o Refúgio de Sua própria ira de fogo e enxofre, para o Seu povo que busca hoje a Sua vontade. O sangue de Cristo é o resgate do fogo que queimará os rebeldes pecadores, que rejeitarem esse Dom de Deus em Seu filho.

Prepare-se, busque a comunhão com Deus, resolva pertencer inteiramente ao seu Salvador. Não permita que as distrações do mundo ímpio o desviem desse maravilhoso futuro! Jamais esqueça que o Senhor é o nosso Refúgio, em todo o tempo, lugar ou circunstância.

Ele pode salvar totalmente a você agora, e está se esforçando para que você atenda ao Seu chamado! Não deixe essa decisão para depois! Amanhã pode ser tarde demais! Abandone o seu pecado predileto. Busque o Refúgio em Deus e no Salvador Jesus Cristo. — Pr. Roberto Biagini - *Mestrado em Teologia* prbiagini@gmail.com

A Arrogância do Ímpio

"Salva-nos, Senhor! Já não há quem seja fiel; já não se confia em ninguém entre os homens.

Cada um, mente ao seu próximo; seus lábios bajuladores falam com segundas intenções.

Que o Senhor corte todos os lábios bajuladores e toda língua arrogante dos que dizem:

: "Venceremos graças à nossa língua; somos donos dos nossos lábios! Quem é senhor sobre nós?" Salmos 12:1-4

Há um adágio popular< que diz: "Dê poder a um homem e conhecerás seu caráter". Nada mais que verdadeiro. Dinheiro, fama, arrogância e poder andam juntos na mesma embalagem. Pessoas poderosas negam a existência de Deus e duvidam de sua influência sobre suas vidas por confiarem excessivamente nos seus tesouros pessoais. Os ricos deste mundo depositam nas suas riquezas total confiança e a certeza de impunidade.

Basta assistir os noticiários e podemos ver como isso se concretiza dia após dia na vida dos poderosos, que matam, roubam e exploram o pobre sem que haja quem os faça pagar por tais coisas. Já naquela época o salmista via isso acontecendo sobre os mais necessitados e orou ao Senhor para que tomasse uma providencia quanto a tamanha injustiça.

Ele era consciente de que somente o Santo de Israel seria justo o suficiente para punir os soberbos e fazer valer o direito dos inocentes. Outra coisa que Davi percebia, já no seu tempo, era o aumento da hipocrisia entre as pessoas à sua volta, pois elas viviam o engano. Cada uma mentia ao seu semelhante e a verdade andava cambaleando pelas ruas, ou seja, a maioria de seus compatriotas perderam o prazer pela honestidade e traiam-se uns aos outros.

Aquela realidade vivida por ele se repete, hoje, entre nós. O mundo moderno passou a dá maior importância à mentira e ao engano do que qualquer outra coisa. Se cumpre neste século o que as Escrituras afirmam, que no final dos tempos aumentaria a violência e as pessoas se tornariam infiéis Mateus 24:10, mas desde os tempos antigos os sintomas dessa condição humana já se manifestava entre os indivíduos.

E Davi via de perto estas coisas com perplexidade ao ponto de pedir a Deus que agisse duramente contra os que assim procedessem. A oração do cristão nestes últimos dias deve ser igual a do salmista. Pedindo misericórdia aos mais humildes e uma dura punição sobre seus carrascos que, por sua vez, pisam sobre as cabeças dos menos favorecidos e esmagam o crânio daqueles que não possuem meio algum de se defender das afrontas sofridas injustamente.

"Por causa da opressão do necessitado e do gemido do pobre, agora me levantarei", diz o Senhor. "Eu lhes darei a segurança que tanto anseiam.

128

As palavras do Senhor são puras, são como prata purificada num forno, sete vezes refinada.

Senhor, tu nos guardarás seguros, e dessa gente nos protegerás para sempre.

*Os ímpios andam altivos por toda parte, quando a corrupção é exaltada entre os homen*s". Salmos 12:5-8

Na última parte deste salmo vemos o Senhor respondendo a oração feita por seu servo e com grande indignação por causa da opressão que caia sobre o necessitado ele afirma a Davi que se levantaria em favor do pobre e oprimido para fazer-lhe justiça. Apesar de sua imensa paciência, às vezes Deus se ira e destrói a audácia dos arrogantes, humilhando-os e até em alguns casos punindo-os com a morte para mostrar que ninguém neste mundo está além de seu poder vingador.

As Escrituras afirmam: *"Porque bem conhecemos aquele que disse: Minha é a vingança, eu darei a recompensa, diz o Senhor. E outra vez: O Senhor julgará o seu povo".* Hebreus 10:30

Ao homem agir com sentimento de vingar-se pelo mal que alguém lhe causar é pecado, mas para Deus é algo possível, como afirma o Livro Sagrado, pois a ele pertence a vingança.

Todos os que praticam a iniquidade serão seriamente repreendidos pelo Senhor na hora certa, ninguém permanecerá impune por muito tempo. Mais uma vez o salmista faz um sincero elogio a Deus, engrandecendo-lhe suas palavras, afirmando que elas são puras e refinadas como a prata.

O que nos dá a ideia de que as promessas feitas pelo Senhor são dignas de total confiança de nossa parte por ser verdadeiras e jamais falhar. Se recebemos do Senhor a garantia de que seremos abençoados ou libertos de alguma opressão por parte de nossos inimigos, devemos dedicar total atenção a esta afirmação divina, na certeza de que elas realmente se cumprirão em nossas vidas. Se alguém, semelhante a nós, nos dão garantias de algo podemos duvidar por saber que todos somos falhos, Mas, tratando-se de Deus isso é inaceitável.

Pelo fato dele ser perfeitamente capaz de realizar todas as coisas segundo a sua vontade. Davi sabia disso, era conhecedor da infinita força divina que domina sobre todo o Universo e lembrava-se das incontáveis vezes em que recebeu do Senhor o livramento. Foi vitorioso diante das mais difíceis situações que havia vivido.

A dúvida nunca foi uma característica daquele homem que desde bem cedo aprendeu a confiar num Ser poderoso que sempre garantiu-lhe a vitória em tudo o que fazia, seja na luta contra um animal feroz que pretendeu atacar suas ovelhas ou um gigante arrogante que menosprezou o Santo de Israel ou os inimigos do seu povo, quando estes ousavam invadir suas terras. Em qualquer destes casos ele enfrentou seus adversários com fé e otimismo na certeza de que o Senhor lhe concederia a vitória e foi bem-sucedido

Então, como poderia ter dúvidas diante de um amigo que sempre se fez presente na sua vida e foi fiel em todas as promessas de livramento que fez? Ao orar à Deus, pedindo-lhe que fizesse justiça aos pobres e oprimidos, punindo seus opressores, Davi teve plena convicção que seria atendido.

O Perigo Por Trás da Língua Bajuladora

Certa vez ouvi uma espécie de piada que frisava diferenças entre homens e mulheres. Segundo a piada, as mulheres se cumprimentam dizendo: "Nossa, você está linda **magrinha**"; mas quando vão embora, dizem: "Como ela está **gorda**!". Por sua vez, os homens se encontram e dizem:

"Fala, seu **gordo**, careca"; ao partirem, o homem comenta: "Esse cara é gente **fina**". Piadas à parte, algo que realmente acontece é pessoas usarem palavras que não refletem o que pensam. E pior: palavras que depois são contraditas por declarações pejorativas e destrutivas. Em resumo, trata-se de pessoas que pela frente dizem uma coisa e por trás, outra.

Olhando para esse problema, Davi, no *Salmo 12.1*, pede "libertação" (do hebraico *yasha'*) ao Senhor, pois, segundo ele, "acabaram-se os leais" (*gamar hasîd*), ou seja, os homens que agem com lealdade e veracidade. Junto com tais pessoas, também "desapareceram os confiáveis" (*cassû 'emûnîm*). A situação descrita por Davi é a de um covil de mentirosos.

Mas note bem: não se trata de inimigos abertos. Pela frente, tais homens são agradáveis, pois moldam sua imagem com o cinzel da mentira. Dizem coisas que seus corações não sentem e que são agradáveis aos ouvidos.

Entretanto, pelas costas, destilam um veneno destruidor. O *v.2* expande essa ideia ao dizer que tais pessoas falavam "falsidades uns com os outros". A mentira era uma atividade tão difundida e comum naquele meio que aqueles que mentiam eram também alvo da mentira de outros. Uns querendo levar vantagem sobre os outros fingindo serem o que não eram de verdade. Ao observá-los, Davi percebeu duas táticas desses homens para alcançar o fim que almejavam.

O primeiro era usar "lábios bajuladores" (*sᵉfat halaqôt*) que lisonjeiam os ouvintes com a intenção de manipular suas reações. A segunda era esconder os verdadeiros sentimentos e planos atrás de um "coração fingido" (*lev yᵉdabberû*). Apesar da falsidade, os desleais não temiam ser desmascarados e punidos. Além de a soberba (*v.3*) ser o combustível de suas línguas. O *v.4* relata que, mesmo diante de Deus sua arrogância era sentida, visto julgarem não haver ninguém que os pudesse deter ou reprovar.

De forma desafiadora, Davi os vê agirem como quem diz: "Quem é senhor para nós?" (*mî 'adôn lanû*), ou seja, "quem é que pode nos dizer o que fazer, ou nos punir se não o fizermos?". Não é de surpreender que Davi tenha pedido a Deus para libertá-lo de homens assim. Na verdade, eles são mais perigosos que os homens perversos. E violentos, pois desses nos afastamos, enquanto, dos bajuladores falsos e desleais, acabamos mantendo o contato e pondo neles a confiança.

Mas Davi, ao mesmo tempo em que observa a deslealdade dos homens, vê também a repulsa de Deus sobre essa atividade e a punição consequente, dizendo que "o Senhor corta" (*yakret yᵉhwah*) todos os lábios bajuladores. Diante da opressão causada por esses egoístas lisonjeiros e mentirosos (*Rm 16.18*),

O Senhor diz que intercede pelos que anseiam por libertação dos tais (*v.5*).Assim, a confiança do rei está em Deus. Mesmo que os ímpios estejam por toda parte (v.8), o Senhor, que não é como eles e cujas palavras são "puras" (*t̲horôt*) como a prata purificada várias vezes (v.6), é aquele que "guarda" e "cuida" (do hebraico *shamar* e *natsar*, respectivamente) dos que nele esperam. Confesso que nessa época de eleições e de políticos agindo como esses homens descritos por Davi.

Talvez presentes até na sua corte, senti-me confortado e confiante em Deus, que vê e controla todas as coisas. Lembrei-me que, por mais que tais homens e mulheres desejem sua ascensão, mesmo que isso signifique nossa ruína, o Senhor, ao mesmo tempo, olha com dureza para a arrogância e a maldade dos desleais e se levanta para socorrer os que não têm como se defender dos seus ardis.

Por fim, lembrei-me, também, da responsabilidade de não agir como aqueles que tememos e cujas ações nós reprovamos, seja no campo da política. Da economia, do direito e até naquelas conversas informais quando encontramos conhecidos pela rua. Com todos, tenhamos apenas "uma cara" e "um discurso" Que o nosso "sim" sempre queira dizer "sim" e o nosso "não" queira, realmente, sempre dizer "não" (*Mt 5.37*)! Assim, no falar e no agir, sejamos nós mesmos "gente **fina**".

A Maior Necessidade do Mundo

Davi clama a Deus: "Socorro, Senhor!" (v. 1). Outras versões dizem: "Salva-me, Senhor!" Davi não pede por salvação do seu pecado, mas do pecado dos outros. De fato, ele está pedindo mesmo é socorro, em um tempo difícil de se viver. E Davi clama por socorro. Com efeito, quando estamos em dificuldade, temos que clamar a Deus.

Clamar é uma ação muito mais intensa do que simplesmente pedir. Temos na Bíblia muitos exemplos de pessoas que clamaram a Deus e foram atendidas em suas orações. Ana estava angustiada porque a sua esterilidade não só a impedia de ter filhos. Mas provocava o escárnio e o desprezo. Então, ela clamou ao Senhor e obteve a bênção de um filho que se tornou um grande homem de Deus. Pedro estava afundando em meio a uma grande tempestade no mar da Galileia, quando ele clamou a Jesus Cristo. Fazendo a oração mais curta do Evangelho, ao proferir as palavras: "Salva-me, Senhor!" E a mão socorredora de Jesus se estendeu e Ele salvou aquele pescador duvidoso. E aqui temos a oração mais curta dos Salmos: "Socorro, Senhor!"

I – Carência de homens

Por que clama Davi? "Porque já não há homens piedosos; desaparecem os fiéis entre os filhos dos homens." (v. 1). Este lamento nos faz lembrar de Elias, depois de ameaçado por Jezabel, quando aparentemente desamparado, fugiu para o deserto.

E depois caminhou por 40 dias e 40 noites até o monte Horebe, o monte de Deus (1Rs 19:8). Então passou a noite em uma caverna onde ouviu a voz do Senhor que lhe falou:

"Elias, que fazes aqui?" Ele respondeu de imediato: "Tenho sido zeloso pelo Senhor, Deus dos Exércitos, porque os filhos de Israel deixaram a tua aliança, derribaram os teus altares e mataram os teus profetas à espada; e eu fiquei só, e procuram tirar-me a vida." (v. 10). No conceito de Elias, faltavam os homens piedosos e fiéis. E do mesmo modo, Davi lamentava. O que são "homens piedosos"? A palavra original do hebraico dá a conotação de pessoas que tem um bom relacionamento com Deus.

Em Português, temos o mesmo significado, adicionado ao outro sentido de pessoas que têm pena, dó, piedade diante da miséria dos outros. Pelo contexto, os dois sentidos são necessários. Mas é claro que aqueles que têm um bom relacionamento com o seu Deus, terão piedade, misericórdia e hão de ajudar aos menos favorecidos. Mas a falta do segundo significado é causado pela falta do primeiro: quando não temos uma boa relação com Deus, então, seguramente hão de se manifestar todas as maldades próprias à natureza humana.

A outra carência é de "homens fiéis" que desapareceram, conforme lamenta o salmista. Um homem fiel de acordo com o termo original é um homem estável, que permanece firme, digno de confiança. Falta de fidelidade é algo que se observa facilmente entre os filhos dos homens. Faltam homens fiéis, estáveis, dignos de confiança. Proliferam como cogumelos, mesmo entre muitos "cristãos", os homens em quem não se pode confiar.

"Porque já não há homens piedosos; desaparecem os fiéis entre os filhos dos homens." (v. 1). Esta é a grande questão: Onde estão os homens piedosos, justos? Onde estão os homens verdadeiros e honestos? Davi estava vivendo em um tempo de perigo. Não por causa do tempo em si mesmo, mas por causa dos homens. Ele não sofria por causa de calamidades temporais, tempestades. Não havia terremotos, furacões, ciclones ou enchentes.

O problema eram os homens: havia uma grande carência de homens piedosos, justos e verdadeiros. Paulo, por sua vez, fala de um tempo difícil. São por causas naturais, mas por causa da falta de homens honestos e fiéis: "Sabe, porém, isto: nos últimos dias, sobrevirão tempos difíceis, pois os homens serão egoístas, avarentos, jactanciosos, arrogantes, blasfemadores, desobedientes aos pais, ingratos, irreverentes, desafeiçoados, implacáveis.

Caluniadores. Tem domínio de si, cruéis, inimigos do bem, traidores, atrevidos, enfatuados, mais amigos dos prazeres que amigos de Deus. Tendo forma de piedade, negando-lhe, entretanto, o poder. Foge também destes." (II Timóteo 3:1-5). Mas, qual era o problema que provocou a angústia de Davi? Disse o salmista, inconformado com a sociedade dentre os filhos de Israel, considerados o povo de Deus:

"Falam com falsidade uns aos outros, falam com lábios bajuladores e coração fingido... língua que fala soberbamente." Aqui temos **4 pecados graves** que se destacavam no caráter desses homens:

1) **Falsidade**. Davi disse que os homens falavam com falsidade uns para com os outros.

E podia confirmar o pensamento do Padre Antônio Vieira: "O caminho da verdade é único e simples; o da falsidade, vário e infinito." Este grande pregador também lamentava em seu tempo a falta de homens verdadeiros e honestos. Como disse Renato Russo: "Quero ter alguém com quem conversar.

Alguém que depois não use o que eu disse contra mim." Muitos hoje falam com falsidade para com o semelhante, como se nada fosse lhe acontecer. Mas o grande engano dos enganadores é desconsiderar que eles fatalmente também serão enganados. E isso pode ser muito danoso, sem pensar na parte espiritual.

2) **Bajulação**. É o que também acontecia naquele tempo e em nosso. Disse Davi: "falam com lábios bajuladores... Corte os Senhor os lábios bajuladores..." (v. 2,3). Bajular é lisonjear, elogiar com excessos e afetação, é adular visando às vantagens e recompensas. Mas dá para perceber quando alguém elogia com más intenções.

"A bajulação é a moeda falsa que só circula por causa da vaidade humana. " (Duque de La Rochefoucauld). E é por isso, pela vaidade humana de ser glorificado, que cresce a corda dos bajuladores.

3) **Hipocrisia**. Davi condena também a hipocrisia, afirmando que os infiéis falavam com o "coração fingido" (v. 2). O original diz: "com um coração e um coração" querendo dizer dois corações contrários; tais homens de mente dúbia não são confiáveis. A hipocrisia é o seu recurso habitual. Por exemplo, uma amizade fingida: "A amizade? Desaparece quando o que é amado cai na desgraça ou quando o que ama se torna poderoso." (François René). Muitas vezes isso acontece; há muitas pessoas que confundem amizades verdadeiras com amizades interesseiras.

4) **Orgulho**. Davi continua em sua prece e pede a Deus que corte "a língua que fala soberbamente". E ele exemplifica o que estava acontecendo. Esses ímpios diziam: "Com a língua prevaleceremos, os lábios são nossos; quem é senhor sobre nós?" (v. 3,4). No passado, o faraó egípcio disse estas mesmas palavras, referindo-se a Deus:

"Quem é o Senhor para que lhe ouça eu a voz ...? Não conheço o Senhor..." (Êxodo 5:2). Orgulho é um defeito pecaminoso do coração que se extravasa na língua. Faraó podia proferir qualquer palavra presunçosa, mas logo estaria destruído, porque palavras orgulhosas apenas indicam o pecado de um coração rebelde. Mas a arrogância e altivez dos homens serão abatidas (Isaías 2:17).

5) **Opressão**. Davi ainda fala dos pecados desses homens ímpios: "Por causa da opressão dos pobres e do gemido dos necessitados" (v. 5). Eles oprimem aos que não podem falar por si mesmos.

Eles estão em silêncio a fim de que a sua defesa não se torne a sua ofensa e culpa.

Mas estão clamando e gemendo ao Senhor para que sejam libertos. Deus mesmo toma nota desse estado de coisas injustas contra os que são oprimidos porque são pobres. Com efeito, quais são os problemas do nosso mundo? Se perguntarmos a algum homem pensante:

"O que faz com que os tempos sejam maus, difíceis?" Eles nos dirão que a escassez de dinheiro, a desonestidade do comércio e as angústias da guerra fazem com que os tempos sejam ruins. As calamidades, terremotos e tsunamis – tudo isso torna os nossos dias em tempos difíceis. Porém, as Escrituras atribuem a raiz dos males dos tempos a causas diferentes: faltam os homens verdadeiros.

Virão tempos perigosos porque o pecado abundará, e Davi já se queixava disto, em seus dias. Quando a piedade se deteriora, os tempos são realmente maus. Abraão foi visitado por três anjos, e um deles era o próprio Senhor.

Que lhe trouxe a grande notícia de que, depois de um ano, Sara haveria de ter um filho dele. Mas Sara, que ouvira da porta da tenda, riu-se dessa notícia, imaginando a impossibilidade de tal coisa se cumprir. E o Senhor perguntou: "Por que se riu Sara, dizendo: 'Será verdade que darei ainda à luz, sendo velha?' Acaso, para o Senhor há coisa demasiado difícil? Daqui a um ano, neste mesmo tempo, voltarei a ti, e Sara terá um filho."

Então, o que você acha que aquela mulher do grande patriarca Abraão falou? Ela veio se ajoelhar e louvar a Deus, reconhecendo o seu erro e pedindo-Lhe perdão, e agradecendo ao Senhor por tão maravilhosa notícia? Não foi isso que aconteceu; antes note o que ela teve a coragem de fazer:

"Então, Sara, receosa, o negou, dizendo: Não me ri. Ele, porém, disse: Não é assim, é certo que riste." (Gênesis 18:12-15). Lá se encontrava uma mulher "justa", que temendo por sua honra. Usou de falsidade diante do próprio Deus que vê de todas as coisas.

Até as que estão escondidas, quer sejam boas quer sejam más. E eles se levantaram para prosseguir viagem rumo à cidade de Sodoma, e Abraão os acompanhou até certo ponto, a fim de encaminhá-los. E o Senhor lhe falou a respeito da destruição daquela cidade ímpia, em virtude da gravidade dos seus pecados. E foram-se os três homens-anjos. Mas Abraão ficou em uma profunda angústia, e se aproximou de Deus e lhe falou:

"Senhor, destruirás o justo com o ímpio? Se houver, porventura, 50 justos na cidade. Destruirás ainda assim e não pouparás o lugar por amor dos 50 justos que nela se encontram? Longe de ti o fazeres tal coisa, matares o justo com o ímpio, como se o justo fosse igual ao ímpio; longe de ti. Não fará justiça o Juiz de toda a terra? E diante deste apelo tão convincente, Deus lhe deu uma resposta cheia de misericórdia.

Dizendo que pouparia a cidade nessas condições, por amor aos 50 justos que porventura houvesse na cidade. Mas Abraão continuou a interceder e fez várias outras tentativas, na suposição de haver em Sodoma 45, 40, 30, 20, até que finalmente chegou aos 10 justos. Deus lhe deu a mesma resposta:

"Não destruirei Sodoma por amor dos 10." E Abraão teve que se calar, porque não havia nem 10 justos naquela ímpia e condenada cidade, embora muito populosa. Onde estão os justos, homens fiéis, verdadeiros e tementes a Deus? Assim pensava Abraão (vs. 22-33). O profeta Jeremias escreveu estas palavras de Deus: "Dai voltas às ruas de Jerusalém; vede agora, procurai saber.

Buscai pelas suas praças a ver se achais alguém, se há um homem que pratique a justiça ou busque a verdade! E Eu lhe perdoarei a ela" (Jr 5:1). Deus estava procurando apenas um justo na cidade de Jerusalém; se Ele o encontrasse, pouparia a cidade da destruição vindoura pelos exércitos de Babilônia. Onde estão os justos, os fiéis e verdadeiros? Assim dizia Deus. E Jeremias pensava que os insensatos eram apenas os pobres, porque não tinham o conhecimento de Deus. Então, ele se dirigiu aos grandes da nação e se decepcionou porque aqueles líderes que conheciam o caminho do Senhor rejeitavam a Sua palavra e endureciam a sua consciência.

"porque as suas transgressões se multiplicaram, se multiplicaram as suas traições" e falsidades. (v. 5,6). "Que é isso? Furtais e matais, cometeis adultério e jurais falsamente, queimais incenso a Baal e andais após outros deuses que não conheceis, e depois vindes, e vos pondes diante de mim nesta Casa que se chama pelo Meu nome, e dizeis: Estamos salvos; sim, só para continuardes a praticar estas abominações!" (Jr 7:9-10). E Deus procurava um homem justo ao lado do profeta Jeremias, nas ruas daquela condenada cidade.

Diógenes de Sínope (412-323 a.C.) era um filósofo grego desterrado de sua pátria que fora morar em Atenas. Diz-se que ele perambulava pelas ruas da cidade com uma lamparina em suas mãos em pleno dia. Perguntaram-lhe: "Diógenes, por que você carrega essa lamparina, em pleno Sol do meio-dia?" Ele respondeu prontamente:

"Eu procuro um homem!" Ele procurava um homem honesto, verdadeiro, sincero, alguém em quem ele pudesse confiar! Esta é a maior necessidade do mundo. Disse a escritora americana Ellen G. White: "**A maior necessidade do mundo é a de homens –**

Homens que não se comprem nem se vendam; homens que no íntimo da alma sejam verdadeiros e honestos, homens que não temam chamar o pecado pelo seu nome exato; homens, cuja consciência seja tão fiel ao dever como a bússola o é ao polo.

Homens que permaneçam firmes pelo que é reto, ainda que caiam os céus." (E.G.White, Educação, 57). O profeta Jeremias procurava um homem, Davi lamentava a carência de homens retos e justos. Diógenes com a sua lamparina procurava um homem. E Ellen White diz que esta é a maior necessidade do mundo.

II – Intervenção divina (v. 5)

Estas são as palavras de Deus, em resposta à necessidade de homens justos, e em contemplação da "opressão dos pobres e do gemido dos necessitados" esquecidos: "Eu me levantarei agora, diz o Senhor; e porei a salvo a quem por isso suspira." Esta é a grande promessa divina de Sua intervenção.

Deus não pode ver o mal sem tomar providências redentoras. Os atos de Deus são atos de salvação pelo Seu povo oprimido. Ele promete se levantar. Esta é uma linguagem figurada que indica uma reação de Deus diante da opressão do Seu povo. Ele Se levantou quando o povo de Israel estava sendo oprimido no Egito.

Ele Se levantou quando o Seu povo estava sendo oprimido na Palestina pelos cananeus e enviou a muitos juízes libertadores. Ele Se levantou quando o Seu povo estava sendo oprimido pelos babilônios, e enviou a Ciro para libertá-los. Mas Ele também se levantou para salvar a humanidade inteira e enviou a Jesus Cristo para libertar-nos do pecado. "Porque Deus amou ao mundo de tal maneira que deu o seu Filho unigênito, para que todo o que nele crê não pereça, mas tenha a vida eterna." (João 3:16).

Certa noite João Wesley estava a caminho de casa, voltando do trabalho. Na estrada, apareceu dentre as trevas um homem, exigindo-lhe bruscamente o dinheiro ou a vida.

— Meu amigo, – disse Wesley bondosamente, enquanto lhe entregava o que tinha — talvez um dia o senhor deseje abandonar essa vida. Quando chegar esse tempo, lembre-se disto: "Cristo veio ao mundo para salvar os pecadores" e: "O sangue de Jesus Cristo nos purifica de todo o pecado".

Anos mais tarde estava Wesley cumprimentando o povo, à porta da igreja. Um membro se lhe aproximou e lembrou-lhe aquele incidente. Wesley bem se recordava do fato.

— Fui eu aquele salteador – disse o homem, humildemente. – As palavras que o senhor me disse nunca mais me abandonaram. Minha vida foi transformada completamente! Descobri que de fato Jesus Cristo pode salvar o mais vil pecador. O amor e a salvadora graça do Salvador convencem e convertem o mais indigno dos homens! E através dos séculos Ele tem trazido vida e esperança a milhões de pessoas que para Ele ergueram os olhos.

III – Certeza libertadora (6-7)

1 – Certeza de Davi para os homens.

Com efeito, podemos confiar na promessa de Deus de que nos porá a salvo, a nós que suspiramos por isso (Salmo 12:5), e "gememos em nosso íntimo, aguardando a adoção de filhos, a redenção do nosso corpo." (Romanos 8:23). E como podemos ter essa confiança? Como podemos ter essa fé? Como podemos ter esta certeza? O salmista nos responde a esta pergunta não formulada em seu salmo, dizendo: "As palavras do Senhor são palavras puras, prata refinada em cadinho de barro, depurada sete vezes." (Salmo 12:6).

Ou seja, embora os homens falhem em sua palavra, sendo falsos, bajuladores. Hipócritas, pretensiosos e opressores. Deus é fiel e cumpre a Sua Palavra que é santa, justa e boa. É a pureza de Sua Palavra que nos transforma e salva.

É pela Sua Palavra de pureza que somos animados a ter fé nele, como disse o apóstolo Paulo: "a fé vem pelo ouvir e o ouvir pela Palavra de Cristo" (Romanos 10:17).

2 – Certeza de Davi para Deus. Mas, se antes Davi falou para homens, e deu o seu testemunho acerca da Palavra de Deus, agora, ele fala para Deus sobre a certeza que ele tem de que crê na Sua intervenção salvadora: "Sim, Senhor, tu nos guardarás; desta geração nos livrarás para sempre." (Salmo 12:7-8).

Davi fala para Deus sobre a sua fé em Sua libertação: "Sim, Senhor, Tu nos guardarás!" Faz muito bem à nossa alma falar de Deus para Deus! E Ele também se compraz em nos ouvir falar de nossa fé nele para Ele.

Quando a alma está em angústia, deve clamar a Deus, como Davi fez no início do salmo, em sua queixa; mas não ficaremos só em queixas e lamentações, à procura de homens fiéis, mas vamos além disso. Da dúvida para a fé, dizendo a Deus que nós cremos nele, e que não estamos decepcionados com Ele, embora estejamos decepcionados com os homens. Quando Elias estava no monte Horebe lamentado a falta de homens fiéis, justos e retos, dizendo que só restava ele.

Que havia ficado só no caminho da justiça. E ainda procuravam caçar a sua vida, Deus lhe deu uma resposta consoladora: "Conservei em Israel sete mil, todos os joelhos que não se dobraram a Baal, e toda boca que o não beijou." (1Reis 19:18). Pode ser que as nossas lamentações devam ser substituídas por louvores e declarações de fé para Deus ao dizermos: "Sim, Senhor, Tu nos livrarás para sempre!"

Vivemos em um mundo terrível, em que "por todos os lugares andam os perversos, quando entre os filhos dos homens a vileza é exaltada." Há um aumento de crimes e criminosos; há uma proliferação de lugares contaminados por homens perversos e maus, prontos para eliminar a vida por qualquer motivo. Há uma inversão de valores, em que a vileza é exaltada, o crime levanta a sua hedionda cabeça, a depravação é elogiada.

E parece que ninguém atenta para isso e a justiça anda tropeçando pelas praças. Entretanto, há uma grande multidão de homens e mulheres dos quais o mundo não é digno, que se levantam em suas preces para louvar a Deus e dizer: "Sim, Senhor, Tu nos livrarás para sempre!" Estes são os verdadeiros e justos. Que não dobraram os seus joelhos a Baal, nem aos deuses modernos da televisão, nem à Babilônia "cristã".

Sim, existe uma multidão de cristãos, "homens que não se compram nem se vendem, homens que no íntimo da alma são verdadeiros e honestos; homens que não temem chamar o pecado pelo seu nome exato. Homens, cuja consciência é tão fiel ao dever como a bússola o é ao pólo; Homens que permanecem firmes pelo que é reto, ainda que caiam os céus." Estes são os escolhidos de Deus.

Agora, só uma pergunta: Você é um destes? Você é um escolhido? Você tem certeza de que anda no caminho da justiça e da retidão? Você pode dizer a verdade ainda que seja ameaçado pelos ímpios? Há muitos anos certo jovem prestava serviço no Exército Confederado do Sul, nos

Estados Unidos. Estava sob as ordens do general Robert E. Lee e sentia-se muito orgulhoso dele. Certo dia, esse jovem recebeu a notícia de que sua mãe estava muito doente. De modo que pediu licença ao general Lee para visitá-la. O general lhe deu uma ordem escrita.

E lhe sugeriu que se vestisse à paisana. Porquanto sua casa se encontrava muito perto da linha de combate. Com toda pressa o soldado começou sua viagem. Finalmente, conseguiu divisar seu querido lar. Mas, para sua decepção, notou que vários soldados da União interceptaram o seu caminho. Pôde ver sua casa à distância.

Os inimigos não demoraram em prendê-lo e levá-lo perante o comandante do acampamento dos soldados da União, onde tremulavam as bandeiras com a brisa, e havia soldados por todas as partes. Se ele dissesse que se simpatizava com os do norte, talvez o teriam deixado ir livremente; se dissesse que era do Sul, provavelmente o levariam a um acampamento de prisioneiros.

— Quem é o você? — interrogou o oficial.

O jovem hesitou. Então pensou no seu general, e serenamente, levantando a cabeça orgulhosamente, disse:

— "Sou um soldado confederado sob o comando do general Lee."

— Então, você é um espião. Será fuzilado ao amanhecer. Soldados, levai-o daqui!

— Mas, senhor, não sou um espião. Estou usando roupas civis, porque fui dispensado, vou ver minha mãe, doente, mora no fim desta rua.

— Revistem-no! — foi a ordem do oficial. Assim o fizeram, encontraram só a ordem do general Lee para visitar sua mãe. Era um momento de angústia, o oficial examinava o pedaço de papel.

Finalmente disse: "Parece que você está dizendo a verdade. Além disso, não se envergonha de sua causa. Por estas duas razões ponham-no em liberdade.

"Temos certeza de que a nossa libertação é "para sempre". Nossa suprema esperança é a vida eterna. Em uma vida tão fugaz, hoje, podemos nos preparar a fim de sermos fiéis ao dever como a bússola é fiel ao polo. Podemos afinar a nossa consciência para ouvir a voz de Deus em meio ao vozerio carnavalesco de um mundo que se encaminha para a perdição! Como está a sua consciência? Você tem uma certeza eterna?

Pr. Roberto Biagini - Mestrado em Teologia

Clamor Por Livramento

"Até quando, Senhor? Para sempre te esquecerás de mim? Até quando esconderás de mim o teu rosto?

Até quando terei inquietações e tristeza no coração dia após dia? Até quando o meu inimigo triunfará sobre mim?

Olha para mim e responde, Senhor meu Deus. Ilumina os meus olhos, do contrário dormirei o sono da morte.

Os meus inimigos dirão: "Eu o venci", e os meus adversários festejarão o meu fracasso". Salmos 13:1-4

Existem momentos em nossas vidas que nos vemos cercados por tantos inimigos mais fortes e numerosos que precisamos nos jogar aos pés do Mestre e pedir que ele nos preste socorro imediato, pois tememos ser tragados pela morte que acompanha as ameaças que são feitas pelos que planejam nos destruir. O Salmo 13 parece retratar tal situação na vida do salmista que recorreu ao Senhor em busca de livramento, através da brevidade de suas palavras é possível perceber a gravidade de sua angústia.

147

Parece-nos, claramente, que ele se encontrava cercado por seus adversários depois de ter tentado vencê-los usando sua própria força, mas sem êxito. Diante de seu fracasso como homem e guerreiro Davi passa a orar e pedir socorro ao Senhor, porém, tudo indica que por alguma razão suas preces não estavam sendo atendidas de imediato, como geralmente acontecia, e ele pergunta a Deus "*Até guando, Senhor?*" Quantas vezes nós, na semelhança do salmista, já nos encontramos assim, completamente apavorados. E sem saída diante das tempestades que nos sobrevém na vida e, mesmo orando sem cessar, não obtemos resposta alguma?

Com certeza podemos contar uma a uma as ocasiões em que fomos tentados a fraquejar na fé e negar a existência de um Deus libertador, satanás se aproveitou de nossas fraquezas e até conseguiu nos fazer blasfemar. Mas com Davi foi diferente, pois ele confiava plenamente em seu Deus. E, apesar de se encontrar entrincheirado por seus adversários não permitiu que sua fé nele fosse abalada, dirigindo-se ao Senhor com indagações sinceras e cheias de reverencia.

Perguntando-lhe até quando ficaria em silencio sem atentar para seu clamor, permitindo que seus inimigos se engrandecessem sobre sua fraqueza. Ele era consciente que o Senhor não estava surdo nem cego que não pudesse ouvir nem ver sua situação angustiante. Entendia que simplesmente decidiu permanecer calado e sem tomar qualquer atitude. Por essa razão dirigiu-se ao Altíssimo, perguntando-lhe "*até quando*" permitiria seu sofrimento. Por acaso permitiria que seus inimigos zombassem de sua fé num Deus cuja força e poder era infinita? Deixaria que satanás continuasse a usar os ímpios para escarnecerem seu santo nome? Até quando eles iriam escarnecer de sua honra e glória?

Em última clemencia diante do Todo Poderoso Davi pede que não permita sua morte por já se sentir sem forças para continuar na batalha, e completa: "*Os meus inimigos dirão: Eu o venci!*" (v 4).

A maioria das pessoas não sabem como se dirigir a Deus em oração nem apresentar corretamente a ele suas súplicas, porém, lendo Salmos aprendemos como interagir de forma adequada com o Senhor. Davi amava e respeitava a Deus de maneira reverente e sublime, mas isso não o impedia de lhe falar com franqueza.

E foi isso que fez ao lhe perguntar até quando pretendia ficar imóvel, sem tomar qualquer atitude para defende-lo, enquanto seus inimigos arrotavam-lhe ameaças de morte. Mesmo sabendo que Deus conhece todas as coisas e nada foge ao seu olhar ousou adverti-lo que se nada fizesse em seu favor, para evitar sua morte, certamente os ímpios iriam zombar e festejar seu fracasso.

O que colocaria em dúvida se o Senhor era mesmo capaz de proteger seu povo e se valeria mesmo a pena temer e respeitá-lo. As vezes precisamos agir como o salmista e ter uma conversa séria com nosso Deus, pois ele gosta quando seu povo demonstra ousadia ao falar, pois assim deixa-se claro ter conhecimento de sua Palavra.

Temos como exemplos na Bíblia Moisés, Gideão e outros que ousaram expor certas verdades ao Senhor, mesmo cientes que se arriscavam a sofrer graves penalidades. Entretanto, tudo deve ser feito com temor e reverencia, lembrando que ele é o Altíssimo. Conhecedor de todas as coisas, honrando e respeitando-o acima de tudo, sem ferir sua santidade com arrogâncias e nem tentar diminuir sua autoridade como Supremo sobre todas as coisas.

Quando nos dirigimos a Cristo, usando palavras reverentes e respeitosas, podemos lhe falar sem temor

Até Quando, Senhor?

Este é um salmo de Davi, que clama a Deus: "Até quando?" É o salmo de uma alma aflita, angustiada porque julga que, por algum problema muito sério, Deus Se afastou. Então, ele já está cansado de esperar e pergunta: "Até quando, Senhor?" A repetição quádrupla desta frase demonstra claramente o intenso sofrimento do escritor. Ele se sente perturbado pela aparente indiferença de Deus.

Ele se sente abandonado por Deus na sua maior necessidade. "Até quando, Senhor?" é a pergunta de almas angustiadas que sofrem e não podem vislumbrar uma perspectiva de alívio ao seu sofrimento.

"Até quando, Senhor?" é a inquirição de pessoas que perderam o seu cônjuge e não encontram um novo amor com quem possam compartilhar tanta vida. "Até quando, Senhor?" È a pergunta de almas desconsoladas que não acham mais um resquício de esperança e consolo para suas aflições. "Até quando, Senhor?" é o desafio de almas perplexas, que não podem ver o tempo de Deus e a Sua fantástica resposta.

I – PERPLEXIDADE

O salmista enfrentava uma tríplice perplexidade:

1- Perplexo com Deus: "Até quando, Senhor? Esquecer-te-ás de mim para sempre?" Pode haver uma angústia maior do que esta: de julgar que Deus nos esqueceu? Que Deus nos abandonou?

Que estamos condenados "para sempre" a viver sem Deus? "Sem ar, sem luz, sem razão"?, para usarmos as palavras de Castro Alves. E ele ainda completa a sua queixa, dizendo: "Até quando ocultarás de mim o rosto?" Mas será que Deus pode se esquece de nós? Será que Ele nos abandona? Disse o apóstolo Paulo que não há, nem haverá, qualquer circunstância em todo o universo que nos possa separar do amor de Deus. Deus não se esquece de ninguém; não abandona a quem quer que seja.

E foi o mesmo Paulo quem deu a razão: Se Deus enviou a Jesus Cristo para morrer por nós, se Ele foi capaz de fazer a coisa mais difícil, por que, depois de tudo, haveria de nos abandonar e nos esquecer à nossa própria sorte? Isso seria impossível! (Rm 8:31-39). A verdade é bem outra: nós é que esquecemos de Deus, nós é que abandonamos a Deus, nós é que não O buscamos como a nossa prioridade máxima.

Escolhemos fazer a nossa própria vontade e, como consequência, nos encontramos em situações embaraçosas, difíceis. Muitas vezes, somos vítimas da fatalidade e jogamos a culpa em um Deus cheio de amor que já estava sabendo de tudo o que se passava conosco.

E já estava tomando providências para nos ajudar. Davi estava decepcionado com Deus, e colocou a culpa das circunstâncias que o afligiam na possível demora de Deus em tomar alguma providência salvadora. E julgou que Deus o abandonara, que se esquecera dele. Por acaso você já esteve decepcionado com Deus?

Por acaso, você está fazendo as perguntas do salmista para Deus? "Senhor, por que Te esqueceste de mim? Não vês a minha angústia? Não sabes de minha aflição? Por que não posso sentir o Teu rosto perto de mim? Será que me abandonaste por causa de meus pecados?" Estes eram os sentimentos de Davi.

2- Perplexo consigo mesmo: "Até quando estarei eu relutando dentro de minha alma, com tristeza no coração cada dia?" Davi agora manifesta uma perplexidade consigo mesmo. Ele olha agora para dentro de si, e se vê em uma atitude estranha, lutando entre dois pensamentos, coxeando entre duas atitudes, relutando entre o certo e errado.

O certo seria confiar em Deus e nunca desconfiar de Sua soberana vontade. O errado seria esperar que Ele agisse contrariamente à Sua sábia determinação e propósito. O certo seria esperar confiantemente, deixando as coisas acontecerem no tempo exato de Deus.

O errado seria atropelar as coisas passando por alto a hora de Deus. O certo e o errado clamavam e lutavam por uma decisão sábia dentro de si mesmo. A esperança e o desespero relutavam dentro daquele triste coração: "Se Deus me ungiu como rei de Israel, por que eu deveria passar por todas estas tribulações? O que eu fiz de errado para estar assim nesta situação aflitiva? Mas se Ele me ungiu, por que deveria estar preocupado?"

Você também está lutando e relutando com algumas coisas difíceis de resolver em sua vida? É muito duro suportar tristeza a cada dia que passa por algum sofrimento, alguma dor aguda, pela falta de um ente querido que se foi! É duro suportar a solidão porque o esposo abandonou a família. Deixando a esposa e os filhos em uma profunda melancolia, perguntando-se:

"Onde foi que eu errei? Até quando ficarei com essa tristeza em meu coração e com essas dúvidas que estão corroendo a minha vida e a minha felicidade? "Por acaso você está relutando dentro de si mesmo por causa de algum problema financeiro? Algumas pessoas ficam angustiadas, fazem uma profunda análise dentro de si mesmas e perguntam:

"Como posso estar nessa dificuldade toda, enquanto sou fiel a Deus nos dízimos e ofertas?" Há uma profunda tristeza, porque ficam decepcionados consigo mesmos em seu relacionamento com Deus. E podem perguntar como Davi fazia:

"Até quando estarei relutando dentro de minha alma, com tristeza no coração cada dia?"

3- Perplexo com os outros. Os outros eram os seus inimigos. "Até quando se erguerá contra mim o meu inimigo?" Até quando se exaltarão os meus adversários contra mim? Será que já não chega de tanta perseguição, sem que eu tivesse culpa alguma contra eles?

Até quando durará a ação do inimigo sem que se faça coisa alguma? Se este salmo se refere ao tempo das perseguições do rei Saul, junto aos seus oficiais. Caçando a alma de Davi como se fazia com animais, então, ele deve ter pensado: "Se o meu inimigo é o ungido de Deus, por que ele haveria de perseguir o outro ungido de Deus?" Esta era a sua perplexidade com o seu inimigo.

Você tem algum inimigo particular? Está perplexo com ele? Está perguntando até quando esse inimigo vai lhe perseguir e falar contra a sua alma? Então, você deve conhecer a oração de Davi, que vamos analisar agora.

II – PETIÇÃO

O salmista fez um tríplice pedido:

1- Prece por atenção: "Atenta para mim, Senhor! (v. 3). Davi suplicava de Deus atenção. Astronomicamente falando, poderíamos dizer que Ele tem tantos mundos, tantas estrelas e galáxias para os quais dar atenção.

Que seria difícil atender a uma só pessoa em apuros tão prontamente. Mas isso não é problema para um Deus onisciente, onipresente e onipotente. Ele pode lhe dar atenção a qualquer hora do dia e a qualquer momento, e em cada segundo do dia ou da noite ou da madrugada!

Muitos ainda estão em nosso mundo pedindo que Deus atente para eles. Mas você pode saber que Deus está atento para você, mesmo que muitas coisas estejam indo de mal a pior! Mesmo assim, a sua prece é necessária, a fim de ajudar a você se encontrar em comunhão com um Deus Todo-Poderoso!

2- Prece por uma resposta: "Responde-me, Deus meu! (v. 3). Davi procura uma resposta, pelo menos um indício de uma palavra de Deus, indicando a Sua aprovação e certeza de que Ele tem o controle de todas as coisas que lhe acontecem. Muitas vezes, queremos uma resposta imediata de Deus após sofrer por algum tempo algumas coisas que julgamos serem injustas.

Quantas almas em nosso mundo esperam por uma resposta de Deus! Quantas pessoas estão sofrendo injustamente! Quantos estão clamando ao Senhor: "Responde-me, Deus meu!" Você também está neste rol?

Continue orando e suplicando por uma resposta divina. Isso indica que você está indo na direção certa e buscando aquele que é invisível!

3- Prece por iluminação: "Ilumina-me os olhos" (v. 3). Este é um apelo positivo entre expressões negativas. Ter os olhos iluminados significa nesse ponto serem fortalecidos para a vida. Davi tinha uma sede de viver que também pode ser encontrada facilmente em nosso instinto de preservação da vida. O salmista vê-se constrangido a clamar a Deus, não só porque lhe é doloroso julgar-se negligenciado por Deus, mas, também, para que a morte não venha sobre si de uma forma tão inexorável como o seu próximo sono.

Mas a sua oração tinha um tríplice propósito:

1- Segurança contra a morte: "para que eu não durma o sono da morte!" (v. 3). Davi temia a morte, como todo o ser humano normal. Ele desejava viver e não estava disposto a entregar-se a uma situação que o levasse à morte, prematuramente. Mas é interessante que ao se revelar em favor da vida, ele nos ensina o que é a morte, em poucas palavras: "o sono da morte".

Há muitas filosofias errôneas em torno da morte e, com certa razão, porque os homens não podem saber o que é a morte, sem ter passado por essa experiência. De fato, sem a sabedoria da inspiração divina, jamais poderíamos saber o que a morte significa. Mas, felizmente, a Bíblia nos ensina, em muitos lugares, o que é a morte: a morte é um sono, a morte é comparável ao sono.

Assim disse Davi por inspiração do Espírito Santo; assim disseram os profetas, assim disseram os apóstolos, e assim disse o próprio Cristo. Quando Lázaro havia morrido, Cristo falou para os discípulos: **"11**: Nosso amigo Lázaro adormeceu, mas vou para despertá-lo. 12: Disseram-lhe, pois, os discípulos: Senhor, se dorme, estará salvo. 13:

Jesus, porém, falara com respeito à morte de Lázaro; mas eles supunham que tivesse falado do repouso do sono. 14: Então, Jesus lhes disse claramente: Lázaro morreu." (João 11:11-14). Estas palavras não podem ser mal interpretadas, estas palavras não podem ser mal compreendidas, não podem ser torcidas.

Porque são claras demais para que isso aconteça. Jesus Cristo confirmou a doutrina dos profetas inspirados pelo Espírito Santo: a morte para Deus é como um sono, sem sonhos e sem pesadelos, um sono sem consciência e com a esperança de ser desfeito na manhã da ressurreição, ou para a vida ou para a condenação da morte eterna, da qual não haverá mais ressurreição. Um pastor viajava certa vez de São Paulo para Brasília. Ao seu lado, uma senhora idosa chorava em silêncio. Quando o avião levantou voo, ele perguntou:

"Está tudo bem?" "Não," ela respondeu, "está tudo mal. Estou indo a Brasília para enterrar o meu filho que morreu ontem num acidente de trânsito." "Lamento muito, tudo vai passar." "Eu sei", ela respondeu.

"Eu sei que a dor vai passar, mas pelo menos gostaria de ter certeza do destino do meu filho." Então, o pastor lhe deu uma resposta bíblica acerca do que acontece na morte. Milhões de pessoas estão passando por uma grande angústia, porque não sabem onde estão os seus queridos mortos. Disse Davi que a morte é um sono. E, para confirmar essa declaração, disse o seu filho Salomão:

"Os vivos sabem que hão de morrer, mas os mortos não sabem coisa nenhuma. [...] Amor, ódio e inveja para eles já pereceram; para sempre não têm eles, parte em coisa alguma do que se faz debaixo do sol" (Eclesiastes 9:5 e 6). A morte traz completa inconsciência, e uma esperança de ressurreição. Porque disse Cristo: **"28**: Não vos maravilheis disto, porque vem a hora em que todos os que se acham nos túmulos ouvirão a sua voz e sairão:

29: os que tiverem feito o bem, para a ressurreição da vida; e os que tiverem praticado o mal, para a ressurreição do juízo" (João 5:28-29).Mas continuemos em nosso salmo 13. Davi está orando por segurança contra a morte. Agora, ele pede ainda por segurança.

2- Segurança contra o inimigo: "para que não diga o meu inimigo: Prevaleci contra ele" (v. 4). Era uma prece para que o inimigo de Davi não fosse triunfante sobre ele, e que não pudesse falar jactanciosamente que tinha prevalecido contra ele.

Davi temia o seu inimigo e também receava da zombaria, do escárnio e do ridículo a que seria exposto, caso ele viesse a perecer nas mãos do seu principal inimigo. Isso não parecia uma guerra em que ele pedia a vitória sobre os inimigos. Isso parecia mais uma perseguição de um poderoso inimigo que o perseguia sem que ele fosse culpado.

Em outras palavras, Davi orava por libertação do seu inimigo particular. Este era um inimigo tão perverso que desejava a sua morte e ansiava o dia em que pudesse dizer: "Ele era duro de matar, mas agora, eu prevaleci contra ele." Tudo indica que esse inimigo era o rei Saul.

3- Segurança contra o desânimo: "[para que] não se regozijem os meus adversários, vindo eu a vacilar." (v. 4). Davi desejava também uma fortaleza contra a instabilidade emocional. Ele temia vacilar diante da notícia de que os seus adversários estivessem se regozijando diante da sua desgraça e derrota, vindo ele a vacilar e desanimar. Ele sabia que o desânimo era cruel e poderia abater a sua estrutura emocional e, consequentemente, a sua saúde física.

III – PERSEVERANÇA

"No tocante a mim" (v. 5). No que diz respeito a mim, de minha parte, eu farei isso e aquilo. Davi estava pensando em si mesmo, e isso era justo e necessário. Deus faz ou deixa de fazer certas coisas; o inimigo está me perseguindo. Mas quanto a mim, eu tenho a minha parte a fazer, custe o que custar. Davi estava revelando um traço de perseverança inquebrantável. Ele era capaz de ver muita luz através das nuvens escuras.

E trevosas e perseverava corajosamente em direção da luz. Assim também nós estamos enfrentando diariamente as investidas do nosso principal inimigo: "8: O diabo, vosso adversário, anda em derredor, como leão que ruge procurando alguém para devorar.

9: resisti-lhe firmes na fé, certos de que sofrimentos iguais aos vossos estão-se cumprindo na vossa irmandade espalhada pelo mundo." (I Pedro 5:8-9). Cada um de nós deve ser vitorioso ao seu modo particular. Cada um deve saber como vencer. Se Satanás vem contra nós, como um leão, disse Pedro que devemos ser perseverantes, resistindo firmes em nossa fé.

Davi demonstra uma **tríplice perseverança:**

1- Perseverança na confiança: "Confio na tua graça" (v. 5). Muitos estudiosos gostariam que Davi tivesse dito: "Confio na Tua lei", porque assim eles teriam um forte argumento a favor do Dispensacionalismo, que prega a Dispensação da Lei no Antigo Testamento e a Dispensação da Graça no Novo.

Mas, graças a Deus que não existe tal doutrina. A graça sempre existiu desde que o pecado foi introduzido no mundo. Disse Moisés, o grande legislador que recebeu a Lei de Deus.

E a deu ao mundo, em seu Salmo 90: "Seja sobre nós a graça do Senhor, nosso Deus" (Salmo 90:17). Disse o próprio Davi no salmo 6:4: "Senhor, ... salva-me por Tua graça!" E agora, ele reafirma a sua perseverança em confiar na graça de Deus, ao dizer: "Confio na tua graça" (Salmo 13:5). De fato, ele pregou a salvação pela graça. Ele também nos deu um grande exemplo de perseverança na sua confiança.

Não nas obras humanas, mas na graça de Deus a qual é poderosa e salvadora. Quando todos os seus inimigos estavam a ponto de matá-lo, ele confessa a sua confiança na graça de Deus, embora não estivesse visualizando nenhuma perspectiva de salvação. Quando ele se sentia abandonado e esquecido por Deus (v. 1)

Quando se encontrava na dúvida e desconsolo (v. 2) e quando temia o seu inimigo (2), ainda assim, ele podia dizer: "Senhor, confio na Tua graça!"

2- Perseverança na alegria: "Regozije-se o meu coração na tua salvação" (v. 5). Davi estava mesmo disposto a perseverar na alegria, embora a sua alma estivesse triste (v. 2). A primeira palavra pode ser traduzida no tempo presente, no tempo futuro ou como uma admoestação (como é o caso da versão Atualizada).

De acordo com o contexto, parece mesmo que Davi faz uma admoestação para a sua própria alma. Ele se sentia triste internamente pelas suas tribulações, mas poderia se motivar por perseverar na alegria por causa da salvação em Deus. De fato, a alegria, a felicidade e o regozijo é uma decisão, é uma escolha que cada um de nós pode fazer. Vamos encontrar muitas razões neste mundo para sermos tristes e infelizes.

No entanto, também vamos achar sobejas razões para sermos alegres, jubilosos e felizes. Se nós contemplarmos a salvação que nos foi providenciada por Deus em Seu Filho Jesus Cristo ao morrer na Cruz do Calvário. A nossa parte, "quanto a mim", é escolher ser feliz, porque esta é a vontade de Deus para conosco.

E este é o melhor caminho para nós enquanto aguardamos a vinda de Jesus e ajudamos a outros para que também se preparem para aquele glorioso dia.

3- Perseverança no louvor: "Cantarei ao Senhor, porquanto me tem feito muito bem" (v. 6). Jubilosos cantos de louvor e gratidão partiam daquele coração pronto para exaltar a Deus. Esta é a sua promessa final: sua perseverança em continuar no louvor a Deus porque, embora ele pudesse dizer que se sentia abandonado e esquecido por Deus, no fundo de sua alma havia uma esperança incansável.

E uma fé inabalável que ainda podia contemplar os feitos salvadores que o Senhor lhe havia demonstrado no passado. Com efeito, assim dizia Ellen G. White, após passar por muitas tribulações, desapontamentos e lutas: "Ao ver o que Deus tem realizado, encho-me de admiração e de confiança na liderança de Cristo.

Nada temos que recear quanto ao futuro, a menos que esqueçamos a maneira em que o Senhor nos tem guiado, e os ensinos que nos ministrou no passado." (Testemunhos Seletos, v. 3, p. 443).

Podemos passar por muitas lutas e perplexidades, muitas vezes desapontados com Deus, com os outros e conosco mesmos. Mas isso é apenas mais um chamado à oração e preces fervorosas, e um convite à perseverança.

Não esqueça os **3 "P"s do salmo 13: Perplexidade, Petição, Perseverança**. Vamos continuar confiando na graça de Deus aconteça o que acontecer. E vamos encher o nosso coração triste das mais altaneiras esperanças, "aguardando a bendita esperança e a manifestação da glória do nosso grande Deus e Salvador Jesus Cristo ". (Tito 2:13).

<u>Pr. Roberto Biagini</u>

Apostasia dos Últimos Dias

"Diz o tolo em seu coração: "Deus não existe". Corromperam-se e cometeram atos detestáveis, não há ninguém que faça o bem.

O Senhor olha dos céus para os filhos dos homens, para ver se há alguém que tenha entendimento, alguém que busque a Deus.

Todos se desviaram, igualmente se corromperam; não há ninguém que faça o bem, não há nem um sequer".

Salmos 14:1-3

Todos nós já ouvimos os incrédulos afirmarem em suas blasfêmias que Deus não existe e que as Escrituras Sagradas foram escritas e criadas por homens que queriam manipular a fé dos homens na existência de um Ser Todo Poderoso e capaz de realizar o impossível, para no final usar essa teoria absurda para criar religiões.

E ganhar muito dinheiro às custas de uma lenda que com certeza influenciaria toda a humanidade. E isso até parece ser uma grande verdade se levarmos em conta as falsas doutrinas atuais.

Muitos falsos profetas já surgiram na terra e transformaram as igrejas num meio de juntar riquezas e tornarem-se milionários às custas da ingenuidade dos incautos. Daqueles que por não se darem ao trabalho de ler as Escrituras acreditam em qualquer vento de doutrinam.

E pensam ser verdade a ideologia moderna de que é necessário pagar alto preço para ter acesso às bênçãos de Deus. Quando o próprio Jesus Cristo ensinou que seus milagres eram gratuitos (Mateus 10:8) Porém, é necessário entender-se que o fato do homem desonesto vender os dons divinos. E negociar a salvação da alma humana mediante a pregação de um falso Evangelho não quer dizer que a Bíblia é enganosa.

E que tenha sido criada no objetivo de enganar as pessoas, ela de fato foi escrita por homens santos. Comprometidos com a verdade e inspirados pelo Espirito de um Deus que realmente existe. Todos que nele creem e buscaram sua presença a alcançaram, foram libertos do pecado e transformados em novas criaturas, hoje se deleitam no prazer da salvação eu dele emana. Como afirmou o salmista. Somente os tolos ousam duvidar da existência real de um Deus Todo Poderoso que criou os céus e a terra, bem como o Universo.

E tudo o que neles existem, inclusive a nós, seres humanos. Como escreveu o apóstolo Paulo no primeiro capítulo de sua carta aos romanos: "Pois desde a criação do mundo os atributos invisíveis de Deus. Seu eterno poder e sua natureza divina, têm sido vistos claramente, sendo compreendidos por meio das coisas criadas, de forma que tais homens são indesculpáveis, porque, tendo conhecido a Deus. Não o glorificaram como Deus, nem lhe renderam graças. Mas os seus pensamentos tornaram-se fúteis e os seus corações insensatos se obscureceram. Dizendo-se sábios, tornaram-se loucos. E trocaram a glória do Deus imortal por imagens feitas segundo a semelhança do homem mortal.

Bem como de pássaros, quadrúpedes e répteis. Por isso Deus os entregou à impureza sexual, segundo os desejos pecaminosos dos seus corações, para a degradação dos seus corpos entre si. Trocaram a verdade de Deus pela mentira, e adoraram e serviram a coisas e seres criados, em lugar do Criador, que é bendito para sempre. Amém.

Por causa disso Deus os entregou a paixões vergonhosas. Até suas mulheres trocaram suas relações sexuais naturais por outras, contrárias à natureza." Romanos 1:20-26 Não há desculpas a ser dada pelos que alegam não ter provas concretas da presença de Deus,.

Pois ele se faz presente entre nós todos os dias, de maneira visível, através da natureza e de todo o universo que podemos contemplar. Afinal, qual ser humano teve poder para criar os céus e a terra e tudo aquilo que nos cerca? Tudo foi mesmo resultado de uma explosão cósmica como afirma a ciência, ideologia de um mero mortal? Inteligente não são os que duvidam da veracidade das Escrituras que afirmam ser Deus real e eterno.

Mas aqueles que confiam em seus ensinos. Indignado com a descrença dos céticos, Davi declara aquilo que séculos mais tarde o Espírito Santo inspira Paulo a dizer para os irmãos na igreja em Roma, através de sua carta. Que por causa de suas teimosias em não querer adorar a Deus foram entregues a uma vida feita de paixões infames. O salmista é explícito ao afirmar que já não existia quem fizesse o bem (v3)

"Será que nenhum dos malfeitores aprende? Eles devoram o meu povo como quem come pão, e não clamam pelo Senhor!

Olhem! Estão tomados de pavor! Pois Deus está presente no meio dos justos.

Vocês, malfeitores, frustram os planos dos pobres, mas o refúgio deles é o Senhor.

Ah, se de Sião viesse a salvação para Israel! Quando o Senhor restaurar o seu povo, Jacó exultará! Israel se regozijará!"

Salmos 14:4-7

Davi pergunta a si mesmo até quando os homens maus iriam continuar sem aprender a lição, mesmo depois de serem castigados por seus pecados, em seguida ele mesmo escarnece dos duvidosos ao vê-los abismados por verem os justos sendo abençoados.

Por um Deus que eles outrora afirmavam não existir, ficam pasmos com a prosperidade dos justos(v 4,5) e joga-lhes na cara que apesar de perseguirem os pobres eles saem vitoriosos diante de suas perseguições, porque seu refúgio é o Senhor (v 6) e finaliza desejando ver logo a chegada da salvação definitiva de seu povo, uma alusão a vinda do Messias.

A Mensagem Dos Insensatos

Aqui temos a Mensagem dos Insensatos. E aqui temos uma grande lição para a nossa vida, a fim de evitarmos a mensagem dos néscios e insensatos. Certa vez, um incrédulo se dirigiu a um cristão, e lhe disse:

— Eu posso provar pela sua Bíblia que ela diz que Deus não existe!

— Não, disse o cristão, você não pode!

— Posso sim, disse triunfante o incrédulo.

— Duvido! Disse o cristão.

— Então, abra a Bíblia no Salmo 14:1!

O cristão, então, leu estas palavras: "Disse o insensato no seu coração: Não há Deus!"

— Viu? disse o incrédulo. Provei pela sua própria Bíblia que Deus não existe.

— Mas espera, disse o cristão. A Bíblia não está dizendo que Deus não existe. A Bíblia está dizendo que é o insensato que diz isso. E se você também está dizendo isso, o que é que a Bíblia realmente está dizendo? Que você é o insensato que diz que Deus não existe! Então, o incrédulo foi saindo de fininho, envergonhado.

É preciso saber interpretar a Bíblia. É preciso ter a iluminação do Espírito Santo para entender a Bíblia. É preciso também estudá-la, a fim de podermos ensinar aos outros. Disse Jesus Cristo certa vez:

"Que dizem as Escrituras? Como interpretas?" Com isso, Ele testava a inteligência das pessoas e o grau de compreensão das Escrituras, levando-as à reflexão. Ele demonstra com essa pergunta a importância de se interpretar a Bíblia corretamente.

A fim de não cairmos em Sua repreensão que Ele proferiu para certos líderes. Que pretendiam ensinar a verdade: "Errais, não conhecendo as Escrituras nem o poder de Deus" (Mateus 22:29).

Que é um insensato? É uma pessoa que não tem a verdadeira sabedoria. E nós ainda vivemos em um mundo tão cheio de luz, mas falta a verdadeira sabedoria para muitas pessoas. Mesmo entre os que professam ser cristãos. Nunca houve um tempo em que nós tivéssemos tanta luz da verdade como em nosso tempo. Entretanto.

Quantos insensatos existem em nosso mundo levando a sua Bíblia debaixo do braço! Eles negam o seu poder e eficácia em sua vida de negligência do estudo e meditação, revelando em seus atos que não possuem aquela sabedoria do alto que nos leva ao verdadeiro Deus, de Quem descendem todas as luzes.

O que dizem os insensatos? Dizem que "não há Deus". Esta é a <u>mensagem dos ateus</u>. Ateu é uma palavra que vem do grego: o prefixo "a" significa "não" ou "negação de"; e "theós" que significa "deus".

Atheós, ou ateu é aquele que nega a existência de Deus. Esta é a <u>mensagem dos incrédulos,</u> aqueles que não creem em Deus.

Esta é a mensagem dos que pregam que "Deus morreu". Nietzche foi o primeiro filósofo a ensinar que Deus morreu. E, hoje, por mais incrível que isso possa parecer, muitos teólogos liberais ainda defendem essa teoria.

Esta é, também, a ***<u>mensagem dos falsos cristãos</u>*** que negam a existência de Deus em sua vida: Aqueles que vivem como se Deus não existisse. Eles vivem um cristianismo sem Cristo, uma religião sem Deus, porque vivem independentes, e não consultam a Deus.

Não buscam a Deus quando em necessidade, e não buscam a Sua Palavra. O uso da palavra insensato (nabal) não indica um ateu teórico, mas um ateu prático, que vive como se não existisse Deus. Para todos os propósitos práticos, Deus não faz parte dos seus pensamentos.

Qual é a fonte desta mensagem? Onde eles dizem que "Deus não existe"? "No seu coração" (v. 1) . O que é o coração? Literalmente, o coração é a fonte da vida física: ele é um músculo que serve como uma bomba.

Que envia o sangue para todas as partes do corpo, nutrindo cada célula. Mas na Bíblia, coração é um símbolo, que se refere à mente. Na sua mente, eles acariciam a ideia de que não há um Deus que possa interferir em sua vida.

Qual é o resultado na vida dos insensatos? Alguns dizem que não importa o que uma pessoa crê, desde que seja sincera. Mas é impossível ser um ateu teórico, sem ser um ateu prático. Se uma pessoa crê que Deus não existe, ela vai viver como se Deus não existisse. A influência da mente sobre o corpo e a vida é automática. Se uma pessoa crê de um jeito errado, vai viver do mesmo jeito errado. Daqui não há como fugir.

Como é a vida de quem nega a Deus? O que fazem os que negaram a Deus? Como é a sua vida?

1- "Corrompem-se":

Corrupção do Sexo: Homossexualismo, lesbianismo, masoquismo, bestialismo, etc, Constituem a depravação do sexo, uma realidade de todos os tempos, mas muito mais intensa e muito mais amplamente divulgada em nossos dias, pelos meios de comunicação.

Corrupção da Educação: ensino da Evolução das espécies e negação da Criação realizada por um Deus vivo.

Ensinam-se os princípios dos ímpios, e se negam os princípios cristãos da verdadeira Educação.

Corrupção da Política: a filosofia mais vivida e cobiçada se baseia no egoísmo, no engano, na avareza e no roubo. Nessa área, a palavra "corrupção" se torna cada vez mais usada no mundo.

Corrupção do Casamento: homens se casando com homens, mulheres se casando com mulheres, para vergonha de nossa raça. Casamentos têm sido degenerados para servir apenas aos propósitos egoístas e carnais.

E, como ninguém pode esconder os seus propósitos por muito tempo em um casamento, logo cresce o número dos divórcios, mesmo entre os cristãos que pregam que devemos amar o próximo como a nós mesmos.

2- "Praticam abominação":

Abominação aqui significa um conjunto de coisas desprezíveis. Os piores pecados são perpetrados, as piores degenerações são praticadas.

Os maiores vícios, os maiores crimes, a maior depravação.

3- Não fazem o bem, só o mal.

Mas alguém poderia objetar: E a grande caridade praticada pelos não-cristãos? Não há nenhum problema com a caridade. Mas toda a caridade realizada por eles está maculada pelo egoísmo e orgulho, inatos em sua natureza.

Qualquer benfeitoria praticada pelos que negam a Deus será manchada pelo pecado. Certa vez, um pastor estava realizando uma série de estudos bíblicos a uma família, em Campo Grande, MS. Então, o senhor da casa recebia com entusiasmo as mensagens.

Mas um dia, ele falou de um amigo espírita que era uma pessoa muito boa, muito caridosa, um homem exemplar, muito cortês, e queria saber como ficaria ele diante da salvação. O pastor lhe respondeu que essas atitudes positivas não eram suficientes para dizer que aquele homem estava salvo. Depois de esclarecer algumas coisas.

O pastor aceitou o desafio do homem para um encontro que se transformou em um debate. No dia marcado, se encontravam cerca de 10 pessoas, e quando o pastor viu aquilo, sentiu a responsabilidade. E rogou a Deus pelo auxílio necessário, a fim de que aquelas pessoas pudessem sair dali com a convicção da verdade. O espírita era um homem culto, e começou a falar usando palavras das ciências como paleontologia., antropologia, arqueologia, etc.

Que eram difíceis para os leigos presentes, mas foram usadas para mostrar erudição e ganhar a confiança dos ouvintes na sua grande sabedoria. Então, para ajudar nos argumentos, ele passou para a Bíblia, citando que o apóstolo Paulo era um grande conhecedor das ciências da sua época. E finalizou a sua palestra pedindo água, no que foi prontamente atendido pela dona da casa. O pastor, por sua vez, lhe perguntou se ele já havia concluído.

Ele disse que sim. Então, disse o pastor: "Já que o nosso amigo pediu água, é a minha vez de falar. De fato, o apóstolo Paulo foi um grande sábio. Conhecedor da literatura da sua época, mas ele mesmo disse que a sabedoria do mundo é loucura diante de Deus!" Quando o pastor disse isso, o seu interlocutor espírita ficou furioso e o interrompia a todo o momento. E, cada vez mais nervoso, a tal ponto que todos puderam ver que o homem "cortês e caridoso" se tornara diabólico.

Vociferando maldições contra a Bíblia Sagrada. De fato, não basta a caridade, motivada por falsos motivos. Com efeito, é pelo coração que tudo começa. É pelo coração que somos crentes ou incrédulos. Disse Jesus Cristo que todos os pecados começam no coração. "Porque de dentro do coração dos homens, é que procedem os maus desígnios, a prostituição, os furtos, os homicídios, os adultérios, a avareza, as malícias, o dolo, a lascívia, a inveja...

A blasfémia, a soberba, a loucura; ora, todos estes males vêm de dentro e contaminam o homem." (Marcos 7:21-23). **Quantos estão contaminados? Salmo 14: 2-3: "2:** Do Céu olha o Senhor para os filhos dos homens, para ver se há quem entenda, se há quem busque a Deus.

3: Todos se extraviaram e juntamente se corromperam; não há quem faça o bem, não há nem um sequer." "Todos se extraviaram". O apóstolo Paulo usou estas palavras para provar a universalidade do pecado, e então concluiu: "Porque todos pecaram e carecem da glória de Deus." (Romanos 3:23). De fato, todos já nascem pecadores. Este é o testemunho de todos os crentes do passado: não há pessoa santa e justa.

Este é o testemunho da Bíblia em muitos lugares. Este é o testemunho da experiência. Você pode andar pela rua, e ver uma grande multidão, e você não vai achar nenhum santo. Você pode entrar em um hospital e não vai achar nenhum santo. Você pode entrar em um convento e não vai encontrar nenhum santo. Você pode entrar em uma igreja e só achará pecadores, porque todos são pecadores desde o seu nascimento.

Deus mesmo testifica: Nada escapa ao seu olhar onisciente. Ele olha do Céu para ver se há quem entenda, quem busque a Sua graça. Oferecida gentilmente. E não encontra, dizendo: "Todos se extraviaram!" Esta é a situação do mundo atual, como era no tempo de Davi.

Mas (v. 4), qual é o grande problema dos ímpios? Há uma pergunta perscrutadora: v. 4: "Acaso, não entendem todos os obreiros da iniquidade, que devoram o meu povo, como quem come pão, que não invocam o Senhor?" Estas palavras indicam uma situação interessante: depois de tantas evidências.

Que Deus colocou na própria natureza, e em todos os lugares, será que eles ainda não entendem?

1- Eles são obreiros da iniquidade, e não se sentem culpados. Não podem ver porque são cegos de sua grande culpa. Cometem os seus crimes e sacrilégios e não sentem culpa por seus crimes. Quando são presos pela justiça, negam os seus feitos; e quando não podem mais negá-los, eles simplesmente dizem que fizeram apenas o que todos estão fazendo.

2- Eles perseguem o povo de Deus, e julgam que estão agradando a Deus. Saulo de Tarso era um judeu zeloso, que fazia exatamente isto: perseguia aos cristãos e julgava que esta era a vontade de Deus.

3- Eles não invocam o Senhor; pelo contrário, dizem que Deus não existe. Este é o seu maior problema.

A base de todos os seus crimes e perversidades é o fato de que estão buscando muitas coisas no mundo, menos aquilo que é o mais importante para a sua felicidade. Mas é aqui está o segredo da salvação: diz a Bíblia que "Todo aquele que invocar o nome do Senhor, será salvo." (Romanos 10:13). Não importa se eles foram "obreiros da iniquidade"; não importa se eles perseguiram os justos.

Não importa se eles se tornaram corruptos, assassinos e criminosos. Se eles invocarem o nome do Senhor, se eles buscarem ao Senhor, eles serão salvos. Se você invocar o nome do Senhor, você será salvo. Certa vez Pedro estava afundando no mar, e clamou pelo nome do Senhor, e Jesus o salvou imediatamente. Outra vez, uma mulher estrangeira, siro-fenícia, estava clamando pelo Senhor e Ele a acolheu. E ainda ensinou uma grande lição aos discípulos: de que, realmente, quem chamar pelo Seu nome será salvo.

Não importa a nacionalidade. O que acontecerá no futuro, com os ímpios, se não invocarem o nome do Senhor, se não buscarem a Deus? V. 5: "Tomar-se-ão de grande pavor, porque Deus está com a linhagem do justo."

Eles vão se apavorar, vão se atemorizar, vão se desesperar naquele dia quando souberem que "Deus está com a linhagem dos justos". Eles saberão que estiveram a lutar contra Deus e contra o Seu povo, e agora, vão se sentir perdidos. Quando Jesus Cristo voltar, como estarão os ímpios?

Vão correr de um lado para outro em desespero, em angústia, procurando uma palavra de consolo, uma palavra de salvação, e, apavorados, hão de clamar aos montes e aos rochedos: "Caí sobre nós, e escondei-nos da face daquele que Se assenta no trono e da ira do Cordeiro. Porque chegou o grande Dia da ira deles e quem é que pode suster-se?" (Apocalipse 6:15-17).

O que acontece no presente? V. 6: "Meteis a ridículo o conselho dos humildes, mas o Senhor é o seu refúgio." Quanto aos ímpios, eles ridicularizam os justos. De fato, eles são zombadores. Eles se deleitam em escarnecer dos que não podem aceitar as suas obras. Disse o apóstolo Pedro que "nos últimos dias, virão escarnecedores, com os seus escárnios, andando segundo as suas próprias paixões (II Pedro 3:3).

Uma professora da Alemanha Oriental, num tempo de muita intolerância religiosa, lecionava na sua classe para as suas crianças. De repente, esta professora disse: "Levantem-se todos, ponham-se em pé e digam: 'Não há Deus!' "Então todas as crianças repetiram isso, menos uma; uma menina de 8 anos se negou a dizer que não há Deus. Então, a professora ficou muito brava com ela, e disse: "Você vai para casa e escreva 50 vezes:

"Não há Deus". Ela voltou para casa e escreveu 50 vezes: "Sim há Deus". E ela trouxe para a escola no outro dia, entregou para a professora, e a professora leu: "Sim há Deus, Sim há Deus" 50 vezes. E ela, enfurecida, disse: "Você volta para casa e vai escrever 500 vezes 'Não há Deus', porque senão algo vai lhe acontecer!"

Esse algo era a morte…No outro dia, a menina voltou com o seu pai para falarem com o diretor a fim de que ele soubesse o que é que estava acontecendo. E então o diretor disse: "Vocês não precisam mais se preocupar. Ontem à noite a professora foi vitimada por um acidente de motocicleta. Ela morreu e tudo está acabado. Volte para a sua sala de aula." Os ímpios estão perseguindo aos justos, mas o Senhor é o Refúgio de todos os fiéis à Sua Palavra.

O que disse Davi dos justos? Os justos são humildes. A primeira característica dos justos é a sua humildade, mas sem hipocrisia. Alguns até se orgulham de sua aparente humildade. Eles têm uma humildade hipócrita, porque no coração não são humildes. Mas a primeira característica do cristão é a humildade, como disse Jesus Cristo em Seu primeiro sermão, na sua primeira declaração, do Sermão do Monte. E esta é a base da Justificação pela fé.

Mas qual é o "conselho dos humildes"? Os justos dão o seu conselho. Eles não seguem o conselho dos ímpios; eles seguem o conselho divino, que está expresso na Palavra de Deus. E qual é o conselho dos justos? Eles se alimentam da Bíblia e declaram a vontade de Deus, guardam os Seus mandamentos, anunciam a Volta de Cristo e pregam o Evangelho, a fim de que os ímpios habitantes da Terra possam ter a sua oportunidade de salvação e se convertam. Eles querem ajudar a salvar a esses homens ímpios, e levam o conhecimento de Deus para eles. Mas os ímpios zombam.

Escarnecem e metem a ridículo o seu conselho. Eles dizem, zombeteiramente:

"Onde está a promessa da Sua vinda? Porque desde que os pais dormiram, todas as coisas permanecem como desde o princípio da criação" (II Pedro 3:4). O raciocínio dos ímpios é este: "Vocês têm pregado que Cristo vai voltar, mas isso não vai acontecer, porque se Ele viesse de novo.

Os homens haveriam de crucificá-lO novamente! E, afinal, tudo permanece sem nenhuma mudança! É tudo igual. Sempre houve terremotos, enchentes e catástrofes…". Entretanto, não precisamos desanimar em nossa missão. Embora sejamos muitas vezes escarnecidos, debochados, zombados, sabemos que Deus é o nosso Refugio, como diz o final do verso 6. Deus é o nosso Refúgio nas tempestades, nas tristezas e nas tribulações. Deus é o nosso Refugio contra todas as zombarias dos ímpios, e contra todas as suas ameaças.

Se Deus é o nosso Refúgio, qual é a nossa esperança? V. 7: "Tomara de Sião viesse já a salvação de Israel! Quando o Senhor restaurar a sorte do seu povo, então, exultará Jacó, e Israel se alegrará." Israel significa vencedor. O patriarca Jacó teve o seu nome trocado de Jacó para Israel, porque lutou com Deus e prevaleceu, tornando-se um vencedor.

Assim, todos os cristãos têm esse nome, todos os cristãos fazem parte do "Israel de Deus", o Israel espiritual (Gálatas 6:16). Aqui temos a concretização de todos os nossos anseios e esperanças: virá "a salvação de Israel", virá a salvação final do povo de Deus. De onde virá esta redenção?

De Sião. Sião era o nome de um monte na Palestina, onde foi construída a cidade de Jerusalém. Sião ficou sendo um sinônimo para a habitação de Deus no Céu. Lá estarão os 144.000 e todos os salvos de todos os tempos.

A sorte dos justos será mudada: Se, hoje, eles estão espalhados, serão ajuntados dos quatro cantos da Terra. Se eles estão cativos, serão libertados (esta será a situação do povo de Deus antes de serem levados para o Céu:

Eles estarão cativos e oprimidos pelos ímpios; mas, quando Cristo voltar, eles serão libertos). Então, raiará uma nova alegria, uma alegria eterna coroará as suas cabeças, porque estarão libertos por toda a eternidade.

Libertos do pecado e dos seus inimigos. Então, os justos rejubilarão eternamente. Você está fazendo planos para estar lá, juntamente com todos os salvos? O que você precisa mudar em sua vida para que você esteja lá são e salvo, por toda a eternidade? Que Deus nos abençoe, a fim de que possamos cumprir a parte que nos cabe.

Que possamos sempre nos lembrar e dizer em nosso coração: "Sim, há um Deus" eterno que está disposto a me ajudar em todos os momentos. Há um Deus eterno que pode me salvar de toda a tribulação e tentação, e me levar para o Seu reino de glória.

Pr. Roberto Biagini

A Recompensa do Justo

"SENHOR, quem habitará no teu tabernáculo? Quem morará no teu santo Monte?

Aquele que anda sinceramente, e pratica a justiça, e fala a verdade no seu coração.

Aquele que não difama com a sua língua, nem faz mal ao seu próximo, nem aceita nenhum opróbrio contra o seu próximo;

A cujos olhos o réprobo é desprezado; mas honra os que temem ao Senhor; aquele que jura com dano seu e, contudo, não muda.

Aquele que não dá o seu dinheiro com usura, nem recebe peitas contra o inocente. Quem faz isto nunca será abalado".

O Salmo 15 reflete a recompensa que o justo receberá por ter vivido de forma correta diante de Deus. O termo "justo" aplicado nas Escrituras não indica uma pessoa perfeita e sem pecados. Mas aquela que se converteu ao Evangelho, abandonou o pecado e se esforça para viver praticando a justiça ensinada por Cristo. A estes, afirma o salmista, está reservado um futuro de paz e tranquilidade no paraíso após sua morte física.

Para os cristãos verdadeiramente fiéis o Senhor reserva a Cidade Santa, feita de ouro e cristal, a Nova Jerusalém. Para que nela possa habitar seguro e tranquilamente por toda a eternidade (Apocalipse 21:9-27) A vida eterna reservada a igreja é real e nisso cremos como uma firme promessa do nosso Deus que jamais falhará.

Essa é a esperança definitiva da igreja, o arrebatamento, poder estar para sempre ao lado do seu Redentor. Que um dia deu sua vida por todos nós na rude cruz do Calvário. Porém, permanece vivo e reinará de século em século. Ao se dirigir ao Altíssimo em oração Davi indaga quem teria o privilégio de um dia habitar com ele na glória e ao mesmo tempo é inspirado pelo Espírito Divino a responder sua própria interrogação, dizendo:

*"Aquele que anda sinceramente, e pratica a justiça, e fala a verdade no seu coração" (v 2).*Nenhum dos que praticam a iniquidade farão parte desse povo que um dia entrarão na casa de Deus, não existirá a mínima possibilidade de alguém que vive deliberadamente na prática do pecado.

 E da perversão deste mundo passar a eternidade nas mansões celestiais. Essa recompensa é apenas para quem se aproximar de Cristo e com ele enfrentar com rigor o pecado e a influência maligna de satanás neste século. Vivemos, hoje, uma Era onde a imoralidade tomou conta da humanidade de uma forma jamais vista, se compararmos a prática da imoralidade dos sodomitas e dos moradores de Gomorra nos tempos de Ló (Gênesis 19:24)

Que levou a sua destruição com fogo e enxofre. Veríamos que aquelas duas cidades impertinentes seriam santas em comparação ao mundo em que estamos. Nunca, na história da humanidade o homem desafiou tanto a Deus. Quem irá subir até o Santo Monte do Senhor? Perguntava o salmista em sua oração.

"Aquele que não difama com a sua língua, nem faz mal ao seu próximo, nem aceita nenhum opróbrio contra o seu próximo..."

Sem dúvida, serão aqueles que procurarem se manter na posição de salvos, libertos das antigas influencias negativas do pecado que antes lhes mantinha acorrentados em suas vãs maneiras de ser e agir. Como disse Paulo aos irmãos, na igreja em Éfeso:

"Que, quanto ao trato passado, vos despojeis do velho homem, que se corrompe pelas concupiscências do engano. E vos renoveis no espírito da vossa mente. E vos revistais do novo homem, que segundo Deus é criado em verdadeira justiça e santidade. Por isso deixai a mentira, e falai a verdade cada um com o seu próximo; porque somos membros uns dos outros. Irai-vos, e não pequeis; não se ponha o sol sobre a vossa ira. Não deis lugar ao diabo.

Aquele que furtava, não furte mais; antes trabalhe, fazendo com as mãos o que é bom, para que tenha o que repartir com o que tiver necessidade. Não saia da vossa boca nenhuma palavra torpe, mas só a que for boa para promover a edificação, para que dê graça aos que a ouvem. E não entristeçais o Espírito Santo de Deus.

No qual estais selados para o dia da redenção. Toda a amargura, e ira, e cólera, e gritaria, e blasfêmia e toda a malícia sejam tiradas dentre vós. Antes sede uns para com os outros benignos, misericordiosos, perdoando-vos uns aos outros, como também Deus vos perdoou em Cristo". Efésios 4:22-32

A santificação do corpo é condição essencial para que o cristão possa um dia ver a Deus face a face (Hebreus 12:14)

E, finalmente, entre no gozo do seu Senhor. Davi entendia que apesar das muitas lutas travadas neste mundo contra os inimigos visíveis e invisíveis, vindos das trevas para importunar os fiéis seguidores de Deus.

Era necessário se manter digno diante daquele que o escolheu. Assim como ele todos nós, cristãos, devemos ter em mente estas verdades. Não importa quanto cremos no Senhor, se já o aceitamos como Salvador de nossas almas, se entregamos a ele nossas vidas e confessamos seu nome diante do mundo lá fora, se em nada fomos transformados.

Ser santo, no conceito bíblico, é ser diferente dos demais pecadores. Pecamos, sim, pois ainda somos imperfeitos, mas, dentro do possível, nos esforçaremos para não mais vivermos sob o julgo da antiga natureza humana que antes tínhamos.

Essa foi e continua sendo a principal mensagem do Salmo 15, a recompensa reservada aos santos, aos que verdadeiramente se aproximaram do Pai com coração humilhado. E sincero, que buscam viver conforme os ensinamentos de seu Filho Jesus Cristo e foge diariamente da aparência do mal.

Tudo de bom que está reservado na glória divina é apenas para os fiéis, os que forem justificados em seu proceder diante dos olhos do Altíssimo e cujas vestes estejam verdadeiramente limpas da mancha do pecado, pois as Mansões Celestiais foi construída para os puros de coração.

O Verdadeiro Cidadão do Céu

Você já se perguntou se está preparado para entrar no Céu? Quais seriam as qualidades necessárias para entrar no Céu?

Como posso viver de tal modo que não seja decepcionado em minhas expectativas e anseios para morar um dia no Paraíso Celeste? De fato, esta é uma grande preocupação. E deve ser respondida, antes que seja tarde demais. O Salmo 14 ensina a universalidade do pecado: todos são pecadores.

E não há quem busque a Deus. Mas, de acordo com o **Salmo 15**, como poderia um pecador sequer pensar na possibilidade de entrar na presença de Deus? Após a revelação do Salmo 14, é lógico pensar na impossibilidade de termos acesso a Deus. Entretanto, diz o Salmo 5:7.

Que é pela riqueza da misericórdia de Deus que entramos na Sua casa, e nos prostramos diante do Seu santo templo, no seu temor. É pela graça de Deus que somos transformados de pecadores em santos. Somente os santos habitarão no Seu "Santo Monte". O salmo 14 foi escrito para que soubéssemos quão pecadores somos.

O **Salmo 15** foi escrito para que soubéssemos quão perfeitos podemos ser. O Salmo 14 nos coloca no pó; o Salmo 15 nos coloca na glória. O Salmo 14 humilha o pecador; o Salmo15 exalta o justo. Ele é estimulante e desafiador.

Ele nos leva a um profundo exame de consciência e a um desejo de agradar a Deus a fim de podermos estar com Ele. Este é o verdadeiro equilíbrio das Escrituras. Este salmo é mais uma joia da Inspiração que usou o poeta Davi para nos presentear com a sabedoria divina.

Aqui estão as qualidades do verdadeiro cidadão do Céu. Portanto, trata-se de um assunto essencial, a fim de que não fiquemos desavisados de nossas obrigações espirituais e sociais para com Deus e nosso semelhante.

I – UMA PERGUNTA PERSCRUTADORA (v. 1)

O salmo começa com uma pergunta dirigida a Deus Jeová: **"Quem, SENHOR, habitará no Teu tabernáculo? Quem há de morar no Teu Santo Monte?"** Esta é uma das perguntas mais perturbadoras, temidas e decisivas. Já pensou se você fizesse esta pergunta e Deus lhe respondesse: "Você está longe disso!"? Mas Cristo disse certa vez para alguém: "Não estás longe do reino de Deus!" (Mc 12:34).

Muitos estão se perguntando em nossos dias: Diante de tantas igrejas cristãs, qual é a igreja verdadeira? Qual é a que se aproxima um pouco mais da verdade? Mas a pergunta que deveria estar em nossa mente, nestes dias de tanta insegurança e confusão religiosa é esta: "Quem, SENHOR, habitará no teu tabernáculo? Quem há de morar no teu Santo Monte?"

Certamente, uma pessoa que fizer tal pergunta jamais será desapontada com referência à verdade. A palavra "SENHOR" é correspondente a Yahweh no original, e, portanto, invoca ao próprio Jeová, que é o Deus da redenção e da aliança com o Seu povo.

"Tabernáculo" ou "tenda" é o símbolo tradicional de Sua presença para um peregrino, porque somos peregrinos neste mundo, em direção à Canaã celestial, onde é o país dos nossos sonhos. Isso nos traz à lembrança o texto de Hebreus 11, onde lemos acerca dos Heróis da fé, como os patriarcas Abraão, Isaque e Jacó, além de muitos outros, que viveram em tendas e ansiavam habitar com Deus, mas morreram sem ter obtido a concretização de suas esperanças. Por outro lado, a expressão "santo monte" se refere ao monte Sião, onde foi edificado o templo de Jerusalém, a casa de Deus, na Palestina.

Monte que se tornou um símbolo da habitação de Deus no Céu, onde foram vistos os 144.000 diante do Seu trono (Ap 14:1). A pergunta (Sl 15:1) de início poderia transparecer uma conotação legalista, em que certas pessoas exclusivas teriam acesso à morada de Deus, na condição de preencher certos requisitos da Lei e dos mandamentos de Deus. De uma leitura superficial, alguém poderia citar as palavras deste Salmo.

Para dizer que ninguém pode alcançar um alvo tão elevado como a pretensão de habitar com o Eterno. O Criador do universo. Entretanto, o contexto indica que esse não é o caso. Qualquer pessoa pode chegar ao soberano ideal de subir ao Céu e habitar com o Altíssimo por toda a eternidade.

A primeira coisa que tal pessoa faz é se dirigir a Deus e Lhe fazer a mesma pergunta, sinceramente: "Senhor, como é que eu posso estar contigo sempre e morar em Tua companhia? Senhor, eu Te anseio e desejo tanto morar contigo, porque te amo tanto que desejo habitar no Céu onde estás. Como é que eu consigo isso?"

II – UMA RESPOSTA INTRIGANTE (vs. 2-5b)

A pergunta acima só será feita por uma pessoa humilde que já possui características essenciais para ser um cidadão do Céu.

Porque está sendo atraída pelo Espírito Santo, e é um crente no poder, na bondade e sabedoria de Deus. A resposta de Deus para tal pessoa é como encontramos nos versos seguintes.

1 – O Cidadão do Céu é Íntegro (v. 2a)

"O que vive com integridade."

Arthur Gordon numa conferência em 1986, contou a seguinte história: Na sala de operação de um grande hospital, uma jovem enfermeira experimentou seu primeiro dia de responsabilidade total.

— "O senhor retirou 11 esponjas, doutor," disse ela ao cirurgião. "Nós usamos 12."

— "Nós as removemos todas," declarou o doutor. "Vamos fechar a incisão agora mesmo."

— "Não!" objetou a enfermeira. "Nós usamos 12."

— "Eu tomo a responsabilidade!" retorquiu o cirurgião com severidade "Suture!"

— "O senhor não pode fazer isso," gritou a enfermeira. "Pense no paciente!"

O doutor sorriu e mostrou à enfermeira a 12ª esponja. – "Você passou," disse o médico. Ele estava testando sua integridade – e ela tinha passado no teste. O salmista apresenta a maior virtude do cidadão do Céu: *integridade!*

Esta é uma palavra que tem significado amplo. Muito mais do que a ilustração acima pôde transmitir. Não basta procurar um Dicionário para defini-la. Um Dicionário diria que integridade é "inteireza moral, retidão, imparcialidade, inocência" (Michaelis).

Entretanto, integridade vai muito além da simples ética moral; integridade na Bíblia é excelência moral na ética e na espiritualidade. É um conjunto de qualidades morais e espirituais que justificam a sua existência. Portanto, para definir integridade corretamente é preciso consultar a Bíblia.

Integridade no Salmo 15 vem da palavra hebraica "tâmyîm" que significa *"perfeição"*, como encontramos em Gênesis 17:1, onde lemos a mensagem de Deus para Abraão: "Eu sou o Deus Todo-Poderoso; anda na minha presença e sê perfeito."

Esse homem de Deus tinha 99 anos e ainda não era perfeito. Em certo sentido isso é uma consolação para todos. Mas Deus lhe dava a fórmula para ser perfeito e íntegro:

"Anda na minha presença!" Abraão em sua natureza pecaminosa não era íntegro, tanto é que falhou em algumas vezes, mentindo, desconfiando e dissimulando.

Mas quando ele se encontrava na presença de Deus, e andando com Ele, era íntegro e perfeito. Portanto, integridade significa harmonia com Deus, porque ninguém é completo se não estiver em harmonia com o seu Criador. Assim, *integridade* é excelência de caráter espiritual que se expande para todas as áreas da vida.

E que só pode ser adquirida por meio de uma obra de Deus que permitimos ser realizada em nós, pelo Espírito Santo. Vem do próprio conhecimento do Todo-Poderoso.

Integridade é o clímax de todas as virtudes. É por isso que ela vem em primeiro lugar. Logo depois, vemos as demais virtudes, nos versos seguintes, que são apenas um desdobramento da integridade, e que servem apenas de ilustrações não exaustivas do que faz ou deixa de fazer uma pessoa íntegra.

Este é o método em muitos poetas e profetas do Antigo Testamento: Primeiro eles apresentavam o clímax, o melhor, e depois passavam a demonstrar como chegar lá.

Integridade ("tâmyîm" = perfeição) é mais do que aparência externa. Integridade é uma virtude que parte do coração. Os perfeccionistas sem Deus não possuem integridade no sentido bíblico.

E na realidade são apenas uma aparência do que se pode ver de seus atos refinados e medidos, externamente. Eles são retratados em Romanos 7, que pinta o quadro do homem que tenta fazer tudo bem, tudo correto, mas faz o mal.

Porque desconhece a Jesus Cristo. Eles não são perfeitos, apenas tentam ser e, muitas vezes, escondem as suas más intenções, que conspiram contra a integridade verdadeira, que se manifesta em primeiro lugar na vida correta com Deus.

Integridade é amor. É santidade. É andar com Deus, sinceramente. Portanto, a pergunta está respondida: Só uma pessoa santa, íntegra, que tem um relacionamento sincero com Deus poderá habitar no "Santo Monte".

Qualquer outra virtude parte desse fundamento. E qualquer pessoa pode chegar a esse ideal, se ela desejar ardentemente andar com Deus e viver pelo Seu poder.

2 – O Cidadão do Céu é Justo (v. 2b)

Ele "pratica a justiça."

Em maio deste ano, um pastor adventista foi ao supermercado de Itajaí, e quando passou pelo caixa com as compras, notou que a jovem não registrara dois produtos iguais, no valor de R$ 14,90 cada.

Logo a seguir, sua esposa também percebeu a falha através da nota, e ambos voltaram. Para surpresa da jovem atendente, o pastor lhe disse que ela precisava cobrar R$ 29,80 a mais por dois produtos que haviam passado sem cobrança.

Então, o cartão lhe foi entregue, ela seguiu o procedimento e agradeceu por aquela "gentileza" rara. Isso realmente não se chama de gentileza; o seu nome é "justiça". Justiça é dar a alguém o que lhe é de direito exclusivo; justiça é dar a alguém o que ele merece. Injustiça seria ficar calado, e levar dois produtos para casa, sem ter pago por eles. Se integridade é harmonia com Deus, *justiça* é harmonia com o próximo.

Ser íntegro é cumprir os 4 mandamentos referentes a Deus. Ser *justo* é cumprir os 6 mandamentos referentes ao próximo. Portanto, nestas duas palavras, integridade e justiça, temos resumida toda a Lei dos 10 Mandamentos. Todas as outras virtudes estão baseadas nestas duas e partem delas. O cidadão do Céu é íntegro, e, portanto, ele será justo em todas as suas transações, e em todos os seus relacionamentos. ele será justo com o seu vizinho.

Até mesmo quando este lhe for injusto. Ele poderá ser até perseguido por causa da justiça, como previu Cristo em Seu sermão do monte, mas ele ainda assim será justo e correto. Ele sabe que as suas ações são vistas por Deus, e é só isso o que importa, porque ele só deseja fazer a Sua vontade soberana. Essa justiça ele alcança mediante a fé em Jesus Cristo e na Sua confiança no Pai, em Quem ele se deleita e se compraz, como um filho de Deus. (Rm 3:22-24).

3 – O Cidadão do Céu é Verdadeiro (v. 2c)

"E, de coração, fala a verdade." Ele gosta tanto da verdade que não mente nem por brincadeira! Hoje vivemos em um mundo de mentiras. Estamos cheios de mentiras por todos os lados. Mentem as propagandas, os filmes de Hollywood, mentem as novelas, mentem revistas e noticiários. Mentem promotores e juízes, mentem os réus e seus advogados. Mentem os patrões e os empregados uns aos outros. Esta é a vida dos cidadãos deste mundo: enganando e sendo enganados.

Certa vez, um colportor vendeu uma coleção de livros para o chefe de uma família no interior da Bahia. Ele assinou o pedido e o colportor prometeu voltar com os livros em 30 dias. Quando chegou o colportor, bateu à porta. Demorou algum tempo até que chegou uma jovem dizendo: "Meu pai não está!"

Nesse exato momento, chegou correndo a sua irmãzinha, que ao ouvir isso, falou: "Está sim, o papai está!" E saiu gritando pela casa: "Papai, papai, vem aqui; tem um homem na porta que quer falar com o senhor!" Outra vez, um senhor bateu à porta de uma casa. Veio uma jovem bem orientada pelos pais, e, imaginando que era alguma cobrança que já esperavam, disse:

"Meu pai não se encontra!" O homem respondeu: "Que pena! Eu queria pagar uma dívida que eu tenho com ele!" A moça prontamente falou: "Ah, se é para receber, então, ele está!" Mas o cidadão do Céu "fala a verdade"! De que modo? "de coração". Ele é íntegro, e, portanto, ele é verdadeiro porque fala a verdade que procede do coração.

Ele é sincero no que diz e fala as coisas exatamente como são, sem fingimentos, sem insinuações ou suposições. Ele está seguro em Deus e, portanto, não teme dizer a verdade. Ele está ligado à Fonte da verdade, e, portanto, ele crê na verdade, fala "a verdade, só a verdade e nada menos do que a verdade". Ele também fala a verdade da luz do Evangelho de Deus aos outros.

Ele é verdadeiro, e fala a verdade, de coração. Essa coragem e amor à verdade e ao semelhante vem do seguir Jesus Cristo que é "o caminho, a verdade e a vida" (Jo 14:6).

4 – O cidadão do Céu é benévolo (v. 3)

"O que não difama com sua língua, não faz mal ao próximo, nem lança injúria contra o seu vizinho."

190

Certa senhora resolveu sair de casa numa manhã. Ela iria acompanhada de 3 garotas, suas filhas. E chovia um pouco e ela tomou o seu guarda-chuva, e disse: "Vamos nos proteger." E as jovens tomaram também uma sombrinha cada uma. Esperaram um pouco no ponto do ônibus até que chegou.

E não havia muito lugar, estava lotado, mas as meninas conseguiram um lugar para a mamãe. E a senhora se assentou ali, e para não incomodar a vizinha ao lado, ela pôs o seu guarda-chuva molhado do lado direito. E lá estava ela com seus pensamentos sem perceber que o ônibus estava se aproximando da sua parada.

E as meninas disseram: "Mamãe, está na hora!", e deram o sinal. E aquela senhora preocupada em descer, tinha esquecido de que lado tinha posto o guarda-chuva, e ao invés de ela tomar o guarda-chuva à direita, ia pegando o outro do lado esquerdo. E a mulher que estava do lado já aprontou ali um barulho.

Enquanto a senhora descia, ela falava ao pessoal do ônibus: "Este mundo está cheio de ladrões. Já queriam me levar o guarda-chuva. Afinal de contas, eu não sou tão rica!", e humilhava a senhora que cometera um engano. Lá fora aquela mulher que era uma cristã, disse às suas filhas: "Que pena, a gente sai com bom espírito, e às vezes um fato assim atrapalha a gente." E as meninas disseram:

"Esquece isso, mamãe! Deixa isso pra lá. Vamos fazer as nossas compras." E elas estiveram na cidade algumas horas. Depois voltaram, mas era ainda cedo. Mas a senhora já estava cansada e as meninas resolveram fazer um passeio, visitar uma amiga. A mamãe, porém, queria voltar para casa. Mas não chovia mais. Então, as meninas disseram: "Mamãe, a senhora leva para casa os guarda-chuvas." E a senhora pegou agora os 4 guarda-chuvas e os enfeixou e esperou alguns momentos na fila do ônibus.

Chegando o ônibus, ela entrou e lá estava aquela mulher que fez o barulho. E aquela mulher olhou bem, reconheceu aquela senhora, e disse à sua companheira: "Olha aí, o mundo está mesmo cheio de ladrões. Esta mulher ia indo para a cidade e ela quis roubar o meu guarda-chuva, e não conseguiu, porque eu vi e reclamei. Mas ela já conseguiu 4!"

No entanto, aquela mulher estava julgando falsamente. Ela estava detratando um bom caráter. Ela estava difamando e lançando injúria contra uma pessoa justa. Mas assim não age um cidadão do Céu. Ele tem um coração benévolo e pergunta antes de tirar conclusões precipitadas. Ele investiga as coisas sobre o que fala, a fim de poder exercer a benevolência.

Mesmo com a língua e ninguém precisa se proteger de tal pessoa benevolente. Ele é amorável e tem muita consideração para com a reputação dos outros. É um verdadeiro candidato para entrar no Céu, onde não existe a maldade dos nossos dias.

5 – O cidadão do Céu é criterioso (v. 4a)

"O que, a seus olhos, tem por desprezível ao réprobo, mas honra aos que temem ao SENHOR."

Uma das virtudes mais preciosas, uma das virtudes mais atraentes e, não obstante, mais raras, é a sensibilidade no julgamento. O cristão possui critérios básicos para julgar coisas e pessoas. Ele vive por princípios e não por mero sentimentalismo. Ele sabe julgar e procede corretamente quando julga.

Mas alguém poderia dizer que isso vai contra as regras do sermão do monte. Respondemos que Cristo não condenou o ato de julgar em si mesmo, o juízo exato que se faz normalmente em nossa maneira de ver pessoas e coisas.

O que Cristo censurou, o que Ele condenou foi o juízo temerário, quando disse: "Não julgueis, para que não sejais julgados." (Mt 7:1). Mas note que Ele continua: "Pois, com o critério com que julgardes, sereis julgados; e, com a medida com que tiverdes medido, vos medirão também." (v. 2).

Ou seja, cada um tem o seu critério para julgar, e todos julgam constantemente, porque é impossível ver uma situação e não passá-la pelo crivo da inteligência. Entretanto, o Mestre dos mestres reprovava, isto sim, o juízo temerário. O juízo perigoso, porque é imprudente, precipitado, injusto e parcial.

Mas o próprio Cristo foi criterioso, ao dizer: "Ai de vós escribas e fariseus hipócritas!…" (Mt 23:13). O apóstolo Paulo ensina, ademais, que todos somos juízes, e, portanto, devemos como cristãos, exercer esse direito com prudência e harmonia, e pecamos quando somos omissos no julgar:

"Não sabeis que havemos de julgar os próprios anjos? Quanto mais as coisas desta vida!… Não há, porventura, nem ao menos um sábio entre vós, que possa julgar no meio da irmandade?" (1Co 6:3,5). O cidadão do Céu é criterioso, é fino em seu julgamento, e sabe quando e onde separar coisas e pessoas. Ele despreza o "réprobo" (rejeitado, não aprovado), e o coloca em seu devido lugar.

Ele está baseado nas Escrituras. É o mesmo apóstolo Paulo quem continua o argumento: "Ou não sabeis que os injustos não herdarão o reino de Deus? Não vos enganeis: nem impuros, nem idólatras.

Nem adúlteros, nem efeminados, nem sodomitas, nem ladrões, nem avarentos, nem bêbados. Nem maldizentes, nem roubadores herdarão o reino de Deus." (1Co 6:9-10). Entretanto, o homem íntegro e justo sabe também estabelecer o equilíbrio e ama as pessoas.

Dando-lhes a oportunidade de conhecer a verdade. Ele também "honra aos que temem ao Senhor". Aliás, não se pode fazer isso sem primeiro ser criterioso. Paulo completa esse pensamento, ao dizer:

"Pagai a todos o que lhes é devido: a quem tributo, tributo; a quem imposto, imposto; a quem respeito, respeito; a quem honra, honra." (Rm 13:7). De fato, o cidadão do Céu não só honra aos que temem a Deus, como também se regozija na companhia deles.

Como disse o próprio Davi: "Quanto aos santos que há na terra, são eles os notáveis nos quais tenho todo o meu prazer." (Sl 16:3). Mas nessa passagem (Sl 15:4), vemos nas entrelinhas que ele não só honra aos que temem ao Senhor, como também ele mesmo teme ao Senhor, porque integridade é um relacionamento submisso a Deus.

Portanto, não podemos dizer que este salmo é legalista em sua estrutura, porque possui subentendido o pensamento de um homem ligado a Deus. Somente esse homem poderá morar com Ele, e habitar em Seu Santo Monte.

6 – O cidadão do Céu é confiável (v. 4b)

"O que jura com dano próprio e não se retrata."

Winton Beaven, vice presidente do Kettering Medical Center, escreveu: "Eu cresci numa comunidade rural da parte superior do estado de Nova Iorque. Meu avô era fazendeiro. Havia poucos contratos escritos.

Negócios eram fechados apenas com um aperto de mão. 'A palavra de um homem era seu fiador,' costumava dizer meu avô. Se uma pessoa concordou em fazer algo, ela o fará, pouco importam as consequências. "Muito tempo atrás, enquanto o Duque da Burgúndia presidia o Gabinete do Conselho Francês.

Um dos ministros propôs que se rompesse determinado tratado. Já que o rompimento resultaria em vantagens econômicas importantes para o país. Muitas razões "boas" foram apresentadas para justificar o ato. O duque ouviu em silêncio. Depois que todos falaram, ele se ergueu e, colocando a mão sobre uma cópia do acordo. Disse com firmeza: "Cavalheiros, nós assinamos um tratado!" E isso encerrou a questão.

Você pode falar com uma pessoa tal e firmar um compromisso, e você sabe que pode confiar nessa pessoa porque ela mantém a palavra, "e não se retrata" mesmo que saia prejudicada desse acordo. Isso é o mínimo que se espera de um cidadão do Céu. Isso é o que se espera de um cristão que professa estar se preparando para um dia morar com Deus.

7 – O cidadão do Céu é honesto (v. 5a,b)

"O que não empresta o seu dinheiro com usura, nem aceita suborno contra o inocente."

Honestidade é a virtude de um homem íntegro, porque a integridade é a mãe da honestidade, é a raiz de todas as virtudes. Mas, infelizmente, são raros os homens honestos. Vemos na política, no comércio, na alfândega, e algumas vezes na igreja, e em todos os lugares o império da corrupção.

O texto não diz que esse homem justo e íntegro não empresta o seu dinheiro. Diz que ele não empresta com "usura". Usura é juro excessivo, lucro exagerado, avareza, mesquinhez, ganância. Se um amigo vier lhe pedir algum dinheiro emprestado porque está em dificuldades financeiras.

Ou porque perdeu alguns bens e precisa reavê-los, ou porque foi roubado, o cristão não se aproveita dessas circunstâncias para exigir juros altos acima do estipulado pelo senso mais honesto.

Ou por um percentual justo, combinado antecipadamente. Ele não aproveita as oportunidades para roubar do seu semelhante. Ele também não aceita suborno contra uma pessoa inocente. Imagine um homem pobre e simples que está sendo julgado. Ele tem poucos argumentos para provar a sua inocência, mas todos sabem que ele não é culpado.

Então o promotor, querendo ganhar a questão, em um lapso incrível do sistema, propõe aos jurados uma certa quantia em dinheiro, para que votem contra o réu. Um homem íntegro, um verdadeiro cristão, rejeita essa oferta corrupta imediatamente. "Ele não se compra e nem se vende".

Ele não se corrompe com dinheiro, e tem misericórdia dos fracos, que muitas vezes são justos, mas oprimidos pelos ímpios. O cidadão do Céu é honesto e não se aproveita da fraqueza dos outros para aumentar a sua conta bancária. Vale aqui recordar as palavras do livro Educação:

"A maior necessidade do mundo é a de homens – homens que se não comprem nem se vendam; homens que no íntimo da alma sejam verdadeiros e honestos. Homens que não temam chamar o pecado pelo seu nome exato; homens, cuja consciência seja tão fiel ao dever como a bússola o é ao pólo; homens que permaneçam firmes pelo que é reto, ainda que caiam os céus." (Ellen White, Educação, pág. 57).

III – UMA PROMESSA ALVISSAREIRA (v. 5c)

*"Quem deste modo procede não será jamais abalado."*Aqui temos a promessa de Deus para todos os que seguem os passos de Jesus Cristo. E estão se preparando para entrar no Céu e habitar no monte Sião. Junto a Deus e os santos anjos. Estamos no limiar da eternidade, e muitos vivem em uma falsa segurança.

Somente os que são íntegros poderão entrar nos portais das mansões celestes. Temos nós buscado a Deus a fim de que esse caráter possa ser visto em nós? Se nós buscarmos sinceramente a Jesus Cristo. Ele nos dará o Seu Espírito abundantemente, a fim de transformar a nossa vida, perdoando os nossos pecados e nos levando à integridade e perfeição. Desse modo, jamais seremos abalados, "ainda que a terra se transtorne e os montes se abalem no seio dos mares". (Sl 46:2)

Pr. Roberto Biagini

Refúgio e Fortaleza

"Protege-me, ó Deus, pois em ti me refugio. Ao Senhor declaro: "Tu és o meu Senhor; não tenho bem nenhum além de ti". .Salmos 16:1,2

D avi declara todo seu amor e reverencia ao senhor neste Salmo. Aqui, ele inicia seu diálogo com Deus clamando mais uma vez por livramento, pois considera o Altíssimo seu alto refúgio. Porém, logo em seguida diz que o Senhor é seu único bem na terra, cumprindo o primeiro mandamento da Lei que nos ordena a amá-lo acima de todas as coisas.

Após assumir o reino em Israel havia se tornado próspero e possuía muitas riquezas. Ouro e prata lhe sobejavam, mas manteve-se plenamente fiel a fé que trouxe desde de sua infância no seu Deus. Não deixou que a fartura e o poder que foi colocado em suas mãos o afastasse daquele que o arregimentou para reinar sobre seu povo.

E seu coração permaneceu voltado a reconhecer o Senhor como seu maior bem neste mundo. Essa disposição de Davi em não se render às ilusões materiais e a importante posição que assumiu diante dos israelitas serve de exemplo para muitos. Que, por alcançarem altas posições na vida social, trocam a antiga comunhão que tinham com Deus pelas lentilhas que satanás oferece.

Temos como exemplo antigos líderes religiosos que abdicam da honra de servir somente ao Senhor pelos cargos políticos. E acabam por se tornarem escravos da corrupção, antigos adoradores que agora só cantam por dinheiro, pregadores que ministram o Evangelho em troca de um alto cachê e não para a salvação do pecador.

"Quanto aos fiéis que há na terra, eles é que são os notáveis em quem está todo o meu prazer.

Grande será o sofrimento dos que correm atrás de outros deuses. Não participarei dos seus sacrifícios de sangue, e os meus lábios nem mencionarão os seus nomes.

Senhor, tu és a minha porção e o meu cálice; és tu que garantes o meu futuro". Salmos 16:3-5

O salmista se diz amigo apenas daqueles que amam, temem e obedecem a Lei do Senhor, seu prazer está em andar na companhia dos fiéis e não dos que cometem iniquidade. Essa é mais uma das características de Davi que nós devemos considerar a hipótese de imitar.

Pois é agradável aos olhos do Senhor o homem que se abstém da associação com os malfeitores. Muitos cristãos, considerados modernos. Afirmam que "não tem nada a ver" suas relações com os descrentes. Alegam que Deus não faz acepção de pessoas e que ama a todos igualmente.

De fato, eles estão corretos ao dizer que o amor do Senhor é para todos, bons e maus. Porém, enganam-se ao acreditar que ele concorda que sigamos seus passos e nos tornemos seus companheiros. Desde a antiguidade ele já exigia separação entre seu povo e os infiéis.

Antes mesmo que Israel fixasse morada na terra prometida ele já havia ordenado que não se misturassem com os moradores daquela região. Pois eram adoradores de demônios e davam seus filhos para serem queimados aos falsos deuses.

Os cananeus eram pessoas abomináveis e uma possível amizade entre os israelitas e eles iria prejudicar em muito a comunhão destes com o Senhor. (Levítico 18:1-5) Ciente das recomendações feitas por Deus a Moisés quanto a forma correta de se portar diante de tais situações. O salmista mantinha-se separado de tais amizades e esforçava-se para andar na companhia apenas daquelas pessoas que como ele obedeciam mandamentos divinos.

O verdadeiro cristão estará sempre pronto a ouvir as orientações do Espírito Santo. Quanto a maneira certa de se portar neste mundo e será humilde o suficiente para cumprir todo seu conselho sem discutir. Assim como fez Davi, séculos atrás, nós devemos nos associar com os incrédulos apenas para anunciar-lhes as Boas Novas de Salvação na pessoa do Senhor Jesus Cristo. E no sacrifício feito por ele no Calvário. Mais nada além disso. Insistir em andar no mesmo caminho com os néscios é loucura e garantia de inimizade com Deus, pois ele não admite que seu povo se associe com os infiéis. Jesus já ensinava, mais de dois mil anos atrás, que não é possível a união da luz com as trevas.

"Grande será o sofrimento dos que correm atrás de outros deuses. Não participarei dos seus sacrifícios de sangue, e os meus lábios nem mencionarão os seus nomes.

Senhor, tu és a minha porção e o meu cálice; és tu que garantes o meu futuro.

As divisas caíram para mim em lugares agradáveis: Tenho uma bela herança!

Bendirei o Senhor, que me aconselha; na escura noite o meu coração me ensina!

Sempre tenho o Senhor diante de mim. Com ele à minha direita, não serei abalado.

Por isso o meu coração se alegra e no íntimo exulto; mesmo o meu corpo repousará tranquilo". Salmos 16:4-9

A idolatria é um gravíssimo pecado diante dos olhos de Deus, porque essa prática tenta diminuir o valor e a importância que ele possui como o Senhor de toda terra e do Universo., limitando-o a uma simples obra de pau, pedra ou gesso, sem vida e glória, feita pelas mãos de um homem pecador e imperfeito.

É o absurdo de se crer que a criatura teria como recriar seu Criador, é reduzir sua infinita grandeza numa imagem que para se locomover é necessário que alguém a carregue sobre os ombros de um lado para o outro. Davi compreendia que os idolatras afrontavam ao Senhor com suas constantes adorações aos seus ídolos.

Minimizavam ao extremo aquilo que Deus realmente é e representa, e isso lhe deixava indignado. Suas palavras de advertência a quem tal coisa faz era que "grande será o sofrimento dos que correm atrás de outros deuses..." serão grandemente punidos por desrespeitarem o Altíssimo com tais coisas, afrontando sua majestade.

O salmista vai ao extremo, quando diz que abominava tanto a prática da idolatria que sequer falaria seus nomes.. Essa deve ser a disposição da igreja nestes últimos dias, jamais ser condizente com os costumes pecaminosos deste século.

Manter-se distante dos que tentam reduzir a glória de Deus, comparando às obras mortas de suas próprias mãos, visto que estão cegos pela influência do maligno.

Onde Está a Sua Segurança?

Vivemos em um mundo de insegurança. Há insegurança política, social e econômica. Não estamos seguros moralmente [a nova moral é imoral]; não estamos seguros fisicamente.

Os assaltantes à mão armada proliferam em um governo de impunidade]. Com efeito, não há segurança em nosso mundo moderno. Entretanto, num mundo de tanta insegurança, podemos obter esta segurança, que é um dos grandes anelos de nosso coração, elemento indispensável para a preservação da vida. A pergunta é: Onde encontrar a tão almejada segurança? Onde estaremos seguros?

O salmista Davi responde a pergunta nos vs. 1 e 2. Este é o salmo que nos fala de segurança. Temos aqui as maravilhas da inspiração que nos confortam num mundo tão inseguro como é o nosso.

I – DEUS É O NOSSO REFÚGIO [v. 1-2]

V. 1: "Guarda-me, ó Deus, porque em ti me refugio."

Davi se refugiava nos buracos das rochas da Palestina quando em perigo, e agora escreve poeticamente para dizer que só há segurança em Deus. Deus é o nosso único refúgio, é a nossa maior segurança. Não há segurança fora de Deus. Hoje os homens estão procurando se assegurar em muitas coisas. Eles se asseguram nas suas riquezas, mas elas são efêmeras. Muitos se asseguram na sua posição; mas esta também é uma falsa segurança.

Pode-se perder facilmente. Outros ainda põem a sua confiança no poder humano – mas igualmente falha a Tecnologia, a Ciência, a Filosofia. Sócrates, Aristóteles e Platão – todos são contraditórios. Só há segurança em nosso Deus. Que tipo de Refúgio é Deus? O verso 2 diz: "Digo ao SENHOR: Tu és o meu Senhor; outro bem não possuo, senão a Ti somente."

1- A palavra SENHOR está em letras garrafais, e isso indica que no original hebraico a palavra é JEOVÁ que significa: Eterno. Portanto, poderíamos ler assim: "Digo ao Eterno: Tu és o meu Senhor".

O que é que você diz a Deus? Na oração, devemos nos expressar, dizendo o que sentimos ou pensamos acerca dele e dos Seus atributos. O que temos em Deus é estabilidade, segurança e firmeza. Você já disse isso a Ele?

2- Davi escreveu que Deus é um Refúgio eterno. Com efeito, dizemos com reverência, que se Deus não fosse eterno.

Não poderia ser o nosso refúgio, porque chegaria o tempo em que nós não teríamos refúgio. Mas se Deus é eterno, Ele é real, um refúgio e é o único Refúgio confiável. E isso é confirmado nas palavras seguintes:" outro bem não possuo". Não tenho outro Refúgio senão a Deus, porque é um Refúgio eterno.

II – QUAL A CAUSA DA INSEGURANÇA?

[v. 4]V. 4: "Muitas serão as penas dos que trocam o SENHOR por outros deuses; não oferecerei as suas libações de sangue, e os meus lábios não pronunciarão o seu nome." "Os que trocam o Senhor por outros deuses." Este verso nos fala de 3 coisas: 1º, a causa da insegurança, e 2º, os resultados disso e 3º. A resolução do salmista que deve ser também a nossa.

A causa da insegurança é abandonar o verdadeiro Deus e trocá-lo por falsos deuses. Por que o mundo está em uma grande crise de segurança? Por que há tanto disso em nossos dias? Alguns dizem que é porque não temos bons políticos. Outros dizem que a nossa economia é problemática, outros dizem que falta mais educação, e que precisamos ensinar mais nas escolas sobre os bons modos dos cidadãos.

Outros colocam a culpa no alcoolismo e nas drogas que têm degradado o ser humano. Entretanto, a causa real da insegurança está no fato de que os homens trocaram de Deus. Todo aquele que não buscar ao Deus verdadeiro, e buscar falsos deuses, sofrerão a angústia da insegurança, e consequentemente muitas provas virão. Muitos sofrimentos terão de curtir os ímpios que não querem reconhecer o verdadeiro Deus, e O trocam por falsos deuses.

1 – Quais são as penas e os sofrimentos dos ímpios? Haverá tristeza, melancolia, abatimento do espírito.

Haverá angústia, remorso, desespero. Haverá solidão e vazio de alma. Haverá fome e sede espiritual que não serão satisfeitos. Haverá misérias até à morte. Muitas serão as penas, os sofrimentos e castigos do ímpio, neste mundo e no porvir. O homem que adora a falsos deuses não pode ser feliz; ele vive sem paz, sem luz, sem razão.

2 – E quais são os deuses que os homens buscam hoje? Antigamente, os pagãos buscavam falsos ídolos feitos pelas mãos humanas, e os chamavam de deuses, deuses que tinham olhos, mas não enxergavam, tinham nariz mas não cheiravam, tinham mãos que não apalpavam e ouvidos moucos que não podiam ouvir. Eles eram chamados Baal, Astarote, Zeus, e outros milhares de deuses. Como o deus do sol, o deus da lua, o deus das estrelas, o deus do ventre, da fertilidade.

O deus do mar e o deus do fogo, etc. Eram deuses de pau e pedra, deuses mortos, iguais aos seus adoradores. Mas hoje, os homens adoram a outros deuses: o deus da carne, o sexo, o carnaval; o dinheiro, a riqueza, a fortuna fácil; a Tecnologia, a Ciência. O conhecimento experimental; o saber, a Filosofia, a opinião própria; a TV.

Os astros do cinema e da televisão; os artistas das novelas e dos filmes; o rock, o samba, as músicas populares e extravagantes, e por aí se perde uma multidão de pessoas que adoram a falsos deuses, e falsos ídolos. Trocando o Deus verdadeiro por esses deuses falsos e medíocres deuses. Ninguém pode viver sem algum tipo de deus. Ou adora o verdadeiro Deus, ou vai troca-lo por falsos deuses.

E nós vivemos em um tempo em que estas coisas estão sendo banalizadas. A palavra "adorar" é usada para qualquer coisa. As pessoas dizem: "Eu adoro você!" "Eu adoro esse gato!" "Eu adoro manteiga!" O nosso grande inimigo sabe que essa banalização confunde as pessoas sobre a verdadeira adoração ao nosso Deus e ele sabe que só se adora a Deus. Você sabe que adorar é um ato santo só para Deus? Sabia que adorar qualquer coisa é pecar contra o segundo mandamento da lei de Deus?

Portanto, qual é a convicção do salmista?

(1) "Não oferecerei as suas libações de sangue". O que são libações? Libações são bebidas, que eram usadas no início do ritual de um culto pagão. De que eram essas libações? Eram bebidas de sangue. Os pagãos bebiam parte do sangue dos seus sacrifícios e o restante.

Derramavam no altar, em oferta aos seus deuses. E hoje, será que isso existe? Não nos admiramos de que exista no mundo pagão; mas, e em nosso país considerado "cristão"? O pior é que isso existe ainda em nosso tempo e em todos os países. Em Rio Branco do Acre, um pastor adventista teve oportunidade de estudar a Bíblia com o jovem Leorne, casado, que lhe contou uma história horripilante. Ele foi convidado por uma médica para se encontrar com ela em um cemitério. Isso nas horas caladas da noite.

Depois de lá se encontrarem, se dirigiram a um local marcado, onde se daria a cerimônia. Em um dado momento, a médica que havia levado algumas coisas estranhas que usaria, pegou uma galinha e começou a comê-la. Ainda viva, rasgando o animal indefeso com os dentes e bebendo o seu sangue ainda quente, a escorrer pelo seu corpo, para espanto do seu amigo. **(2)**

Mas, diante de tudo isso, conhecendo a inclinação dos pagãos que praticavam essas coisas, o que mais Davi promete? Disse mais o salmista: "os meus lábios não pronunciarão os seus nomes." Davi estava tão convicto da verdade e de um Deus tão real e verdadeiro que ele não queria nem conhecer a outros deuses, nem falar os seus nomes, porque isso não lhe interessava. O que ensina a Psicologia sobre a memória? Qual é a maior descoberta sobre como você pode memorizar alguma coisa qualquer? Você pode navegar na Internet e procurar um bom programa de desenvolvimento da memória e você pode achar o "Super Memo".

E qual é a regra mais importante que você vai encontrar? Depois de muita leitura de muitos princípios, eles vão lhe dizer que a regra número 1 é a repetição concentrada. Diga um nome, repita o nome, torne a dizê-lo, repita-o de novo, fale mais uma vez. Pronto: está gravado.

Satanás conhece esta regra. E através dos seus agentes, ele propaga o nome dos falsos deuses e falsos ídolos. Ele põe isso no rádio, nas manchetes, na televisão, nos painéis, nos jornais, nas revistas, nas cantigas de carnaval, e milhões ficam repetindo o nome de falsos deuses. E isso tudo é tão repetido, colocado em pequenas estrofes. Que mesmo muitos cristãos estão caindo nos seus ardis e repetindo esses nomes.

Qual é o método cristão para se livrar dessa avalanche, dessa enxurrada de poluição sonora e visual? Disse Ellen White que a solução divina para isso é evitar "ver, ler e ouvir tudo o que sugira maus pensamentos." Se você não se concentrar nessas coisas. Você terá ouvidos moucos e insensíveis para as coisas mundanas e o nome dos seus deuses serão esquecidos, apesar da repetição satânica. Disse Davi: "Os meus lábios não pronunciarão os seus nomes!"

III – OS ELEMENTOS DA SEGURANÇA

V. 5-6: "O SENHOR é a porção da minha herança e o meu cálice; tu és o arrimo da minha sorte. Caem-me as divisas em lugares amenos, é mui linda a minha herança." Enquanto os apóstatas estão inseguros, sem uma certeza, Deus é a minha herança, diz o salmista. Deus mesmo era a sua herança. O que é uma herança? É uma riqueza que recebemos e que nos deixa seguros. Você caminha mais tranquilo.

O seu futuro está garantido. Com efeito, herança é algo que fala de segurança. "É mui linda a minha herança." A beleza da nossa herança está na beleza dos atributos, poder e riquezas infinitas de Deus. Davi enaltecia os atributos e feitos poderosos de Deus como a sua herança. Ele confiava a sua segurança na herança que ele tinha em Deus que é o Dono do universo. Como disse alguém: "Não sou o dono do mundo, mas sou filho do Dono."

1º Atributo: V. 7: "Bendigo o Senhor que me aconselha". Deus é um Ser pessoal, é um Pai, que Se relaciona com os Seus filhos, e nos aconselha a respeito dos nossos interesses humanos. Deus não é um ser impessoal como diz o Panteísmo. Deus é uma Pessoa que tem conhecimento completo, para aconselhar:

Quem aconselha deve ter conhecimento da pessoa e das circunstâncias. Pois Deus tem um conhecimento completo de todas as pessoas e de todas as coisas. Isso é onisciência: Ele sabe de tudo. Conhece o fim desde o princípio, e pode ajudá-lo em todos os assuntos que lhe compete. Você pode ter esse conselho seguro e eterno em um Deus onisciente.

2º Atributo: V. 8: "O SENHOR, tenho-o sempre à minha presença". Ele agora está presente, e não só presente, mas Ele está "sempre" presente.

Segurança depende da presença contínua e sem interrupção de Deus. Isto só pode ocorrer porque Deus é onipresente, e, portanto, está presente em todos os lugares ao mesmo tempo, e com todas as pessoas do mundo e do Universo. Você não pode fugir da presença de Deus.

Porque se formos ao mais profundo abismo, lá Ele estará; se formos às mais altas nuvens, ele estará lá; se formos para dentro do oceano num poderoso submarino. Lá Ele também estará. Isto é onipresença. Deus está presente, sempre, e em todos os lugares ao mesmo tempo. Entretanto, qual é o segredo para manter a segurança?

Note como diz o salmista: "o Senhor, tenho-O sempre à minha presença." Ele está dizendo que ele tem a Deus, ao seu lado. Isso indica uma ação de sua vontade, que ele tem certeza de ter a Deus consigo e aprecia a Sua presença. Você gosta de estar à luz da presença de Deus? Então, você escorrega os joelhos nas primeiras horas do dia, e logo em seguida vai ler a Sua Palavra. E meditar nas páginas sagradas do Livro de Deus, antecipando o alvorecer? Davi fazia isso (Sl 119:147). E você, qual é a sua prioridade? Você coloca a Deus em primeiro lugar?

Para mantermos a segurança, precisamos colocá-lo sempre à nossa presença e fazer isso como o primeiro ato do dia. Tenha sempre a presença de Deus com você. Se nós tivermos sempre a Deus conosco, estaremos seguros.

3º Atributo: O v. 8, 2ª parte, ainda exalta outro aspecto de Deus como o único Refúgio eterno: "não serei abalado!". Isso nos lembra o poder e a onipotência divina: Com Deus não seremos abalados, pois Deus é Todo-poderoso. Ele tem poder para nos proteger de qualquer perigo. As tempestades, os maremotos, os ciclones. Os terremotos, os abalos sísmicos, as convulsões da terra e dos céus que serão abalados.

Tudo isso não poderá nos abalar se fizermos de Deus o nosso Refúgio, se nós confiarmos nele como a nossa defesa; nós não seremos abalados, nós teremos segurança, a nossa única segurança, porque Deus é um Deus onipotente. Portanto, não temos nada a temer.

Certa vez, um menino loquaz e falador, caminhava junto ao seu pai, em um lugar solitário, e quando se aproximava a noite, as sombras se adensavam, e o menino começou a temer, mas logo se achegou ao pai, tomou a mão forte e calosa do pai e perguntou:

"Papai, o senhor não está com medo, não é?" Não seremos abalados, se o Senhor está ao nosso lado, e temos consciência de Sua presença conosco.

IV – QUAIS SÃO OS RESULTADOS DA SEGURANÇA?

Qual foi a conclusão a que o Salmista Davi chegou?

1- Alegria: v. 9: "Alegra-se, pois, o meu coração, e o meu espírito exulta"; aqui temos um paralelismo sinônimo. A pessoa que está segura, é alegre, porque nada tem a temer. Alegria é um dom de Deus; é o resultado de Sua segurança pelo poder e fruto do Espírito Santo. Se estamos com medo e inseguros não podemos ter alegria. Portanto, Deus primeiro nos dá a segurança, e logo vem a alegria. Deus é um Deus maravilhoso, um Deus de alegria e felicidade. Seria possível não amar um Deus onisciente, onipotente, onipresente e eterno, que é um Deus pessoal e amante, que quer nos dar refúgio e segurança, e alegria da salvação?

2- Repouso: v. 9, seg. parte: "até o meu corpo repousará seguro."

Ele está alegre, feliz, completamente seguro, porque até o seu corpo está seguro. Por quê? V.10. "Pois não deixarás a minha alma na morte, nem permitirás que o teu Santo veja corrupção." – Aqui está a certeza da ressurreição.

Davi crê que Deus não deixaria seu corpo no sepulcro, para sempre. Ele o libertaria das trevas e corrupção da sepultura, dando-lhe a imortalidade.

Este verso nos ensina algumas coisas importantes:

1) A alma pode morrer. Disse Davi que Deus não deixaria a sua alma na morte; isso indica que o destino da alma é a morte, no momento em que morre o homem. Isso indica que a alma é mortal. Não se engane com os defensores da imortalidade da alma. Este não é o ensino da Bíblia. Ela ensina que nada existe em nós que seja eterno ou imortal. Que somos mortais e nada sobrevive à morte. Nossa esperança está em Deus ao nos chamar na primeira ressurreição (1Ts 4:16).

2) Deus jamais esquece dos Seus filhos. Mesmo na morte. Esta é a nossa grande segurança que temos em nosso Pai amorável e bondoso.

Que sempre está atento aos nossos interesses. Ele não se esquece de nós quando estamos vivos e atende a todas as nossas necessidades. Mas também promete se lembrar de nós na morte, e ao estarmos em um profundo sono, no qual não há sonhos nem pesadelos, "o sono da morte" (Sl 13:3). Cristo se lembrará de nós, ao vir em Seu reino para levar-nos ao Céu. Crente nessa segurança, foi que orou o ladrão na cruz: "Jesus, lembra-Te de mim, quando vieres no Teu reino!" (Lc 23:42)

3) Este verso é messiânico e, portanto, também se refere a Jesus. Os escritores do Novo Testamento aplicaram estas palavras à ressurreição de Jesus Cristo. Sua ressurreição é a máxima certeza de nossa ressurreição; é a indicação de nossa eterna segurança. Sendo que temos um Deus que nos assegura a eternidade, qual é o futuro dos filhos de Deus?

3- Vida. Este é o outro resultado da segurança em Deus. V. 11: "Tu me farás ver os caminhos da vida."

Por aí, vemos que aquele que não troca ao Deus verdadeiro por falsos deuses, tem o grande privilégio da vida eterna, porque anda nos "caminhos de vida", os caminhos que levam à vida. Os caminhos da morte estão nas drogas, na imoralidade, no adultério, no vício, na transgressão e no pecado. Os caminhos da vida estão na verdade e na lei de Deus; na justiça e no amor.

4 – Felicidade. V.11, 2p: "na tua presença há plenitude de alegria, na tua destra, delícias perpetuamente." Haverá também felicidade completa, um estado de satisfação indizível, jamais sentida no coração humano, que é descrita pelo salmista como a "plenitude de alegria". Haverá felicidade completa e incomparável, jamais experimentada neste mundo: haverá "delícias perpetuamente". Portanto, isso também indica felicidade eterna e imortal.

Será que você gostaria de possuir tanta segurança e tamanha felicidade? Não nos esqueçamos de que isso tudo recebemos apenas de Deus. Busquemos ao Senhor mais confiantemente. Aproximemo-nos daquele que está tão perto de nós. Entreguemo-nos inteiramente a Jesus Cristo, o nosso grande Deus e Salvador. E nós estaremos seguros e felizes.

O Julgamento Divino

No Salmo 17 o salmista parece lançar diante do Senhor um desafio, quando ao mesmo tempo em que pede pelo seu livramento divino, propõe que sua fidelidade seja colocada à prova. Logo no início de sua oração Davi lembra a Deus —mesmo ciente ser ele conhecedor de todas as coisas — que sua oração estaria sendo pronunciada por lábios puros e não enganosos: Não é qualquer pessoa que tem a liberdade de justificar sua condição moral diante do próprio Criador do Universo.

Afinal, diante dele somos completamente imperfeitos e indignos de qualquer justificativa. Porém, quando temos plena convicção de que nos esforçamos ao máximo para vivermos segundo sua justiça temos segurança de que nossas palavras não serão motivo de desrespeito aos seus ouvidos. Mesmo sendo o incomparável em glória, honra, santidade e poder, ele se permite aceitar a relutância do homem que busca viver segundo o seu coração, e este era o caso do salmista.

"Ouve, Senhor, a minha justa queixa; atenta para o meu clamor. Dá ouvidos à minha oração, que não vem de lábios falsos.

215

Venha de ti a sentença em meu favor; vejam os teus olhos onde está a justiça!
Provas o meu coração e de noite me examinas, tu me sondas, e nada encontras,
decidi que a minha boca não pecará.

Como fazem os homens. Pela palavra dos teus lábios eu evitei os caminhos do
violento.

Meus passos seguem firmes nas tuas veredas; os meus pés não escorregaram.
Salmos 17:2-5

Semelhante a Moisés, Davi era fiel, dedicado e um grande líder, tinha plena convicção de sua lealdade ao Grande Rei e com isso possuía ousadia ao falar. Poucos sabem que na maioria das vezes nossas orações somente são atendidas quando nos expressamos ao Senhor dos Exércitos com enorme ousadia. As Escrituras nos dão exemplo de vários homens que agiram assim em momentos especiais em suas vidas.

Entre tantos que poderíamos citar aqui destacamos Gideão, que ousou expressar diante do Anjo do Senhor — Uma das primeiras aparições de Cristo na terra em forma humana — (Juízes 6:11-24.) Algumas vezes precisamos despertar a atenção divina com nossas indignações contra as injustiças que acontecem ao nosso redor, como fez Gideão. Que ao ver os midianitas a destruir o seu povo bradou diante do Anjo e cobrou sobre qual seria a punição que o Senhor daria aos inimigos de Israel.

Semelhantemente, todos nós temos o direito de nos dirigir em oração a Deus e indagar a ele como irá nos defender dos nossos opressores. Porém, para que possamos ter esse tipo de ousadia ao falar com o Altíssimo há uma regra. Antes devemos colocar nossa vida espiritual no altar e procurar viver em total comunhão com o Senhor, tal como fez Davi.

Como todos nós sabemos, sua vida era completamente voltada para a adoração a Deus, seja através das constantes orações, como em tudo o que fazia no seu dia a dia. O cristão que procura viver em contínua comunhão com o Senhor terá uma intimidade tão profunda com ele que lhe será permitido esse tipo de liberdade.

"Eu clamo a ti, ó Deus, pois tu me respondes; inclina para mim os teus ouvidos e ouve a minha oração.

Mostra a maravilha do teu amor, tu, que com a tua mão direita salvas os que em ti buscam proteção contra aqueles que os ameaçam.

Protege-me como à menina dos teus olhos; esconde-me à sombra das tuas asas, dos ímpios que me atacam com violência, dos inimigos mortais que me cercam.

Eles fecham o coração insensível, e com a boca falam com arrogância. Eles me seguem os passos, e já me cercam; seus olhos estão atentos, prontos para derrubar-me.

São como um leão ávido pela presa, como um leão forte agachado na emboscada.

Levanta-te, Senhor! Confronta-os! Derruba-os! Com a tua espada livra-me dos ímpios.

Com a tua mão, Senhor, livra-me de homens assim, de homens deste mundo, cuja recompensa está nesta vida. Enche-lhes o ventre de tudo o que lhes reservaste; sejam os seus filhos saciados, e o que sobrar fique para os seus pequeninos.

Quanto a mim, feita a justiça, verei a tua face; quando despertar ficarei satisfeito ao ver a tua semelhança" < *Salmos 16*

Davi prossegue em seu diálogo com o Santo de Israel evidenciando sua infalível confiança na sua justiça e deixa claro que tem a mais completa certeza de que suas orações sempre seriam atendidas porque ele. O Senhor, é fiel para com todos aqueles que o buscam. E sua mão forte livrará os que são perseguidos sem motivos. O salmista ainda clama que seja liberto da perseguição de seus inimigos e que no final verá a face do seu Deus.

Juízo Investigativo

Baseado no Salmo 17.

Alguma vez você já pediu a Deus que Ele o julgasse? A maioria das pessoas vai responder que não, porque a maioria de nós considera terrível o julgamento de Deus sobre os nossos atos, palavras e até pensamentos, as Davi orou ao Senhor para que Ele o julgasse.

Até mesmo em seus mais íntimos sentimentos. Quem de nós faria isso? O salmo vem de um possível contexto quando Davi estava sendo perseguido pelo ímpio rei Saul no deserto de Maon. Davi foi traído pelos zifeus que indicaram a Saul o seu paradeiro.

E logo Davi e os seus companheiros se viram cercados por Saul e seus homens.   Com perigo de vida. Então, Saul foi notificado que os filisteus estavam invadindo a sua terra, e esse rei foi atrás deles, desistindo de perseguir a Davi. Aquele lugar foi chamado de Pedra de Escape. (1Sm 23:19, 25-28).

Muitas vezes somos protegidos por certas circunstâncias e nem consideramos que foi por providência divina. Davi estava em grande perigo e pressão pela malícia de seus inimigos. E clama neste salmo dirigindo-se a Deus e é justamente isso o que devemos fazer em situações semelhantes.

Temos muitos inimigos como Davi e temos muitas pressões e enfrentamos muitos perigos em nossa vida moderna. Mas, também, da mesma forma que Davi temos o Deus que age tão prontamente como agia no passado, e pode nos socorrer a qualquer momento.

O conteúdo da oração é duplo:

(1) Oração por Vindicação: "Baixe de Tua presença o Julgamento a meu respeito" (v. 2a).

(2) Oração por Investigação: "Os Teus olhos veem com equidade". (v. 2b). Estas petições são subsequentemente desenvolvidas através do salmo em sequência quiástica.

Ou seja, o salmo possui ideias contrastantes que repentinamente invertem a direção. Portanto, o esboço do Salmo 17 fica dessa maneira:

A. Oração por Vindicação (v. 2a)

B. Oração por Investigação (2b)

B'. Investigação (vs. 3-5)

A'. Vindicação (vs. 6-15).

Há 3 apelos no decurso do Salmo 17:

I – Um Apelo por Justiça (1-5)

II – Um Apelo por Misericórdia (6-12)

III – Um Apelo por Livramento (13-15)

I – Um Apelo por Justiça (vs. 1-5)

Davi apela para que Deus manifeste a Sua justiça.

"Ouve, Senhor, a causa justa, atende ao meu clamor, dá ouvidos à minha oração, que procede de lábios não fraudulentos." (v. 1) O salmista ora em primeiro lugar para que Deus ouça, atenda e dê ouvidos à sua história, a qual ele apresenta, com lábios livres de mentiras. Ele clama a Deus para que atenda à "causa justa".

A palavra original é "tsedeq", que significa justiça. Ele está dizendo: "Ouve, Senhor, na justiça." A frase poderia ser traduzida como "Ouve, Senhor de justiça." A mesma palavra aparece no último verso, de modo que o salmo começa e termina com "justiça".

A ideia é que Deus o ouça, na Sua justiça, a sua causa que também é justa. Seu clamor é no sentido de receber sentença justa daquele que sabe da sua inocência. Ele clama por vindicação e defesa.

E Davi está tão certo de que a sua causa é justa que ele chega a clamar para que Deus o julgue: "Baixe de Tua presença o julgamento a meu respeito" (v. 2). Isto não é comum; as pessoas em geral temem ser julgadas por Deus porque imaginam que o Seu julgamento seja terrível porque fatal. Ninguém quer enfrentar o Juízo divino.

Alguns até ensinam que não haverá julgamento para os justos. De tão "terrível" que deve ser o Julgamento de Deus. Mas eles prometem como uma consolação que nenhum cristão passará pelo Juízo divino. Nenhuma investigação haverá para os justos. Haveria algum fundamento bíblico para tal ensino?

Eu tenho um vizinho que disse que existem muitas religiões porque há muitas traduções da Bíblia que favorecem diferentes interpretações. Eu lhe respondi que as traduções são diferentes, mas conservam a verdade do original. Entretanto, há um pouco de verdade no que disse o vizinho. Na tradução

Atualizada de João 3:18, lemos estas palavras de Cristo: "Quem nele crê não é julgado." "E então?", disse um crente para outro, "aqui diz que o cristão não será julgado!" Entretanto, o crente adventista, lê na sua versão mais antiga e diz: "Mas a minha Bíblia diz que 'quem crê nele não é condenado' e isso é outra coisa. Condenação é o resultado de um juízo realizado, é a própria sentença dada. Os cristãos serão julgados, mas não condenados. Sua sentença será absolvição.

"De fato, esse problema de traduções existe, mas nós podemos aprender a pesquisar e comparar em outras versões quando estamos em dúvida com respeito a algum ponto da verdade. Veja como os tradutores da versão

Atualizada vertem João 5:24: "Em verdade, em verdade vos digo: quem ouve a minha palavra e crê naquele que me enviou tem a vida eterna, não entra em juízo, mas passou da morte para a vida."

Certamente, esses tradutores não creem na doutrina bíblica do Juízo Investigativo, e então, trocaram a palavra "condenado" como está na versão antiga, por "juízo", mudando o significado. A palavra grega (krino) admite ambas traduções, mas o contexto deve indicar a tradução correta, que é a antiga: "quem ouve a minha palavra... não entrará em condenação."

E esta é a verdade, confirmada em muitos lugares. Disse Paulo: "Importa que todos nós compareçamos perante o tribunal de Cristo, para que cada um receba segundo o bem ou o mal que tiver feito por meio do corpo." (1Co. 5:10). De fato, o Juízo será uma realidade tanto para crentes como para incrédulos, bons e maus, justos e injustos. Entretanto, ainda assim, muitos dirão que é duro ser julgado por Deus, porque o Seu Julgamento será temível e terrível e ninguém em sã consciência pediria tal coisa.

Mas então, por que Davi pede que Deus o julgue? Por que Davi insiste em ser logo julgado pelo grande Juiz de todo o universo? Ele responde por quê: "os Teus olhos veem com equidade." (v.2) Com efeito, Davi quer ser julgado por Deus porque sabe que o Seu olhar onisciente vê a tudo com "equidade". Isto significa justiça e imparcialidade.

Se Deus é justo e sempre age com justiça, então, o Seu Julgamento não é terrível. Terrível é o julgamento dos homens e é a esse que devemos temer, por ser injusto e parcial. Mas Davi continua dizendo: "Sondas-me o coração, de noite me visitas". Esta é uma declaração de Davi a respeito de uma investigação do seu caso, de que Deus o sonda.

Examina o seu coração. Este é um juízo de investigação, um exemplo do que acontece no grande Juízo Investigativo, que se desenvolve nos últimos dias da história deste mundo. Deus sonda o seu coração, esquadrinha a sua alma, faz uma investigação do seu caso, a fim de poder sentenciar a sua culpa ou inocência. De fato, todo juízo tem 3 fases: (1) Investigação, (2) Sentença e (3) Execução. Davi declara que Deus investiga o seu caso, examina as suas ações.

Perscruta a sua alma. Antes da vinda de Cristo, haverá um Juízo de Investigação. Todos os casos de pessoas que aceitaram a fé e fizeram profissão de seguir ao Salvador passam em revista. Na augusta presença de Deus nossa vida deve passar por exame. O grande Juiz de toda a Terra perscruta a vida de cada crente, esquadrinha cada coração. E cada um deve por sua vez fazer um profundo exame da sua vida, a fim de se preparar para esse solene tempo de Juízo

Investigativo que agora ocorre no Céu, desde 1844. É tempo de profundo arrependimento de cada pecado, é tempo de santificação, é tempo de empregar sabiamente cada talento e de viver com o coração puro diante de Deus e dos homens. É tempo de sermos revestidos da justiça de Cristo, e de nada dispor para a carne no tocante às suas concupiscências (Rm 13:14).

Cristo ilustrou muito bem esta cena de investigação através de uma parábola, em que um rei festejava as bodas de seu filho e deu um grande banquete, chamando aos que aceitassem o seu convite dentre todos os tipos de pessoas. Mas havia uma condição: todos os participantes deveriam aceitar as vestes nupciais, e vesti-las durante a festa.

Então, durante a cerimônia, o rei foi ver os convidados. Foi fazer uma investigação de como os convidados estavam se portando. E notou alguém que não tinha as vestes.

Imediatamente, ele se dirigiu a esse homem que representa. E classe de pessoas que desejam participar das bênçãos do evangelho, mas não aceita as vestes da justiça de Cristo em sua vida: "Amigo, como entraste aqui sem veste nupcial? E ele emudeceu. Então, ordenou o rei aos serventes: Amarrai-o de pés e mãos e lançai-o para fora, nas trevas; ali haverá choro e ranger de dentes." (Mt 22:12-13). Mas o salmista Davi continua dizendo: "Provas-me no fogo e iniquidade nenhuma encontras em mim; a minha boca não transgride." (v. 3).

Alguém com certa razão diria: "Como pode Davi dizer tais palavras? Como poderia o Juiz eterno e onisciente não encontrar faltas e pecados em Davi?" Eu conheço outras palavras que procedem do humilde coração de Davi: "Não têm conta os males que me cercam; as minhas iniquidades me alcançaram,

Tantas, que me impedem a vista; são mais numerosas que os cabelos de minha cabeça, e o coração me desfalece." (Sl 40:12). Na primeira passagem, Davi diz que Deus não encontra pecado em sua vida; na segunda, ele diz que os seus pecados são incontáveis. Como podemos harmonizar essa aparente contradição? As palavras do salmo que estudamos (17:3) estão corretas no contexto em que Davi estava vivendo naquela época. E apenas em relação às coisas de que os ímpios o acusavam.

Saul e seus oficiais diziam que Davi estava se preparando para usurpar o trono do rei; que ele desejava matá-lo, que a sua ambição era ser rei de Israel. E logo que conseguisse esse objetivo, ele destruiria a todos os parentes do rei Saul. Tudo isso era falso. Davi não precisava se esforçar para ser o rei de Israel; Deus mesmo o ungiu, e o protegeu para que isso se cumprisse. Davi não falava com justiça própria; ele era inocente mesmo das coisas de que Saul o acusava.

Davi era sincero e estava consciente de sua própria inocência. Ele não era hipócrita. A sinceridade não teme nenhum escrutínio, não, nem mesmo o de Deus, de acordo com o concerto da graça. A onisciência de Deus é tanto a alegria do justo, como o terror dos hipócritas e é particularmente confortável para aqueles que são acusados falsamente.

Mas há outra aplicação para as palavras de Davi: ele falava profeticamente pelo Messias. Muitas vezes a Bíblia retrata a Davi falando pelo Messias, porque Davi era um tipo de Cristo. Os Salmos contêm muitas mensagens cristocêntricas e messiânicas. Os livros proféticos têm muito a falar dele, mas em Ezequiel, o Messias é chamado de Davi (Ez 34:23-24; 37:24-25).

De fato, Cristo foi o Único que em sentido absoluto poderia dizer estas palavras do Salmo 17:3: "Sondas-me o coração, de noite me visitas, provas-me no fogo e iniquidade nenhuma encontras em mim; a minha boca não transgride." Deus poderia sondar o coração de Cristo de dia e de noite. Prová-lo no fogo da aflição e da tentação e nenhuma iniquidade. Nenhum pecado encontraria naquele que é a pureza por excelência. Disse Cristo certa vez aos líderes da nação judaica: "Quem dentre vós

Me convence de pecado?" (Jo 8:46). De Satanás Ele pôde dizer: "Aí vem o príncipe do mundo, e ele nada tem em Mim." (Jo 14:30). Ainda testifica o apóstolo Paulo: "Com efeito, nos convinha um Sumo Sacerdote como Este, santo, inculpável, sem mácula, separado dos pecadores e feito mais alto do que os céus." (Hb 7:26). Mas Davi em sua experiência de profunda sinceridade e como um homem segundo o coração de Deus pôde nos ensinar como alcançar um relacionamento feliz e bem-aventurado:

"Pela Palavra dos Teus lábios, eu tenho me guardado dos caminhos do violento." (v. 4). Mais tarde, ele confirma estas mesmas palavras em tom de admoestação aquilo que vivia na experiência:

"De que maneira poderá o jovem guardar puro o seu caminho? Observando-o segundo a Tua Palavra." A seguir, ele declara mais uma vez a sua experiência: "Guardo no coração as Tuas Palavras, para não pecar contra ti." (Sl 119: 9,11). Ou seja, aquilo que eu aconselho é aquilo que eu faço. Faça o que eu digo, porque é isto o que eu faço. Hoje vemos muitos cristãos vivendo uma vida de derrotismo, citando o capítulo 7 da epístola de Paulo aos Romanos, e dizendo:

"É isso mesmo; eu sou como Paulo: o que eu não quero, isso faço. Eu não quero pecar, mas eu acabo pecando; eu nasci assim, e assim eu continuo. Ninguém pode se libertar de sua natureza pecaminosa! Nós somos assim mesmo!" Entretanto, isso é interpretar mal o ensino de Paulo que em Romanos 7 não está descrevendo a experiência de um cristão, mas de um legalista tentando se salvar com os seus próprios esforços, tentando guardar a lei sem Cristo. Mas Cristo disse:

"Sem Mim, nada podeis fazer." (Jo 15:5).Se você quer saber como é um cristão, deve ler em Rm 8. Se quer saber como foi a vida de Paulo, então, leia o livro de Atos e o testemunho de Cristo sobre ele em Atos 9:15-16. Pode também ler o testemunho do Diabo sobre o mesmo Paulo em Atos 19:15: "Conheço a Jesus e sei quem é Paulo; mas vós, quem sois?" Disse mais Davi ao falar de sua experiência com Deus: "Os meus passos se afizeram às Tuas veredas, os meus pés não resvalaram." (v. 5). Davi estava dizendo: "Senhor, ouve a minha causa, pois é justa; eu sou inocente de todas as coisas de que me acusam os meus inimigos!"

Ele apelava para que Deus o julgasse segundo a justiça que ele praticara em pensamentos, palavras e atos com referência aqueles homens que o acusavam de coisas que nem mesmo lhe passaram pelo pensamento. Pois andava em sinceridade diante de Deus e dos homens. De igual maneira, Paulo se defendia diante dos judeus que o acusavam e o apedrejaram e o açoitaram pelo poder romano, e ainda assim pôde dizer: "Pelo que, ó rei Agripa, não fui desobediente à visão celestial." (Atos 26:19) E disse também aos cristãos coríntios no decurso de sua vida: "Sede meus imitadores, como também eu sou de Cristo." (1Co 11:1).

As palavras do salmista no v. 5, declarando a sua fidelidade e integridade, podem ser lidas como uma prece: "Senhor, dirige os meus passos nos Teus caminhos, para que as minhas pegadas não vacilem." (Versão Corrigida). É perigoso permitir que uma característica infiel viva no coração.

Um pecado acariciado pouco a pouco aviltará o caráter, levando todas as suas faculdades mais nobres em sujeição ao desejo maligno. A remoção de uma única salvaguarda da consciência, a condescendência com um mau hábito sequer.

O descuido das elevadas exigências do dever, derribam as defesas da alma, e abrem o caminho para entrar Satanás e transviar-nos. O único meio seguro é fazer nossas orações subirem diariamente.

De um coração sincero, e piedoso, deste modo: "Senhor, dirige os meus passos nos Teus caminhos, para que as minhas pegadas não vacilem."

II – Um Apelo por Misericórdia (vs. 6-12)

Davi continua invocando a Deus porque tem certeza de que Deus há de ouvir as suas súplicas. Em sua angústia, ele clama:

"Inclina-me os ouvidos e acode às minhas palavras." (v. 6). A linguagem do salmista demonstra que ele não confiava em sua justiça própria. Mas na vindicação e justiça de Deus, embora estivesse consciente de sua completa inocência das acusações dos perversos dentre os líderes de Israel que o perseguiam. Davi apela para que Deus mostre a Sua misericórdia. Ele disse no v. 7: "Mostra as maravilhas da Tua bondade, ó Salvador…" A misericórdia divina se manifesta em Sua bondade.

Mas essa bondade tem múltiplas maravilhas. A primeira e grande maravilha da bondade e misericórdia de Deus é que Ele é Salvador. Não podemos senão enaltecer a maravilha de termos um Salvador quando estávamos completamente perdidos, condenados, sem nenhuma perspectiva de salvação, inteiramente entregues aos nossos inimigos, homens e demônios. A segunda maravilha da bondade divina, mencionada no salmo, é que Deus nos considera como tendo um valor imenso:

Somos como a "menina dos olhos" de Deus (v. 8). Muitos têm uma autoestima muito baixa de si mesmos por algumas razões. Mas Deus nos considera como possuindo um valor incalculável: o nosso valor é tão grande que Ele foi capaz de dar o Seu único Filho para morrer em nosso lugar.

Pagando o preço de nossa redenção na Cruz, um preço infinito que só a eternidade revelará ao universo. Assim, somos guardados de dia e de noite por aquele que não dorme, mas revela o Seu cuidado paternal. A outra maravilha da bondade de Deus é revelada na oração de Davi que ele continua apresentando: "Esconde-me à sombra das Tuas asas" (v. 8). Podemos lembrar as palavras de Cristo quando estava contemplando a Jerusalém do monte e chorando por ela:

"Jerusalém, Jerusalém, que matas os profetas e apedrejas os que te foram enviados! Quantas vezes quis eu reunir os teus filhos, como a galinha ajunta os seus pintinhos debaixo das asas, e vós não o quisestes!" (Mt 23:37). Muitas vezes condenamos aos judeus por seu desprezo do Senhor Jesus Cristo, que manifestava as maravilhas de Sua bondade em inúmeros exemplos, e por fim, desejava recolhê-los sob as Suas asas, em uma profunda manifestação de amor.

Mas nós também somos ingratos em muitas ocasiões. Entretanto, assim se revela a Sua misericórdia, e a Sua bondade nos esconde debaixo de Seu cuidado e proteção, e ainda nos defende das acusações de Satanás. Mas, embora Deus seja misericordioso e manifeste constantemente a Sua bondade, os homens são maus, ímpios e rebeldes.

Davi dá uma descrição do caráter dos seus perseguidores: eles eram perversos, opressores, inimigos que o assediavam de morte. Ele fala desses homens nestes termos:

"Insensíveis, cerram o coração, falam com lábios insolentes; andam agora cercando os nossos passos e fixam em nós os olhos para nos deitar por terra." (v. 9-11). Não estamos falando só de história passada, porque estas coisas se repetem em nosso tempo, e se multiplicam nestes últimos dias da história deste mundo tenebroso.

"1: Nos últimos dias, sobrevirão tempos difíceis, 2: pois os homens serão egoístas, avarentos, jactanciosos, arrogantes, blasfemadores, desobedientes aos pais, ingratos, irreverentes, 3: desafeiçoados, implacáveis, caluniadores, sem domínio de si, cruéis, inimigos do bem, 4: traidores, atrevidos, enfatuados, mais amigos dos prazeres que amigos de Deus.

5: Tendo forma de piedade, negando-lhe, entretanto, o poder." (2Tm 3:1-5).Muitas dessas palavras poderiam se aplicar a Jean Jacques Rouseau. Quando jovem ele viveu na cidade de Turim, na casa de uma mulher de Verecelli. Em suas confissões ele escreveu: "Desta casa levo comigo um terrível fardo de culpa que depois de 40 anos ainda está indelével em minha consciência, e quanto mais velho fico, mais pesado é o fardo de minha alma".Ele havia roubado um objeto de valor da dona da casa.

Posteriormente, quando a perda foi descoberta, lançou a culpa sobre a servente da casa, que, como resultado, perdeu o ganha-pão e a dignidade. Ele continua: "Acusei-a como ladra, lançando assim uma jovem honesta e nobre na vergonha e na miséria. Ela me disse então: '

O senhor lançou a desgraça sobre mim, mas eu não desejo estar no seu lugar'. A lembrança frequente disto dá-me noites de insônia. Como se fosse ontem que tal fato aconteceu. É certo que algumas vezes minha consciência esteve adormecida, mas agora ela me atormenta como nunca dantes.

Este fardo está mais pesado agora sobre o meu coração; sua lembrança não morrc. Tenho que fazer uma confissão. "Muitas pessoas lançam acusações injustas e mentirosas contra outros, estão arruinando a vida de outros, perseguindo, acusando falsamente, inventando mentiras, exagerando circunstâncias, e sendo intolerantes.

Eles não medem as trágicas consequências tanto para os culpados quanto para os inocentes. Essas pobres vítimas em sua angústia podem clamar ao Deus de Davi e suplicar pela vindicação de sua causa. E, como resultado. Os seus opressores podem vir a sofrer sob a ira de Deus que não abandona os seus filhos oprimidos porque alguém tocou na "menina dos Seus olhos".

Porém, atrás de tudo isso se encontra um inimigo mais terrível, sobre o qual poucos se preocupam. Davi comparou os seus inimigos aos leões: "Parecem-se com o leão, ávido por sua presa, ou o leãozinho, que espreita de emboscada." (V. 12). Disse o apóstolo Pedro: "Sede sóbrios e vigilantes. O Diabo, vosso adversário, anda em derredor.

Como leão que ruge procurando alguém para devorar; resisti-lhe firmes na fé, certos de que sofrimentos iguais aos vossos estão-se cumprindo na vossa irmandade espalhada pelo mundo." (1Pe 5:8-9). Não admira que o salmista apelasse à misericórdia e bondade de Deus! Somente por Sua bondade somos guardados e protegidos, e o maligno, que tão prontamente deseja nos destruir, fugirá desconcertado e vencido.

III – Um Apelo por Livramento (vs. 13-15)

Davi apela para que Deus execute a Sua justiça, livrando a sua alma ameaçada pelos mais ferozes inimigos:

"13: Levanta-te, Senhor, defronta-os, arrasa-os; livra do ímpio a minha alma com a Tua espada, 14: com a Tua mão, Senhor, dos homens mundanos, cujo quinhão é desta vida e cujo ventre Tu enches dos Teus tesouros" (vs. 13-14). Muitos cristãos ficam perplexos diante de tais palavras de imprecação e maldição contra os ímpios.

Não podem compreender: "Como pode Davi orar para que Deus arrase e destrua a esses homens? Não sabia que era o seu dever amar os seus inimigos?" Há uns 10 salmos imprecatórios, salmos que invocam a maldição de Deus contra os inimigos do salmista. Entretanto, Davi estava promovendo a glória de Deus ao buscar a sua libertação e a de seu povo Israel. O governo desses ímpios oprimia a esse povo, e perseguia ao futuro rei Davi.

Portanto, ele pede a libertação de Jeová, a Sua pronta ação defrontando e destruindo a esses perseguidores, cujos pecados e impiedades já ultrapassavam os limites da paciência humana. Portanto, essa oração era da vontade de Deus e foi inspirada por Ele.

E ademais, como eram esses homens? Davi já havia definido o caráter deles como perversos, opressores, inimigos de morte (v. 9-11). Agora, ele acrescenta a base de sua impiedade, dizendo que eram "homens mundanos, cujo quinhão é desta vida, e cujo ventre" está cheio dos tesouros de Deus (v. 14).

Isso nos remete às palavras do apóstolo Paulo, que disse: "Observai os que andam segundo o modelo que tendes em nós. Pois muitos andam entre nós, dos quais, repetidas vezes, eu vos dizia e, agora, vos digo, até chorando, que são inimigos da cruz de Cristo. O destino deles é a perdição, o deus deles é o ventre, e a glória deles está na sua infâmia, visto que só se preocupam com as coisas terrenas." (Fl 3:17-19).

Aqui temos a definição do que significa ser ímpio: Ímpio é aquele que só se preocupa com as coisas deste mundo. Com as comidas e bebidas do mundo, com as modas do mundo e com as glórias do mundo. Não admira que "o destino deles é a perdição." "São inimigos da cruz de Cristo" e só se satisfazem com as coisas mundanas. Esta era a tendência de Sodoma:

"Eis que esta foi a iniquidade de Sodoma – soberba, fartura de pão e próspera tranquilidade teve ela e suas filhas; mas nunca amparou o pobre e o necessitado." (Ez 16:49). Eles só se satisfaziam com as coisas mundanas. Entretanto, o salmista Davi se satisfazia com algo muito mais nobre, e assim também todos os cristãos: "Eu, porém, na justiça, contemplarei a Tua face.

Quando acordar. eu me satisfarei com a Tua semelhança." (v. 15). O que significa a expressão "na justiça"? Davi confia em Deus e na Sua justiça. Portanto, é baseado "na justiça" de Deus que ele tem a convicção de contemplar a Sua face. Não podemos ser baseados em nossa justiça própria. Nossa única esperança é a justiça de Cristo, segundo a qual nós O veremos em glória e majestade, depois de ver a Sua libertação de todos os nossos inimigos.

Então, contemplaremos a Sua face, como a face do nosso Deus eterno. Mas, quando será isso? Disse Davi: "Quando acordar, eu me satisfarei com a Tua semelhança." (v. 15). Para Davi essa esperança estava muito mais distante do que para nós. Mas, se ele fala de acordar de seu "sono da morte" (Sl 13:3. Ele fala da ressurreição que acontecerá na segunda vinda de nosso Salvador Jesus Cristo. Qual era a esperança de Davi nesse tempo? Disse ele: "Eu me satisfarei com a Tua semelhança."

Enquanto os seus inimigos se satisfaziam com as coisas mundanas, Davi se satisfazia na contemplação do Senhor eterno. O homem foi criado à imagem e semelhança de Deus, e só pode se satisfazer na contemplação do seu Criador. Mas o pecado deslustrou esse brilho de glória. Então, veio o nosso Salvador para nos redimir e nos resgatar, derramando o Seu sangue na Cruz do Calvário.

A fim de que novamente tivéssemos a Sua semelhança, e nos satisfizéssemos com a glória de Deus nele e em nós refletida. "Amados, agora, somos filhos de Deus, e ainda não se manifestou o que haveremos de ser. Sabemos que, quando Ele se manifestar, seremos semelhantes a ele, porque haveremos de vê-lo como ele é. E a si mesmo se purifica todo o que nele tem esta esperança, assim como ele é puro." (1Jo 3:2-3).

Pr. Roberto Biagin

Rocha e Fortaleza

ara o salmista o Senhor era sua única fonte de livramento nas dificuldades encontradas no confronto contra seus piores inimigos, ele não via ao redor quem pudesse ser mais forte e poderosos para lhe proporcionar um livramento maior e mais urgente do que o Deus de Israel, que o admirava devido a imensa fé que nele depositava. Como seria majestoso se todas as pessoas que creem em Cristo depositassem tamanha fé no seu infinito poder.

Mas a verdade é que como ele mesmo afirmou, nossa confiança em Deus é menor que um grão de mostarda (Mateus 17:20) e por causa dessa enorme incredulidade pouco recebemos. O salmista possuía a tranquilidade de que mesmo se porventura demorasse a vir uma resposta ao seu clamor ela não iria falhar, certamente chegaria no momento oportuno. É exatamente dessa maneira que o Senhor espera que façamos, jamais desistindo de acreditar.

"Eu te amo, ó Senhor, minha força. O Senhor é a minha rocha, a minha fortaleza e o meu libertador; o meu Deus é o meu rochedo, em quem me refúgio.

Ele é o meu escudo e o poder que me salva, a minha torre alta. Clamo ao Senhor, que é digno de louvor, e estou salvo dos meus inimigos. As cordas da morte me enredaram; as torrentes da destruição me surpreenderam.

As cordas do Sheol me envolveram; os laços da morte me alcançaram. Na minha aflição clamei ao Senhor; gritei por socorro ao meu Deus. Do seu templo ele ouviu a minha voz; meu grito chegou à sua presença, aos seus ouvidos. A terra tremeu e agitou-se, e os fundamentos dos montes se abalaram; estremeceram porque ele se irou. Das suas narinas subiu fumaça; da sua boca saíram brasas vivas e fogo consumidor.

Ele abriu os céus e desceu; nuvens escuras estavam sob os seus pés. Montou um querubim e voou, deslizando sobre as asas do vento. Fez das trevas o seu esconderijo, das escuras nuvens, cheias de água, o abrigo que o envolvia.

Com o fulgor da sua presença as nuvens se desfizeram em granizo e raios, quando dos céus trovejou o Senhor, e ressoou a voz do Altíssimo. Atirou suas flechas e dispersou os inimigos, com seus raios os derrotou.

O fundo do mar apareceu, e os fundamentos da terra foram expostos pela tua repreensão, ó Senhor, com o forte sopro das tuas narinas. Das alturas estendeu a mão e me segurou; tirou-me das águas profundas.

Livrou-me do meu inimigo poderoso, dos meus adversários, fortes demais para mim. Eles me atacaram no dia da minha desgraça, mas o Senhor foi o meu amparo. Ele me deu total libertação; livrou-me porque me quer bem."　　　　　　　　　　　　　　　　　　　　*Salmos 18:1-19*

É interessante que em sua oração Davi afirma com toda convicção que o Senhor de seu alto trono ouviu a sua voz e imediatamente tomou providencias quanto as suas necessidades, montou num Querubim. E veio depressa defender a sua causa.

Quantas vezes isso já tem sido feito em relação a nós e nem sabemos? AS vezes clamamos por socorro e a ajuda já está a caminho e pelo fato de demorar só um pouquinho começamos a murmurar. Precisamos ter em mente que o mundo é composto por milhões de seres humanos, tanto por aqueles que devotam no Senhor total confiança.

Como os que por rebeldia se voltam a adorar imagens, ídolos, demônios, porém, nas suas adversidades clamam pela ajuda divina e são atendidas. Então, devemos entender que para dar conta de servir a tanta gente ao mesmo tempo não é uma tarefa simples, até mesmo para um Ser Onipresente. Sejamos pacientes, compreensivos, mesmo entendendo que na hora da angústia e do desespero agir assim não é nada fácil.

Pois só pensamos em ser libertos da imensa agonia pela qual passamos. Entretanto, Jesus disse que estaria conosco até o final dos tempos e depois que subiu para o Pai nos enviou o Consolador, o Espírito da Verdade, que iria confortar nossas almas nos momentos mais difíceis e desolador (João 14:16) Nós temos essa promessa da parte de Cristo, mas Davi não tinha.

Mesmo assim descansava na certeza inabalável de que Deus iria entrar na batalha e combater com ele contra seus fortes inimigos, derrotando-os e lhe concedendo a vitória.

Aprendamos, como ele, a saber esperar na providência divina em qualquer situação, por mais adversa que pareça ser, pois o Senhor não é homem para que minta, nem filho do homem para que se arrependa.

Como Alcançar a Vitória

Baseado no Salmo 18.

O salmo começa com um clímax, no qual Davi fala de sua felicidade e vitória na confiança em Deus. Neste salmo de adoração pública, o salmista louva a Deus por livrá-lo de todos os seus inimigos, incluindo Saul. Ele considera sua vitória uma recompensa de Deus ao seu modo justo de viver. Este é o resumo, esta é a essência do salmo. No entanto, o salmo 18 tem uma estrutura impressionante, ao estudarmos a sua mensagem com mais profundidade. As palavras iniciais são o escopo e conteúdo de todo o salmo. As divisões estruturais ficam assim, envolvendo a todo o texto:

A. Jeová, a Rocha de Israel (vs. 1-3)

B. A Aflição de Davi (vv. 4-6)

C. A Vinda do Senhor para Livrar (vs. 7-15)

D. A Libertação do Senhor (vs. 16-19)

E. A Fidelidade de Deus ao Fiel (vs. 20-29)

D'. As Perfeições Divinas (vs. 30-36)

C'. A Vitória do Rei Sobre os Inimigos (vs. 37-42)

B'. A Gloriosa Libertação (vs. 43-45)

A'. Jeová, a Rocha de Israel (vs. 46-50)

Vamos ressaltar, porém, 3 pontos principais, para efeito de melhor memorização do seu conteúdo. Vamos apresentar o Triunfo, a Angústia e o Livramento de Davi.

I. O TRIUNFO DE DAVI (18.1-3)

Este é um cântico de vitória e triunfo de Davi sobre todos os seus inimigos. Mas ele não está inclinado a louvar-se a si mesmo, como faria um rei ímpio. Porque a sua vitória vem de Deus e não de sua própria força. Ele exalta a Deus e expressa os seus sentimentos para com o Senhor. Davi expressa seu profundo amor pelo Senhor. Ele começa o salmo 18 com palavras usadas hoje em dia nos relacionamentos entre namorados, noivos e cônjuges: "Eu te amo." (v. 1, Atualizada). Estas palavras são conhecidas, mas muito raras. Ainda há muitos maridos ou esposas que pensam como aquele homem que estava tendo um problema de relacionamento com sua esposa.

Então, ela foi se queixar para um profissional; e ele lhe pediu que levasse o esposo ao seu consultório. Depois que ela o convenceu a ir até lá, o doutor procurou lhe dar alguns conselhos e disse entre muitas coisas: "O senhor precisa dizer à sua esposa que a ama. As palavras 'Eu te amo!' devem ser ditas de vez em quando. E ela precisa muito ouvir essas palavras de sua parte." Então, o esposo lhe responde prontamente: "Mas, doutor, logo no dia de nosso casamento, há 25 anos atrás, eu a chamei à parte, e lhe disse: 'Olha, eu te amo e não se fala mais nisso!'

"Entretanto, essas palavras tem uma sabedoria e exercem um grande poder sobre a namorada, a noiva ou a esposa, quando expressas com sinceridade e frequência. Os homens não dependem muito disso, em sua maioria. Mas as mulheres precisam ouvir repetidamente as palavras mágicas. Isso satisfaz a sua necessidade emocional, renovando-lhes a certeza e a segurança.

E Davi está dizendo isso para Deus: "Eu te amo, ó Senhor." E como a palavra "Senhor" aqui é a tradução de Yahweh (Eterno), então, Davi está prometendo que O amará eternamente.

A frase "Eu te amo" comunica uma intimidade de seu relacionamento baseado em sua experiência. De fato, a versão Corrigida coloca as palavras no futuro, como uma promessa: "Eu te amarei do coração, ó Senhor!" Assim é que devemos amar a Deus: "do coração", em sua profundidade peculiar. Jesus Cristo falou que tudo procede do coração.

É do íntimo da alma que procede a nossa fidelidade e amor a Deus. Se isso não for desse modo, então, nunca poderemos ama-lo de fato e de verdade, com todas as forças e entendimento. Você fala a Deus como Davi? Ele disse: "Eu te amo, ó Senhor!" Dizer estas palavras mágicas é tão importante que até Deus deseja que você diga isso. Não que Ele necessite de ouvir que você o ama, não! Se você O ama.

Ele o sabe muito bem, e também sabe daqueles que falam isso da boca para fora, mas realmente não O amam, porque falam de boca, mas o seu coração está muito longe de Deus. Amor a Deus é o primeiro mandamento de Sua Lei. É a própria base de todas as leis de Deus que de fato promovem a harmonia, a felicidade e a paz. Esse amor não é um mero sentimento, algo que uma pessoa diria para Deus quando as coisas vão muito bem. Esse amor deve ser um princípio que parte do próprio coração de Deus que é amor.

Esse amor a Deus age por princípio e não se confunde com sentimentalismo que não tem duração e firmeza. Mas como Davi considerava a Deus? Davi considerava a Deus como a sua Fonte de força e vitória. Ele usa algumas imagens. Os epítetos divinos do v. 2 são derivados da familiaridade de Davi com batalhas e com o cenário geográfico de Canaã.

Os termos militares são "minha cidadela", "meu escudo", "meu baluarte"; a referência geográfica é: "minha rocha" (v. 2,46). Estas metáforas comunicam a intensidade do amor de Davi por seu Deus como o Todo-suficiente. Ele está dizendo: "O Senhor Jeová é o meu Deus Todo-Poderoso. Ele é a Fonte única de minha salvação, porque não há salvação em nenhum outro deus. Ele é eterno e, portanto, estarei seguro para sempre.

Ele é o meu grande Libertador, porque tenho proteção completa de todos os meus inimigos, e estarei a salvo em qualquer perigo. "Jesus Cristo é o grande Salvador do Seu povo em tempos de necessidade. Em tempos de lutas e conflitos contra o inimigo de nossas almas. Quando vem Satanás como uma avalanche para nos tragar podemos confiar nele como o nosso alto Refúgio, porque jamais nos perderá de vista, dando-nos a Sua poderosa mão, em socorro e libertação. Ele nos salvará de todos os nossos inimigos, do diabo e de seus demônios.

Isso inclui cada momento de tentação contra a carne, o diabo e o mundo com suas sedutoras atrações.

II. A ANGÚSTIA DE DAVI (18.4-6)

Observe as palavras de Davi: "Laços de morte me cercaram, torrentes de impiedade me impuseram terror. Cadeias infernais me cingiram, e tramas de morte me surpreenderam. Na minha angústia, invoquei o Senhor, gritei por socorro ao meu Deus. Ele do seu templo ouviu a minha voz, e o meu clamor lhe penetrou os ouvidos." (v. 4-6) Depois de apresentar o seu clímax de reconhecimento do triunfo em Deus, Davi revela a sua grande aflição e angústia:

Davi é ameaçado de morte por seus inimigos e vive uma grande angústia diante da possibilidade de ser abatido em um campo de batalha. Ele se sentiu aterrorizado. As "cadeias infernais" (v. 5) devem ser entendidas pelo original (sheol) como correntes da sepultura. Inferno não existe presentemente, tampouco no tempo de Davi. Ele não estava temendo um inferno de fogo ou de correntes. Ele estava descrevendo a cova, que em linguagem poética quase o prendia à inércia, pela morte que se avizinhava.

Mas, Davi sabia em Quem confiar e clamou por socorro a Deus: "Na minha angústia, invoquei o Senhor, gritei por socorro ao meu Deus." Assim fez Pedro quando se viu ameaçado pelas ondas revoltas do mar da Galileia ao se sentir afundando. Laços de morte o ameaçaram.

Correntes altaneiras da sepultura líquida o aterrorizaram e ele clamou a Jesus Cristo gritando em meio ao barulho do mar: "Salva-me, Senhor!" (Mt 14:30). Assim Pedro ficou famoso ao pronunciar a oração mais curta do Evangelho e a mais prontamente atendida. E Jesus Cristo prontamente estendeu a Sua mão socorredora para libertar ao discípulo assustado.

As palavras de Davi poderiam ser repetidas por Pedro: "Do alto me estendeu Ele a mão e me tomou; tirou-me das muitas águas." (Sl 18:16). Assim também podemos nós ser socorridos. Em meio as mais adversas circunstâncias, em meio as mais atrozes tentações, em meio aos grandes perigos dos últimos dias, em meio ao pecado que tão tenazmente nos rodeia, podemos clamar por socorro, e Jesus Cristo virá prontamente, em nosso auxílio para nos salvar.

III. O LIVRAMENTO DE DAVI (18.7-50).

Foi exatamente isto o que aconteceu com Davi: Ele clamou a Deus e Deus o ouviu do Seu glorioso templo, e veio em resposta à sua prece desesperadora. E Davi agora descreve a vinda de Deus para salvá-lo dos seus inimigos. Através de metáforas poéticas e majestosas, Davi anuncia a vinda do Senhor para resgatá-lo.

"7 Então, a terra se abalou e tremeu, vacilaram também os fundamentos dos montes e se estremeceram, porque ele se indignou". 9 Baixou Ele os céus, e desceu, e teve sob os pés densa escuridão. 10 Cavalgava um querubim e voou; sim, levado velozmente nas asas do vento. 12 Do resplendor que diante dele havia.

As densas nuvens se desfizeram em granizo e brasas chamejantes. 13 Trovejou, então, o Senhor, nos céus; o Altíssimo levantou a voz, e houve granizo e brasas de fogo.14 Despediu as Suas setas e espalhou os meus inimigos, multiplicou os Seus raios e os desbaratou." (v. 7-14).

No passado, Deus Se manifestou muitas vezes, e de muitas maneiras poderosamente. Isso aconteceu na Criação, quando ele falou e tudo veio à existência. Em meio à revolta dos elementos. Assim foi também no Dilúvio, quando os céus e os abismos irromperam nas águas que revolucionaram a todo o globo terrestre.

As imagens do salmista também nos recordam da passagem do Mar Vermelho. em terra seca, e dos terrores do Sinai, quando Deus entregou a Sua Lei dos Dez Mandamentos, e o povo ficou aterrorizado. Esta descrição também se parece em muito com a vinda de Jesus Cristo para salvar ao seu povo. Que estará clamando de dia e de noite por livramento quando os seus inimigos ameaçarem os fiéis com a violência e decretos de morte, nos últimos dias da história desta terra. Nesse tempo, os montes serão abalados, muitas ilhas desaparecerão, destruições fantásticas ocorrerão.

Maremotos, terremotos, ciclones, avalanches, inundações, e agora podemos dizer tsunamis – todos os elementos da natureza clamando contra a impiedade dos habitantes da terra. Disse João do Apocalipse, em uma impressionante visão: "O céu recolheu-se como um pergaminho quando se enrola. Então, todos os montes e ilhas foram movidos do seu lugar." (Ap 6:14). "E sobrevieram relâmpagos, vozes e trovões, e ocorreu grande terremoto, como nunca houve igual desde que há gente sobre a terra; tal foi o terremoto, forte e grande...

Todas as ilhas fugiram, e os montes não foram achados; também desabou do céu sobre os homens grande saraivada, com pedras que pesavam cerca de um talento; e, por causa do flagelo da chuva de pedras, os homens blasfemaram de Deus, porquanto o seu flagelo era sobremodo grande." (Ap 16:20-21).

Então, terá chegado o tempo de serem destruídos "os que destroem a terra", e de dar a recompensa aos fiéis. (Ap 11:18). Após descrever a vinda de Deus com poder e majestade, Davi fala de sua libertação (v. 15-19). Deus estendeu o Seu braço poderoso e o livrou das muitas águas. Pode imaginar a angústia das pessoas que enfrentaram um tsunami? Águas são simbólicas da perseguição dos ímpios (Ap 12:15-16).

Deus salvou a Davi de todos os tsunamis inimigos. Deus o livrou de inimigos que eram mais poderosos do que ele. Assim acontecerá no futuro: Os perseguidores da igreja verdadeira serão poderosos e invencíveis com as suas armas modernas, as suas bombas termonucleares, em perseguição contra os que não se submetem às suas leis.

Mas o Senhor Todo-Poderoso nos servirá de amparo e revelará a o Seu poder. No verso 19, o salmista escreveu uma frase reveladora do coração de Deus: "Livrou-me, porque ele se agradou de mim." A seguir, ele define por que Deus Se agradou dele:

"Retribuiu-me o Senhor, segundo a minha justiça, recompensou-me conforme a pureza das minhas mãos. Pois tenho guardado os caminhos do Senhor e não me apartei perversamente do meu Deus. Porque todos os seus juízos me estão presentes, e não afastei de mim os seus preceitos. Também fui íntegro para com ele e me guardei da iniquidade. Daí retribuir-me o Senhor, segundo a minha justiça, conforme a pureza das minhas mãos, na sua presença." (v. 20-24). Davi não está se exaltando a si mesmo. Não está se gloriando em sua justiça própria.

Estas palavras não foram escritas para dizer que Davi era um homem que vivia sem pecado, porque isso não era verdade. Salomão escreveu que não há homem que não peque (1Rs 8:46; Ecl 7:20). E Davi falou acerca da multidão das suas iniquidades:

"Não têm conta os males que me cercam, as minhas iniquidades me alcançaram, tantas, que me impedem a vista. São mais numerosas que os cabelos de minha cabeça, e o coração me desfalece." (Sl 40:12). Mas Davi confiava na multidão das Suas misericórdias (Sl 51:1). E quando ele pecava, imediatamente procurava o perdão de Deus.

E Deus se agrada de pessoas que humilham o seu coração e fazem uma confissão sincera e franca, seguida de verdadeiro arrependimento. O Senhor Se agradou de Davi que foi considerado o homem segundo o coração de Deus (At 13:22). As palavras de Davi foram escritas para que soubéssemos que Deus Se agrada de pessoas que confiam nEle e praticam os Seus mandamentos, e revelam justiça e correção.

Pensamentos limpos, palavras puras, ações corretas, motivos santos, sinceridade de propósito – são obras de Deus em nós. Frutos de um coração temente a Deus que pode dizer continuamente: "Eu te amo, ó Senhor! O Senhor é a minha Rocha... o meu Libertador!" Temos ouvido muitas pregações acerca de como se sente o homem, de como você deve se sentir melhor e de como você será feliz. Mas já é tempo de voltarmos ao passado e ouvirmos de como será poderoso em obras o homem que confia em um Deus onipotente! Pregações sentimentalistas que carecem de conteúdo bíblico não podem transformar pecadores satisfeitos consigo mesmos.

Com efeito, Deus recompensou a fidelidade de Davi assim como recompensará a fidelidade dos cristãos naquele dia da consumação dos séculos, quando Jesus Cristo dirá aos salvos: "Muito bem, servo bom e fiel; foste fiel no pouco, sobre o muito te colocarei; entra no gozo do teu Senhor." (Mt 25:21).

"Pois lhe foi dado vestir-se de linho finíssimo, resplandecente e puro. Porque o linho finíssimo são os atos de justiça dos santos" "e não se achou mentira na sua boca; não têm mácula." (Ap 19:8; 14:5). Então, o salmista exalta as perfeições de Deus: "O caminho de Deus é perfeito; a palavra do Senhor é provada. Ele é escudo para todos os que nele se refugiam." (v. 30). O perfeito caminho de Deus é o caminho de nossa libertação.

Todos os homens podem ver isso e testar a Sua Palavra, porque o que ele promete, ele cumpre. Ele é o nosso Escudo protetor contra os nossos mais fortes e poderosos inimigos que são também inimigos dele.

Davi lança um desafio diante de todos os homens: "Pois quem é Deus, senão o Senhor? E quem é Rochedo, senão o nosso Deus?" (v. 31). Aqui temos a revelação do verdadeiro Deus: "Quem é Deus?", pergunta Davi. Quem realmente é o Deus verdadeiro dentre uma multidão de deuses falsos que não são de fato deuses? A resposta é esta:

"O Senhor" (Yahweh)! Em palavras mais diretas: o Único Deus verdadeiro é Aquele que pode ser chamado de Eterno, porque Ele é assim mesmo. Portanto, Ele é o nosso Rochedo, e nele temos estabilidade e segurança eternas. Davi fala de como esse Deus perfeito aperfeiçoou o seu caminho (v. 32).

Num mundo de tanta imperfeição, quando muitas vezes somos desanimados pelo que vemos ao nosso redor, quando somos decepcionados pelo que vemos nos outros. E olhando para nós mesmos somos igualmente frustrados.

Podemos contemplar a obra de Deus em nós que é uma obra de santificação e aperfeiçoamento. Deus nos dará forças em nosso caminho contra o mal; Ele nos dará o "escudo" da Sua "salvação" (v. 35). Temos que contemplar com alegria e louvor a salvação que Deus providenciou em Cristo Jesus. Disse o salmista, após descrever em detalhes a grande libertação que ele alcançou na força de Deus:

"Vive o Senhor, e bendita seja a minha Rocha! Exaltado seja o Deus da minha salvação". (v. 46). Davi começou exaltando a Deus como a Rocha, no v. 2, e agora ele termina o salmo num paralelo glorificando a Deus novamente como a Rocha da sua salvação. Temos que exaltar mais a Deus como aquele que nos salva do pecado, nos livra dos perigos.

Nos defende diante de inimigos e nos protege de todas as artimanhas do inimigo, que é Satanás, o inimigo de nossas almas. A promessa de Davi deve ser a nossa promessa: "Glorificar-te-ei, pois, entre os gentios, ó Senhor, e cantarei louvores ao teu nome." (v. 49). Em palavras atuais: "Senhor Deus, eu vou Te glorificar diante das pessoas que não Te conhecem, vou pregar o Teu Evangelho, vou fazer conhecido o Teu nome diante de meus amigos, vizinhos e parentes. Eles saberão Quem Tu és realmente!" Davi termina o salmo 18 com chave de ouro:

"É Ele quem dá grandes vitórias… e usa de benignidade … para sempre!" (v. 50). Este deve ser o nosso testemunho. O v. 49 contém a nossa promessa de testemunhar e aqui no v. 50, temos o conteúdo de nosso testemunho: Deus nos dá grandes vitórias contra todos os nossos inimigos, contra o pecado, contra as tentações da carne e também nos ajuda a vencer o mundo e tudo o que há no mundo.

Tudo isso está baseado em Sua grande bondade para conosco e para com todos os que O buscam na sinceridade de seu coração. E não somente isso; mas também Ele é tão bom que promete estender a Sua bondade "para sempre". Porque "Deus, sendo rico em misericórdia, por causa do grande amor com que nos amou.

E estando nós mortos em nossos delitos, nos deu vida juntamente com Cristo, – pela graça sois salvos, e, juntamente com ele, nos ressuscitou, e nos fez assentar nos lugares celestiais em Cristo Jesus; para mostrar, nos séculos vindouros, a suprema riqueza da sua graça, em bondade para conosco, em Cristo Jesus." (Ef 2:4-7).

Pr. Roberto Biagini

Honra, Glória e Majestade

Nesta oração o salmista expressa admiração, honra, glória, respeito e adoração ao Senhor de maneira esplendida e reverente. Seus olhos contemplam a majestade divina de uma forma jamais feita antes, nenhum outro adorador cuja história está descrita nas páginas sagradas da Bíblia se dirige ao Criador de forma tão exuberante e cheia de pleno reconhecimento aos seus atributos como um Ser eterno, Santo e Poderoso.

Talvez tenha sido esse jeito espontâneo e humilde do salmista em enaltecer a glória do Senhor que chamou a atenção do mesmo para si, pois devemos admitir que dentre todos os heróis bíblicos ele se destaca pelo jeito único de se expressar com eloquência diante do Altíssimo. As vezes encontramos dentro de nossos templos pessoas que por frequentarem os cultos regularmente e serem fiéis em suas liturgias religiosa se exaltam.Sentem-se, em algumas ocasiões, até superiores e mais dignos da atenção de Deus do que os outros, porém, se lessem as Escrituras com mais frequência e procurassem conhecer esse importante adorador do passado, veriam que ele ainda hoje, depois de milhares de anos.

Ainda se mantém no topo da lista dos maiores adoradores de Jeová em todos os tempos. Davi se entregava completamente ao prazer de reverenciar a Deus, como ninguém mais faz. Na verdade, o Senhor não procura por fiéis pagadores de dízimos, frequentadores de templos nem pregadores eloquentes para seus púlpitos.

O que espera da igreja é que esta se disponha a adorá-lo em espírito e verdade (João 4:23) As religiões modernas deixaram de ensinar o verdadeiro Evangelho, puro e genuíno. Hoje, aprende-se que Deus está interessado em quanto de dinheiro seus filhos podem doar no templo.

Quando sabemos que as riquezas deste mundo são tropeços para a vida dos que querem segui-lo e por causa disso muitos cristãos já perderam a vida e a salvação. Adoradores verdadeiros são aqueles que verdadeiramente agradam e despertam o interesse do Senhor nestes últimos dias. Homens e mulheres, crianças, jovens e adolescentes, pessoas comprometidas com a verdade e seguidoras fiéis do seu Salvador.

Que como Davi possa fechar os olhos para o secularismo em redor, rejeitar as coisas vis deste mundo, renegar os amor ao dinheiro, ao materialismo, aos desejos carnais, se desligar da corrupção do gênero humano, da prostituição que tem dominado os mais inclinados à carne, ao pecado.

E contemplar sua divindade, podendo expressar diante de um povo néscio e sem esperança, o quanto nosso Deus é rico em glória, honra, poder e majestade. A igreja que está presente no mundo moderno também se modernizou a tal ponto de perder sua essência. Sua santidade e luz. Como um candeeiro escondido debaixo de um cesto, que não ilumina nem expulsa do lugar onde se encontra à escuridão. Assim vive a

Noiva do Cordeiro nestes dias tenebroso e sem brilho, encoberto pela apostasia e negação da existência do sagrado. Que possamos refletir nisso e voltar cada um ao primeiro amor o quanto antes

Sublime Contemplação

Baseado no Salmo 19.

Contemplar é muito mais do que ver ou enxergar. Ver é perceber com a vista. Contemplar é ver com a inteligência; é demorar o pensamento naquilo que estamos vendo e tirar conclusões inteligentes a respeito do que vemos. **No salmo 19**, Davi pôde contemplar 3 diferentes fontes para ver a perfeição de Deus, e se aperfeiçoar em sua natureza humana. Este salmo nos conta como Deus é perfeito e como podemos nós ser também perfeitos. Ele contempla em 3 livros a respeito da perfeição divina e humana. A estrutura do salmo tem uma correspondência que pode ser logo percebida:

A. A Revelação da Natureza Universal (vs. 1-6): Livro 1

B. A Revelação da Natureza da Lei de Deus (vs. 7-11): Livro 2

C. A Revelação da Natureza do Homem (vs. 12-14): Livro 3

I – Contemplando os Céus

Davi contemplou os céus e se deslumbrou diante de tanta glória. Mas ele não se iludiu com o brilho e a luz fulgurante das estrelas; ele sabia que atrás de tudo isso estava a glória de um de um Ser Todo Poderoso: *"Os céus proclamam a glória de Deus, e o firmamento anuncia as obras das suas mãos."* **(v. 1)**. Os céus testificam da glória divina.

Este é o livro da Natureza universal, de onde aprendemos do Seu Autor. Se nós queremos saber quão glorioso é Deus, então, só temos que levantar os olhos, e contemplar os céus. Então, veremos a Sua perfeição em todos os Seus atributos não comunicáveis e exclusivos de Sua onipotência, onipresença e onisciência.

Mas muitos cientistas hoje estão proclamando e promovendo a teoria do "Big Bang", ou a grande explosão, proposta por George Lemaître (1927) para a origem do universo, baseada no fato de um universo em expansão, que pode ser constatado. A partir de uma expansão, pode-se retroagir e chegar à explosão, porque uma explosão sempre resultaria numa expansão.

Entretanto, há controvérsias mesmo entre os cientistas que rebatem dizendo que essa expansão poderia ser apenas algo regional de um ponto observado pelos grandes telescópios e não a realidade de todo o universo. E ainda está surgindo a teoria de vários universos.

Nosso universo jamais poderia ter nascido de uma explosão cósmica, segundo a qual as galáxias teriam se desenvolvido e se organizado de modo harmônico. Com estrelas e seus planetas girando ao seu redor com as suas leis matematicamente exatas. Não precisamos de muita ciência para descobrir o que acontece após uma explosão: ruína, destruição e morte.

Nunca aconteceu ordem, harmonia e vida depois de uma explosão. Quando as torres gêmeas foram explodidas, não resultaram em mais 1.000 prédios edificados perfeitamente. Pelo contrário, houve destruição, caos, ruínas e morte. O resultado não foi evolução, mas degeneração.

Davi, muito longe das teorias modernas dos cientistas atuais, em um momento de inspiração divina, disse que os próprios céus proclamam a glória, a majestade e o poder de um grande Deus Criador. Nossa galáxia, que se chama "Via Láctea", é apenas uma.

Entretanto, os astrônomos já descobriram bilhões de outras galáxias no espaço sideral. E cada galáxia possui de 100 mil até 3 bilhões de estrelas, com seus planetas, e luas, além de outros corpos celestes. Em nossa galáxia, há cerca de 250 bilhões [1] de estrelas, e o nosso Sol é apenas 1 estrela anã que brilha entre tantas gigantes.

E supergigantes. Mas se o Sol se parece pequeno, essa estrela anã é 1.300.000 vezes maior do que a terra. Para termos uma ideia do tamanho dos céus: a nossa galáxia tem 100 mil anos-luz [AL] de diâmetro. Cada ano-luz tem cerca de 10 trilhões de kms. Isso nos leva a um quintilhão de kms em diâmetro.

Cerca de 1.000.000.000.000.000.000 (= 1018). Só a nossa galáxia. Isto significa que se fôssemos viajar pela extensão de apenas uma galáxia, a nossa. Que não é das maiores, deveríamos viver 100.000 anos para percorrer o espaço à espantosa velocidade da luz, que é de 300.000 kms por segundo! Mas a nossa galáxia é ainda muito pequena. A "Galáxia M60: M60 é uma galáxia do tipo elíptica, seu diâmetro é de 55 milhões de anos-luz (520 quintilhões de km). O que acaba sendo 550 vezes maior que o da Via Láctea, que é de "apenas" 100 mil anos-luz."[2]

Isto é: 1 quintilhão de kms comparados com 520 quintilhões da galáxia M60! Imagine agora, se puder, como que seria o tamanho do Universo com centenas de bilhões de galáxias![3] Quando Cristo voltar Ele nos levará através de todo esse infinito céu de trilhões x trilhões de kms de extensão por apenas uma semana! Então, poderemos dizer com o salmista: "Os céus proclamam a glória de Deus" e cantarmos o hino Aleluia de Händel, com os anjos ao contemplarmos tanta luz, tanta glória das coisas criadas por um infinitamente mais perfeito e glorioso Deus.

Fotografia da Via Láctea, com seu diâmetro de 100.000 AL

Com efeito, bem poderia o salmista Davi cantar: *"Os céus declaram a glória de Deus e o firmamento anuncia as obras de Suas mãos!"* Mas ele não conhecia os dados astronômicos que hoje nós temos. Portanto, nós podemos cantar este hino com muito mais convicção e eloquência, em um mundo que nega o Criador, apesar de tanta luz, tanta glória e tanta evidência anunciando a Sua existência, os Seus atributos e a Sua própria divindade! **(Rm 1:20).**

Portanto, aqui temos as lições que tiramos dos céus:

1 – A excelência dos céus indica a perfeição infinita do seu Autor.

2 – Os brilhos dos céus proclamam que o Criador é luz.

3 – A vastidão de sua extensão fala-nos da imensidão de Deus.

4 – Sua altura revela a transcendência e soberania do Criador.

5 – Sua influência sobre a terra nos fala de Seu domínio, providência e beneficência universal.

6 – Sua totalidade em completa perfeição e harmonia revela a onipotência divina, sem a qual nada disso poderia ter vindo a existir. Aqui está a visão climática de Davi que ao iniciar o salmo.

Falou de sua contemplação extraordinária do que revelam os céus. Ele, como faz muitas vezes, começa revelando o máximo em uma só sentença, e então, ele passa a desdobrar o mais particular.

De que modo os céus revelam a glória de Deus? Através do dia e da noite. **V. 2**: *"Um dia discursa a outro dia, e uma noite revela conhecimento a outra noite."* A palavra-chave é *"revela"*. Há uma revelação que nos vem através do dia e da noite.

O dia revela muita glória através do Sol, que brilha mais e mais intensamente, até a sua máxima perfeição. Mas a noite revela ainda mais glória porque deixa expostas as estrelas longínquas. Contemplemos uma noite estrelada. Quantas estrelas você pode contar brilhando nos céus escuros? Os antigos diziam 1000, 2000, 5000 estrelas.

Mas hoje nós concordamos com Deus que disse a Abraão e a Jeremias: *"Olha para os céus e conta as estrelas, se é que o podes."* *"Não se pode contar o exército dos céus"* **(Jr 33:22; Gn 15:5)**. Somente Deus pode contar as estrelas e bilhões de galáxias **(Is 40:26)**. De fato, contemple os céus no fundo escuro da noite, e você verá muitos pontos luminosos que você dirá:

"São estrelas, muitas estrelas!" Mas os astrônomos, com os seus poderosos telescópios, dirão: *"Não, não são estrelas; cada ponto luminoso são galáxias com milhões de estrelas com seus planetas e satélites brilhando a trilhões de kms de distância."* Sim, eles estão lá em cima e lá embaixo, declarando a glória de Deus.

Mas, como podemos perceber a comunicação do dia e da noite? Os céus têm uma comunicação ímpar, completamente única: *"Não há linguagem, nem há palavras, e deles não se ouve nenhum som."* **(V. 3)**. Não há linguagem humana pela qual as nações possam perceber diferentes idiomas, não há palavras articuladas, nenhum som inteligível se pode ouvir.

"No entanto", há um alcance dessa revelação. É um alcance global: *"Por toda a terra se faz ouvir a sua voz, e as suas palavras, até aos confins do mundo."* **(v. 4)**. Onde temos um exemplo, o maior representante da glória divina, que pode ser visto a olho nu? Olhando para o horizonte leste, vamos parar *"nos confins do mundo"*. *"Aí"*, o Criador *"pôs uma tenda para o sol"*. Aqui temos uma vívida ilustração da glória de Deus.

Os céus proclamam essa glória de modo geral; mas, de modo particular, isto é mostrado especialmente pela luz e resplendor do Sol, visto em suas jornadas pelo homem. O Sol foi particularmente mencionado, sem dúvida, porque é o mais proeminente objeto entre os corpos celestes.

Contemplado da terra, para ilustrar de modo eminente, a glória de Deus. O salmista em figura, diz que há uma *"tenda"*, um lugar de habitação para o Sol. Naturalmente, esta é uma linguagem figurada. Assim disse também o profeta Habacuque: *"O sol e a lua param, nas suas moradas."* **(Ha 3:11)**.

Mas nós sabemos que nem o Sol nem a Lua *"param"* e nem tem literalmente *"moradas"*. O profeta descreve o fenômeno como ele aparece a todos. Ele não apresenta nenhuma teoria astronômica; possivelmente, ele não conhecia a rotação e a translação. Tanto o profeta, como o poeta Davi, falam na linguagem comum do povo. A linguagem do dia a dia, como dizemos o *"pôr-do-sol"*, o *"ocaso do sol"*. Como é descrito esse glorioso representante de Deus?

"Como noivo que sai dos seus aposentos, se regozija como herói, a percorrer o seu caminho. Principia numa extremidade dos céus, e até a outra vai o seu percurso; e nada refoge ao seu calor" **(V. 5-6)**. Aqui temos um aspecto polêmico do salmista. Os pagãos adoravam o Sol e diziam que ele era o *"grande noivo"* e o seu *"grande herói"*.

Davi diz que ele era *"como"* noivo e *"como"* herói, dando a sua interpretação inspirada, e censurando a idolatria do sol. Ele é apenas um representante de Deus. Não devemos adorar a Criação como deus, mas o Deus da Criação.

II – Contemplando a Lei de Deus (Vs. 7-11)

O salmista Davi agora, depois de contemplar os céus e descrever o Sol, em seu resplendor, ele tem uma visão de uma outra Luz, uma outra revelação ainda mais ampla, mais particular e benéfica, que nos dá uma visão muito maior da glória e perfeição de Deus. Ele contempla o Sol da Justiça revelado na Lei do Senhor. Esta é uma luz muito mais fulgurante para declarar a luz do caráter perfeito de Deus. Ele diz: *"A Lei do Senhor é perfeita e restaura a alma."* **(V. 7)**.

Davi contemplou as leis do universo natural, as estrelas obedecendo ao seu Criador, o Sol em seu trajeto infalível. Viu nessas leis uma ordem matemática e prefeita. Então, transpôs o seu pensamento para a contemplação de uma outra Lei que possui maior luz que o Sol físico. Ele disse:

"A Lei do Senhor é perfeita e restaura a alma." Este é o segundo clímax do salmo. Aqui temos a perfeição de Deus revelada através da *"Lei do Senhor"*. Aqui temos a segunda e mais fulgurante Luz da revelação de Deus. Se o Sol aquece os nossos corpos, o Sol da Justiça aquece o nosso coração, e ilumina a alma. O que é a "Lei do Senhor" Podemos pensar nos 10 Mandamentos, e de fato, eles são perfeitos como a norma moral de conduta para o homem. Jamais foram igualados, jamais foram superados por algum grande filósofo da humanidade.

E ainda continuam perfeitos. Mas a palavra *"Lei"* aqui é a *"Tôrâh"* que significa toda a revelação e ensino de Deus no Antigo Testamento e agora, para nós, depois de Davi, tudo o que temos de ensino e revelação do Novo Testamento. Portanto, *"Lei"* aqui define e inclui os Dez Mandamentos, mas vai muito além, e alcança toda a Bíblia em sua inspiração como a perfeita Palavra de Deus revelada a nós.

Podemos dizer que a Tôrâh significa a Lei e o Evangelho, em síntese, e inclui tudo o que os profetas disseram. *Como o salmista identifica a Lei do Senhor?* A *"Lei do Senhor"* é amplamente demonstrada no **salmo 19**. Davi, usando os recursos da poesia hebraica, apresenta 5 paralelismos sinônimos.

A fim de que não tivéssemos dúvida alguma sobre o seu significado e a riqueza daquilo que ele estava falando: a Lei do Senhor, é:

1- *"Testemunho do Senhor"*

2- *"Preceito do Senhor"*

3- *"Mandamento do Senhor"*

4- *"Temor do Senhor"*

5- *"Juízo do Senhor"*. Este é o *"Livro do Senhor"* **(Is 34:16).**

Qual é a Natureza e o Poder da Lei do Senhor?

1 – "A Lei do Senhor é perfeita e restaura a alma". Não tem erro, não tem defeito, é completa, e nada falta em seu todo que é completo, pleno. A Lei de Deus é completa como uma revelação da verdade divina. Ela é perfeita como uma regra de conduta. Ela é perfeita como uma fonte de inspiração e ânimo para a vida. Ela é perfeita para ensinar a plenitude da verdade. Ela é perfeita para indicar o caminho da salvação.

A **Igreja Católica** julgou que a lei perfeita dos Dez Mandamentos precisava ser modificada, a fim de que fosse ainda mais perfeita. Os líderes católicos **retiraram o 2º mandamento**, que proíbe a adoração de imagens; **substituíram o 4º mandamento**, da santificação do sábado pelo domingo; e para conservarem o número 10, **dividiram o 10º mandamento** em dois.

Mas a lei perfeita não pode ser aperfeiçoada. Eles caíram em erro, porque adicionar algo a uma coisa perfeita é torná-la imperfeita. Por semelhante modo, **a mesma igreja também atacou a Bíblia como um todo**, porque nega as grandes verdades da Palavra de Deus, **ensinando doutrinas estranhas**, como a **intercessão dos santos**, a **imortalidade da alma**.

A **existência de um inferno presente**, do **tormento eterno** e do **purgatório**, bem como a **idolatria de imagens de escultura** e da **virgem Maria**, a quem denominam de **"mãe de Deus"**, esta pobre criatura mortal. Ainda ensinam a **"criação"** diária de Cristo na missa através do "milagre" da **transubstanciação**. Além disso, **essa igreja inventou um sacerdócio terrestre**, desviando os homens do santuário celestial, onde Cristo intercede por nós.

Desse modo, milhões estão sendo enganados, i**gnorando que há uma dupla maldição na Bíblia para os que adicionam ou retiram algo da Lei de Deus ou de Sua Palavra** (Ap 22:18-19). Mas a Lei do Senhor, a Palavra de Deus, é perfeita e não admite intromissões.

Mas qual é o poder dessa Palavra?

"Restaura a alma". Perdemos a imagem de Deus, a beleza, a força e a saúde espirituais; precisamos de restauração, *"porque todos pecaram"* (**Rm 3:23**).

A Palavra de Deus nos converte, restaurando a nossa alma, e consertando os estragos do pecado. Necessitamos dessa restauração diariamente. Somos nascidos pecadores, necessitados de perdão e salvação. Pois tudo isso nos promete Deus em Sua Palavra.

Ela restaura a nossa vida espiritual, e é o único poder capaz de quebrar os encantos do pecado e nos elevar ao nível de filhos de Deus. Nesta frase, neste clímax, o salmista faz uma síntese de tudo o que tem a dizer.

Se *"a Lei do Senhor é perfeita, e restaura a alma"*, então, o Senhor dessa Lei também é perfeito, e para sermos perfeitos, devemos buscar ao Senhor da Lei. Somente a comunhão com um Deus perfeito nos fará perfeitos.

2 – "O testemunho do Senhor é fiel e dá sabedoria aos símplices" (v. 7). Davi conhecia muito bem os Testemunhos; ele disse certa vez: *"Compreendo mais do que todos os meus mestres, porque medito nos teus Testemunhos."* **(Sl 119:99)**. Disse Jesus Cristo que as Escrituras testificam dele: *"Examinais as Escrituras… e são elas mesmas que testificam de Mim,"* **(Jo 5:39)**. Esse Testemunho do Senhor é fiel, porque é digno de confiança e representa com exatidão o caráter de Deus.

E nos transmite a sabedoria divina, mesmo que sejamos simples, sem a instrução das faculdades de Teologia. Cada pessoa pode encontrar o testemunho fiel e fidedigno nas Sagradas Escrituras. Pessoas símplices serão colocadas entre os grandes deste mundo que se admirarão como os líderes judaicos se surpreenderam diante dos apóstolos: *"Ao verem a intrepidez de Pedro e João, sabendo que eram homens iletrados e incultos, admiraram-se; e reconheceram que haviam eles estado com Jesus."* **(At 4:13)**.

3 – "Os preceitos do Senhor são retos e alegram o coração" (v. 8). Todos os preceitos divinos são retos, corretos.

Direitos; não são tortos, tortuosos, não nos iludem com promessas falsas, mas nos indicam um caminho proveitoso e, portanto, ao nós descobrirmos essa retidão da Palavra de Deus por experiência, a nossa alma encontra a alegria. Retidão e alegria sempre vão de mãos dadas, e estão intimamente relacionadas.

O coração que encontrou a retidão da Palavra, encontra verdadeira satisfação e regozijo. Os caminhos tortuosos deste mundo podem levar à felicidade passageira, porque os prazeres sensuais são tão fugidiços, e não satisfazem a alma. Somente a retidão dos preceitos de Deus pode nos valer para a verdadeira felicidade, se nós atentarmos para isso **(Pv 29:18)**. Ademais, *"os Seus mandamentos não são penosos"* **(1Jo 5:2)**.

Os preceitos divinos não são severos como o legalismo; o legalismo é apenas uma aparência de retidão mas tira a alegria do seu possuidor. Os retos preceitos do Senhor abrangem o Evangelho que traz alegria de um espírito voluntário e de uma pessoa perdoada que pode tolerar os erros dos outros, e exercer a influência de uma vida feliz.

4 – "O mandamento do Senhor é puro e ilumina os olhos" (v. 8) Não tem a mistura de filosofias contaminadas e errôneas dos homens. Os mestres de nosso tempo ensinam misturando a verdade com a mentira. Mas a Palavra de Deus é pura, e ilumina os olhos. Nossa visão espiritual, a nossa mente é iluminada e esclarecida, e podemos discernir o certo do errado.

Quando aceitamos as filosofias dos homens, nossos olhos espirituais são obscurecidos e se enchem de trevas. Nossa mente fica cegada pelos encantos do erro e do pecado. Mas quando contemplamos, aceitamos e praticamos a Palavra de Deus, nossos olhos são iluminados, e resplandecem *"como a luz da aurora, que vai brilhando mais e mais até ser dia perfeito"* **(Pv. 4:18)**.

5 – O temor do Senhor é límpido e permanece para sempre (v. 9). Outro sinônimo para a Lei do Senhor, outro sinônimo para a Palavra de Deus é o *"Temor do Senhor"*, porque temor significa respeito, não medo mórbido; significa receio de ofender, reverência e reconhecimento da soberania, submissão diante da majestade. Quanto mais límpido nos parecer esse Temor do Senhor, mais temor teremos da mesma Palavra. Disse o salmista noutro lugar: *"O que o meu coração teme é a Tua Palavra."* **(Sl 119:161).**

Mas aqui o uso não é o temor que devemos a Deus, mas se usa a figura de linguagem chamada de metonímia. Onde se troca o sentido da palavra da causa para o efeito. Se a Palavra de Deus causa temor em nós por Ele, ela é chamada o *"Temor do Senhor".*

Esse Temor é límpido, claro, não deixa dúvida para quem ama, adora e confia. Aqui abrimos um parêntesis para ressaltar a diferença entre a 1ª parte do salmo **(vs 1-6)** Onde Davi se refere a Deus apenas uma vez, com a palavra original

"El" que no hebraico significa Deus **(v. 1)** no sentido de Criador Todo-poderoso. E nos parece muito distante. Mas nos versículos seguintes Davi se refere ao *"Senhor"*, grifado com letras garrafais em **7 vezes**. Ele deixa o termo *"El"* de um majestoso Deus Criador, para se referir ao Deus do concerto, que é Iahweh, o Eterno (traduzido Senhor).

Jeová é um Deus mais próximo que se relaciona conosco e nos dá a Sua aliança de paz e salvação. Portanto, estamos contemplando a Jeová que é eterno e a Sua Palavra. O Temor do Senhor, permanece para sempre. *"Seca-se a erva, e cai a sua flor, mas a Palavra de nosso Deus permanece eternamente."* **(Is 40:8).** Esse Temor foi dado para nos ajudar a não pecar.

Foi dado para que tivéssemos receio de ofender a Deus. Disse o próprio salmista: *"Guardo no coração as Tuas palavras, para não pecar contra Ti."* **(Sl 119:11)**. Quando foram dadas as **10 Palavras de Deus no monte Sinai**, o povo se aterrorizou, e disse para Moisés:

"Fala-nos tu, e te ouviremos; porém não fale Deus conosco, para que não morramos. Respondeu Moisés ao povo: Não temais; Deus veio para vos provar e para que o seu Temor esteja diante de vós, a fim de que não pequeis." **(Êx 20:19-20)**. E completa o apóstolo João: *"Filhinhos meus, estas coisas vos escrevo para que não pequeis. Se, todavia, alguém pecar, temos Advogado junto ao Pai, Jesus Cristo, o Justo; e Ele é a propiciação pelos nossos pecados"* **(1Jo 2:1-2)**.

6 – Os juízos do Senhor são verdadeiros e todos igualmente, justos. A Palavra de Deus também é chamada de *"Juízos do Eterno"*. Se antes vimos o Temor de Deus, agora, temos os Seus Juízos. Não apreciamos muito a palavra *"juízos"*, porque nos remetem ao Julgamento divino, em que Deus julga a todos em seus pensamentos, palavras e obras, e voltamos a temer a esse Juiz, porque nos sentimos pecadores e dignos de morte.

Porque o *"salário do pecado é a morte"* **(Rm 6:23)**. Portanto, alguém poderia dizer: Onde teríamos algum atrativo pelos Juízos de Deus? Há 2 característicos desses Juízos contidos na Palavra, que são muito apreciáveis à alma:

1) Eles são "verdadeiros", porque os Juízos divinos são baseados na verdade (Rm 2:2). Juízos aqui são as decisões divinas, são os Seus pronunciamentos acerca do que é verdade e o que é erro. A Palavra de Deus é a verdade, como disse Jesus Cristo **(Jo 17:17)**, e os Seus Juízos são verdadeiros e se baseiam na verdade da realidade dos fatos. De fato, eles revelam a própria verdade.

2) Esses Juízos também são "justos". Este é um atrativo especial porque o salmista louva intensamente ao Senhor por ele: *"Sete vezes no dia, eu te louvo pela justiça dos teus juízos."* **(Sl 119:164)**. Nunca deveríamos temer nos defrontar com os juízos de Deus porque são sempre justos.

Os juízos dos homens é que devem despertar o nosso temor, porque são injustos, implacáveis e sem misericórdia. Os Juízos de Deus, pelo contrário, são caracterizados por Sua justiça, que nos anima a servi-lo com amor e alegria. Pois a Palavra de Deus é por isso tudo denominada de *"Juízos do Senhor"*, porque contém a Sua mensagem de como orientar a nossa vida no caminho da justiça.

De fato, eles declaram a justiça. *"Todos os Seus mandamentos são justiça"* disse mais tarde o salmista Davi **(Sl 119:172).** É por isso que o salmista se sente atraído pelos Juízos da Palavra. Disse ele: *"São mais desejáveis do que ouro, ... mais doces do que o mel."* **(v. 10)**. Até parece uma contradição que aquilo que nos causa temor.

Realmente deve nos despertar um grande desejo de possuí-los. Muitos procuram as riquezas deste mundo: ouro, prata, dinheiro, propriedades. Muitos são atraídos pelas filosofias do mundo. Muitos buscam ansiosamente as ciências ocultas.

Ou os dogmas do espiritismo. Outros se encantam diante das mentiras do Evolucionismo. Milhões são enganados pela igreja romana. Mas a Palavra de Deus é mais desejável do que tudo isso! Davi se deleitava com os *"Juízos do Senhor"*, *"mais desejáveis do que ouro, mais doces do que o mel"*. Com quanto entusiasmo desejamos nós esses preciosos Juízos que apontam para o caminho da verdade? Muitos julgam a Palavra de Deus apreciável e muito desejável, pregam sobre ela, e a indicam para outros, mas a Bíblia ainda fica negligenciada nas prateleiras. Mas qual seria o estímulo dos Juízos divinos? Qual seria o benefício que obtemos?

O que é que você ganha em guardá-los? A resposta de Davi é esta: *"Por eles se admoesta o Teu servo; em guardá-los, há grande recompensa"* **(v. 11)**. Temos uma grande recompensa – esse é o estímulo. Há aqui 2 verbos: *"admoestar"* e *"guardar"*. Davi diz que se admoesta e guarda os Juízos de Deus. As duas coisas são importantes: tanto admoestação como observância, mas esta é mais importante do que aquela.

De nada adianta alguém se admoestar e se advertir, e dizer: *"Ah, eu vou me corrigir, eu vou acertar a minha vida com Deus"* e sair da reunião para fazer a sua própria vontade pecaminosa. É necessário se admoestar, **mas guardar os mandamentos de Deus, é muito mais importante**.

Cristo contou a parábola de um pai que enviou aos dois filhos para a vinha, a fim de trabalhar. Um deles disse que ia lá, mas não foi. O outro disse que não ia trabalhar, mas arrependido, foi para a vinha. **(Mt 21:28-32)**.

Cristo enfatizou que **o mais importante não era uma simples profissão de fé, mas guardar os mandamentos de Deus. Mas se é importante guardar os Juízos do Senhor, qual é essa "grande recompensa"?**

O que será de nós depois de todo esse esforço, deixando as coisas pecaminosas do mundo? Os discípulos também fizeram a mesma pergunta, quando o jovem rico se retirou triste. Alguns estavam agora dizendo entre si que, por fim, eles não ganhariam nada em seguir a esse Mestre que estava para morrer. Então, se dirigiram a Cristo e disseram:

"Eis que nós tudo deixamos e te seguimos; que será, pois, de nós?" Jesus lhes garantiu que por seguí-lo haveriam de obter a vida eterna. E Cristo havia dito para o jovem rico: *"Se queres ... entrar na vida, guarda os mandamentos."* **(Mt 19: 27-29, 17)**. O Salvador apresentou a mesma recompensa nestas palavras: *"Examinais as Escrituras, porque julgais ter nelas a vida eterna."* **(Jo 5:39)**.

Este é o grande estímulo. A *"grande recompensa"* de que nos falou Davi no **Salmo 19**. E ele continua dizendo: *"Grande paz têm os que amam a Tua Lei; para eles não há tropeço."* **(Sl 119:165).** Davi contempla a Lei do Senhor e se entusiasma diante da perfeição de Deus em Seus ensinos que revelam o Seu caráter santo e eterno.

Ele nos diz qual é a natureza da Palavra do Senhor:

1. Perfeição; **2.** Fidelidade; **3.** Retidão; **4.** Pureza; **5.** Limpidez; **6.** Veracidade; **7.** Justiça; **8.** Eternidade.

Mas ele apresenta também o poder da Palavra de Deus:

1. Restaura a Alma

2. Dá sabedoria

3. Alegra o Coração

4. Ilumina os Olhos

5. Dá segurança eterna

6. Revela a verdade

7. Declara a justiça

8. Desperta a sede espiritual.

O número 7 é o nº da perfeição; o nº 8 é o número da vitória. Precisaríamos de mais alguma coisa para sermos perfeitos e vitoriosos? Precisaríamos de mais alguma coisa para viver em santificação, e nos prepararmos para o Céu?

III – Contemplando a Si Mesmo (vs. 12-14)

Mas agora, Davi deixa a contemplação da Lei do Senhor para contemplar a si mesmo, e as leis de sua própria natureza humana, porque este é o resultado que ocorre quando alguém contempla a Palavra de Deus: é impossível evitar uma contemplação de si mesmo. *"Porque a Palavra de Deus é viva, e eficaz, e mais cortante do que qualquer espada de dois gumes, e penetra até ao ponto de dividir alma e espírito, juntas e medulas, e é apta para discernir os pensamentos e propósitos do coração."* **(Hb 4:125).**

Este é o 3º livro do qual podemos aprender e contemplar a perfeição de Deus, que é a natureza humana como foi originalmente criada.

O homem no princípio refletia a perfeita imagem de Deus **(Gn 1:27)**. O salmista já fizera esta declaração no salmo 8, após contemplar a perfeição de Deus nos céus: *"Quando contemplo os teus céus, obra dos teus dedos, e a lua e as estrelas que estabeleceste, que é o homem, que dele te lembres e o filho do homem, que o visites? Fizeste-o, no entanto, por um pouco, menor do que Deus e de glória e de honra o coroaste."* **(Sl 8:3-5).** O homem foi criado *"um pouco menor do que Deus"*, cheio de glória, e possuía a Sua imagem. E mais tarde, Davi se admira do livro da natureza humana:

"Pois Tu formaste o meu interior Tu me teceste no seio de minha mãe. Graças Te dou, visto que por modo assombrosamente maravilhoso me formaste… as Tuas obras são admiráveis." **(Sl 139:13-14)**. E Davi podia ver a perfeição de Deus na criação da natureza humana vista em si próprio. Entretanto, o pecado deslustrou a glória da imagem de Deus no homem, desfigurou a sua natureza e ele baixou ao nível de santo para pecador. Por isso, Paulo afirma: *"pois todos pecaram e carecem da glória de Deus."* **(Rm 3:23)**. Adão pecou e perdeu a glória da perfeição de Deus nele. Mas ainda podemos aprender do livro da natureza humana.

Os grandes doutores da Psicanálise e da Psicologia que falem. Que falem as numerosas obras escritas sobre essa natureza. Davi contemplou a si mesmo, e só viu faltas e pecados; ele disse: *"Quem há que possa discernir as próprias faltas?"* **(V. 12)**. Ou seja, ele sabe que, sem ajuda do Espírito Santo, é impossível uma pessoa reconhecer as próprias faltas e pecados.

Faz algum tempo um senhor disse a um pastor: *"Amigo, não necessito de religião. Se vocês entram no reino do Céu, eu também vou entrar sem ela, pois não faço mal a ninguém, e faço todo o bem que posso."* Não obstante, esse homem mantinha relações ilícitas com uma mulher; portanto, transgredia a lei de Deus e fazia mal a três pessoas.

Primeiro a sua esposa a quem era infiel, segundo arruinava a vida de outra mulher e terceiro prejudicava seu próprio bem-estar presente e futuro. (Schubert, 83). Mas Davi reconhecia os seus pecados. Ele disse depois de cometer o seu maior pecado: *"Eu conheço as minhas transgressões, e o meu pecado está sempre diante de mim."* **(Sl 51: 3)**. Então, ele faz a primeira oração do **Salmo 19**: *"Absolve-me das [faltas] que me são ocultas."* **(Sl 19:12)**. Ele se reconhecia tão grande pecador que podia imaginar *"faltas ocultas"* em si mesmo, e pede que Deus o perdoe dessas faltas antes mesmo de ele as conhecer. *"Absolve-me dos pecados ocultos"*, disse Davi, em uma humilde oração.

Ao contemplarmos a nossa natureza pecaminosa, iluminados pelo Espírito Santo, despertados pela Bíblia, nos humilhamos diante de Deus pedindo-Lhe o perdão. Mas ainda existem faltas e pecados ocultos que necessitam ser revelados, e isso é feito pelas provas divinas. Davi ao contemplar a sua natureza, ele testificou: *"Eu nasci na iniquidade e em pecado me concebeu minha mãe"* **(Sl 51:5)**. *"Não têm conta os males que me cercam; as minhas iniqüidades me alcançaram, tantas, que me impedem a vista.*

Não mais numerosas que os cabelos de minha cabeça, e o coração me desfalece." **(Sl 40:12)**. O homem tem tanto pecado, que mesmo sendo cristão, além dos pecados conhecidos, revelados e descobertos pela Palavra de Deus, se somam os pecados ocultos. Desconhecidos de nós próprios, além dos pecados de omissão. Mesmo após a conversão, a natureza pecaminosa nos persegue. Ainda sentimos as insinuações do pecado. Necessitamos do perdão diário de Deus.

Dependemos da obra expiatória de Cristo na Cruz do Calvário, que cobre os nossos pecados, transgressões e iniquidades passados, presentes e futuros. Mas também cobre os nossos pecados ocultos. A condição do benefício da Sua obra redentora está em nos humilharmos diante de Deus e pedirmos o Seu perdão. *"Absolve-me"*, perdoa-me dos pecados conhecidos, dizia Davi, mas também dos pecados desconhecidos.

Este é um pedido por justificação. Mas Davi agora humilhado pela contemplação de si mesmo, faz a segunda oração. O segundo pedido a Deus: *"Também da soberba guarda o Teu servo, que ela não me domine; então, serei irrepreensível e ficarei livre de grande transgressão."* A soberba foi o pecado de Lúcifer que o levou à rebelião contra Deus. A soberba foi o pecado de Saul que o levou a desprezar as ordens de Deus.

A soberba foi o pecado de Davi quando adulterou com Bate-Seba, e assassinou ao seu marido, julgando que podia cometer tamanho pecado e sair incólume, impune. A soberba é a grande transgressão que nos leva ao pecado imperdoável **(Hb 10:26-31)** E, portanto, é algo muito sério. A soberba é o pecado da presunção que leva o pecador a pensar que pode fazer o que quer, independentemente de Deus. Usufruindo de todos os privilégios e passando por alto as suas responsabilidades.

Julgando que é muito bom para ser punido, e que nada vai lhe acontecer por continuar na transgressão. A soberba é a grande transgressão que leva o pecador a recusar ou adiar o arrependimento. A soberba é a grande transgressão da qual precisamos nos livrar pelo poder do Espírito Santo. Davi quando pediu o perdão, ele pedia por justificação.

Agora, ele pede por santificação: ele pediu que Deus o guardasse da soberba, a fim de que ela não o dominasse. Davi entendeu que ele não podia guardar os mandamentos de Deus em sua perfeição; ele compreendeu que não era perfeito e não conseguia observar a todos os requerimentos divinos. O apóstolo Paulo disse por que o pecado não precisa ter mais domínio sobre nós: *"Porque o pecado não terá domínio sobre vós; pois não estais debaixo da lei, e sim da graça."* **(Rm 6:14)**.

Aqui está uma grande verdade dos cristãos: não estamos mais debaixo da condenação da lei mas agora estamos em um novo *"status"*, porque estamos debaixo do poder da graça redentora de Jesus Cristo que morreu por nós. Na Cruz, e enviou ao Espírito Santo para nos guardar do pecado, que começa com a soberba. **Portanto, nós agora podemos perguntar: Se Deus é perfeito como visto pela Sua Criação, e na Sua Palavra, como pode ser o homem perfeito?**

Davi responde: *"Guarda o Teu servo da soberba ... Então, serei irrepreensível (perfeito)"*. Se Deus nos guardar da soberba, do orgulho e da presunção, se humilharmos o nosso coração diante dele, confessando os nossos pecados conhecidos. Reconhecendo a debilidade de nossa natureza pecaminosa, se recebemos o Seu perdão pela fé no sacrifício de Cristo, se formos suficientemente humildes para seguir a orientação divina. Então, seremos perfeitos em nossa esfera de ação. Se formos perdoados pela justificação e transformados pela santificação, então seremos irrepreensíveis, santos e inculpáveis.

Esta é a mensagem do Evangelho para todos. Davi termina o salmo apresentando a sua **3ª prece**: *"As palavras dos meus lábios e o meditar do meu coração sejam agradáveis na tua presença, Senhor, Rocha minha e Redentor meu!"* Davi estava contemplando a si mesmo e percebe que as suas palavras precisam ser melhor escolhidas, que ele precisa vigiar a porta dos seus lábios.

E que os seus pensamentos, produto de sua meditação no mais íntimo da alma precisam do poder divino. Para purificá-los e torná-los agradáveis diante de um Deus que está sempre perto e que Se relaciona com ele de modo a poder dizer: *"Rocha minha e Redentor meu"!* Você também possui este relacionamento pessoal com o seu Senhor?

Também ora para que suas palavras e sua meditação sejam agradáveis a Deus? Davi meditou sobre os céus; ele meditou sobre a Lei do Senhor; Davi meditou sobre a sua natureza pecaminosa, e agora, ele pede que as suas palavras e a sua meditação sejam agradáveis a Deus. Quando é que unicamente as nossas palavras e a nossa meditação podem ser agradáveis a Deus? Somente quando estamos em harmonia com a Sua Palavra. Quando estamos em sintonia com a Bíblia, nós agradamos ao Seu Autor.

Nossas palavras dirigidas a Deus serão preciosas orações de louvor e ações de graças. Nossa meditação será sobre Deus: nós meditaremos sobre o Senhor de nossa vida, sobre a Sua proteção.

E finalmente, descansaremos na Sua redenção, realizada por Jesus Cristo. Hoje muito mais do que no tempo de Davi, temos o conhecimento da *"redenção que há em Cristo Jesus"* **(Rm 3:24)**, e devemos meditar nisso: *"Far-nos-ia bem passar diariamente uma hora a refletir sobre a vida de Jesus. Deveremos tomá-la ponto por ponto, e deixar que a imaginação se apodere de cada cena, especialmente as finais.*

Ao meditar assim em Seu grande sacrifício por nós, nossa confiança nele será mais constante, nosso amor vivificado, e seremos mais profundamente imbuídos de Seu espírito. Se queremos ser salvos afinal, teremos de aprender ao pé da cruz a lição de arrependimento e humilhação." **(Desejado de Todas as Nações, 83:5)**. Então, seremos enobrecidos e transformados, em nosso caráter.

Nossas palavras e pensamentos são renovados e purificados mediante uma leitura consciente e meditativa da Palavra de Deus: *"Bem-aventurado o homem que não anda no conselho dos ímpios ... Antes, o seu prazer está na Lei do Senhor, e na sua Lei medita de dia e de noite."* **(Sl 1:1,2)**.

Aqui está a maior e mais poderosa fonte para nossa meditação diária: a Lei do Senhor, a Palavra de Deus. Sim, é a própria Bíblia. Esta é a maior revelação da perfeição de um Deus que nos deu as Escrituras *"a fim de que o homem de Deus seja perfeito e perfeitamente habilitado para toda boa obra."* **(2Tm 3:17)**.

Portanto, vamos ler mais a Bíblia, o maior segredo de Deus para a perfeição do caráter. Vamos fazer de Jesus Cristo o nosso Senhor a quem obedecemos, a nossa Rocha, em quem nos refugiamos, o nosso Redentor em quem nos salvamos.

Esta é a perfeição humana, que contempla os altos e diz: *"Os céus declaram a glória de Deus!"*; que contempla a Palavra Escrita e diz: *"A Lei do Senhor é perfeita e restaura a alma!"*; que contempla a si mesmo e diz: *"As palavras dos meus lábios e o meditar do meu coração sejam agradáveis na Tua presença, Senhor, Rocha minha e Redentor meu!"*

Pr. Roberto Biagini

Oração em Tempos de Crise

Davi entendia como ninguém o quanto era importante alguém ter suas orações atendidas, principalmente nos momentos mais desesperadores, pois durante a maior parte de sua vida foi vítima de perseguições por parte de terríveis inimigos que desejavam destruí-lo e diversas vezes teve que recorrer a providência divina para garantir sua sobrevivência e a daqueles que com ele andavam. Com certeza, contar a ajuda do Senhor é algo tranquilizador.

Por essa razão o salmista inicia sua oração intercedendo por seus semelhantes e deseja que suas preces possam alcançar os ouvidos de Deus e que ele possa atendê-las com prontidão, levando em conta seus planos e projetos. Garante que ao testemunhar a vitória daqueles que forem abençoados se uniria a eles em cânticos de alegria, festejando suas bênçãos e engrandecendo o nome do Todo Poderoso.

Nisso vemos uma das principais qualidades de Davi. Ao contrário do que acontece entre muitos cristãos em nossos dias, ele conclama aos demais irmãos para que louvem a Deus e se alegrem com aqueles que estiverem alcançando o favor divino, não é egoísta, seu coração não se enche de inveja por ver seu próximo progredir, mas sente-se feliz ao perceber que foram agraciados pela prosperidade.

Ele tem plena convicção de que os fiéis serão recompensados e seus desejos realizados, porque o Santo de Israel sente prazer em atender suas petições. Quanto aos incrédulos e aqueles que negam-se em obedecê-lo, a estes o que está reservado é o tropeço, a queda e a miséria. Esse era o conceito do salmista, para ele o homem que teme e vive em obediência diante do Senhor sempre estará sob sua proteção e cuidados. Por essa razão foi um homem abençoado e próspero durante toda a sua existência.

"Que o Senhor te responda no tempo da angústia, o nome do Deus de Jacó te proteja!

Do santuário te envie auxílio e de Sião te dê apoio. Lembre-se de todas as tuas ofertas e aceite os teus holocaustos.

Conceda-te o desejo do teu coração e leve a efeito todos os teus planos.

Saudaremos a tua vitória com gritos de alegria e ergueremos as nossas bandeiras em nome do nosso Deus.

Que o Senhor atenda todos os teus pedidos! Agora sei que o Senhor dará vitória ao seu ungido, dos seus santos céus lhe responde com o poder salvador da sua mão direita.

Alguns confiam em carros e outros em cavalos, mas nós confiamos no nome do Senhor nosso Deus.

Eles vacilam e caem, mas nós nos erguemos e estamos firmes. Senhor, concede vitória ao rei! Responde-nos quando clamamos!

Salmos 20:1-9

ORAÇÃO EM TEMPOS DE CRISE

Duas histórias me marcaram dias atrás, ambas relacionadas com a prática da oração. A primeira delas é sobre Martinho Lutero. Dizem os estudiosos que Lutero foi um homem dedicado ao extremo à obra de Deus. Incansavelmente, desde o raiar do dia, ele investia horas a fio no estudo, tradução e comentários teológicos, produzindo um vasto material e um grande legado.

Apesar de tantas obrigações auto impostas, Lutero passava uma ou duas horas do dia orando. Curiosa mesmo era sua explicação para orar tanto tempo: "Eu oro muito porque tenho muita coisa para fazer". A segunda história tem como pano de fundo as atividades de uma comissão eclesiástica para a contratação de um pastor. Enquanto a comissão examinava o candidato sobre suas posições teológicas e sua experiência administrativa, uma senhora piedosa o interrogou a respeito de quanto tempo ele gastava em oração.

Um silêncio profundo foi sentido até que outro membro da comissão explicou que o pastor, antes de pregar, dirigiu a igreja em oração por cerca de quatro minutos. A gentil senhora então explicou: "Não foi isso o que eu quis dizer. Eu quero saber quanto o senhor ora pela igreja, pelos membros e por você mesmo em seu tempo devocional".

Essas duas histórias chamaram minha atenção, pois falam da oração feita em momentos em que se imagina que ela consome tempo e esforço necessários para tarefas "mais importantes". As duas histórias nos lembram como esse conceito é falso e quanto a oração é necessária, *inclusive* – se não "principalmente" –, nos momentos mais atarefados e difíceis da vida. O rei Davi é um bom exemplo, no *Salmo 20*, de priorização da oração em momentos difíceis. Ao que tudo indica, ele vivenciava a iminência de uma guerra. A batalha se aproximava e todos os preparativos deviam ser feitos: O deslocamento das tropas, a preparação das armas.

A instrução dos comandantes, a organização das provisões, o encorajamento dos soldados e muitas outras tarefas imprescindíveis para enfrentar militarmente um inimigo. Tudo isso leva tempo e dá muito trabalho. Na verdade, exige empenho total, principalmente por parte do comandante – nesse caso, o rei. É nesse momento tão atarefado que Davi encontra tempo para orar, ou melhor, ele prioriza a oração. E não somente para ele, mas para todo o povo.

O *Salmo 20* é uma composição a fim de os israelitas se dirigirem a Deus em oração pedindo suas bênçãos sobre o exército e clamando por vitória para seu rei. O mesmo salmo parece servir como veículo para levar o povo da terra e os soldados a atitudes corretas diante de Deus a fim de, com a verdade em mente.

Cumprir cada um seu papel em consonância com a vontade do Senhor. Pelo menos *três atitudes* são incentivadas por Davi por meio do salmo que deveria ser repetido, em espírito de oração, pelo povo. A primeira delas é a **petição**. O salmo inicia com o povo orando pelo rei (*v.1*): "Que o Senhor te atenda no dia perigoso. Que o nome do Deus de Jacó te defenda".

Como o rei Davi lutou com o exército e o liderou no campo de batalha por boa parte da sua vida, o povo clama a Deus que lhe dê proteção diante do perigo de ser ferido na luta e para ser mantido seguro. A ideia é ser colocado em um lugar alto, como um pequeno filhote, para os predadores não o alcançarem. Apesar de haver um exército para proteger o rei, sem falar na sua guarda pessoal, o povo clama por um auxílio que vem de outra fonte que não soldados e generais.

O pedido é (*v.2*): "Que envie ajuda para ti do santuário e de Sião te sustente". A fonte da ajuda a Davi deveria vir do "santuário" e do "monte Sião", ambos localizados em Jerusalém. Na verdade, essa é uma figura de linguagem para se referir àquele que era adorado no santuário e em Sião. É o Senhor Deus a fonte da proteção do seu servo na batalha. Esse tom de petição permanece até o final do salmo (*v.9*): "Preserve o rei, ó Senhor. A segunda atitude é a **submissão**.

Apesar de o desejo do povo, dos soldados e do próprio rei ser a vitória, sua petição se submete ao plano e ao desejo do Deus dos exércitos. Sua oração não age como se fosse um modo de convencer Deus a cumprir a vontade dos pedintes. Ao contrário, é um ato de confiança e de submissão àquele cuja vontade é boa (*Rm 12.2*) e cuja soberania é imbatível (*Dn 4.35.Ef 1.11*). Assim, eles oram (*v.4*): "Dê-lhe conforme o teu coração e cumpra todos os teus planos"). Essa é uma oração corajosa.

Lógica também, pois se baseia na revelação das *Escrituras* de que Deus faz tudo conforme lhe apraz. Entretanto, é corajosa por abrir mão de decidir seu rumo confiando que os rumos do Senhor, coincidindo ou não com o dos solicitantes, são sempre os melhores. Portanto, não é uma coragem irresponsável, mas a confiança corajosa de quem conhece seu Senhor. Por isso, eles declaram (*v.7*): "Uns confiam nos carros e outros nos cavalos, mas nós invocaremos o nome do Senhor nosso Deus.

A terceira é a **gratidão**. Mesmo parecendo extemporâneo, o povo, pela escrita de Davi, já fala de agradecimentos e louvores a Deus pela vitória. Devemos notar que não há aqui qualquer tipo de superstição do tipo "agradeça antes para que venha a acontecer". O salmista conhece o modo de Deus agir nas situações da vida. Não era a primeira vez que Davi lutaria apoiado por Deus.

Ele sabia como Deus o suportou no passado e como o sustentava agora. Portanto, depois de exibir confiança no Senhor, ele leva agora o povo a declarar sua gratidão a Deus e se preparar para louvá-lo na sequência da sua atuação em prol dos servos. Consequentemente, eles proclamam (*v.5*):

"Celebremos nós pelo teu livramento e icemos a bandeira pelo nome do nosso Deus Só então, depois de escrever um salmo, reunir o povo e levá-los a orar a Deus pedindo proteção e vitória para o rei e seu exército, é que os preparativos para a guerra encontram oportunidade de acontecer. A lição parece ter-se perpetuado, pois, Josafá – mais de um século depois. Ao receber a notícia de que três exércitos se aproximavam por um caminho inesperado e sem defesas (*2Cr 20*), estando a menos de um dia de Jerusalém –, em lugar de se desesperar e correr atrás dos preparativos para a guerra.

Em primeiro lugar, se dobrou em oração perante o Senhor e levou o povo a fazer o mesmo (*2Cr 20.3,4*). O resultado foi uma vitória fantástica (*2Cr 20.22-25*). Que exemplos como esses nos ensinem e nos motivem a buscar Deus, não apenas "apesar da falta de tempo", mas "por causa da falta de tempo". Afinal, qual é o preparativo ou a providência que não vêm das mãos daquele que é soberano sobre tudo e que cuida com amor e zelo daqueles que lhe pertencem?

Pr. Thomas Tronco

A intercessão do Salmista

Os Salmos 20 e 21 se complementam e são conhecidos como os Salmos de Guerra. O Salmo 20 era uma música de encorajamento cantada antes da batalha e o Salmo 21 era uma música de celebração cantada depois da batalha.

Se o povo estivesse vivendo no centro da vontade de Deus tinha a garantia de que podia contar com Deus para protege-lo. Deus estava disposto e era capaz de entregar o resultado que o Seu povo precisava. Não havia dúvida ou hesitação, mas uma forte confiança a qual elevava o ânimo dos soldados na batalha. Deus era o comandante-em-chefe acima do Rei, que era o general e líder dos soldados que saíam à peleja.

A beleza deste Salmo é o conceito da presença e da vitória de Deus, mesmo antes da batalha começar. Essa confiança se manifestava numa certeza que era contagiante. Os ingredientes para a vitória naquela época são aplicáveis aos crentes de hoje. Diante da realidade da grande guerra entre o bem e o mal, devemos nos apegar às promessas de Deus encontradas em Sua Palavra e proclamar a nossa confiança num resultado positivo.

Os tempos e a cultura são diferentes, mas os princípios para a vitória permanecem os mesmos. Ao nos envolvermos na guerra contra os principados e potestades (Efésios 6:10-18) Coloquemos em prática os mesmos princípios apresentados nos Salmos 20 e 21. **A oração de intercessão:** No versículo 1, somos lembrados acerca do poder da oração intercessora. Quando a liderança está envolvida, ou estiver prestes a se envolver em empreendimentos ousados para Deus, crentes fiéis são necessários a fim de orarem em prol da vitória deles. Quando os crentes oram de acordo com a vontade de Deus.

Podem esperar que grandes coisas aconteçam. Ao enfrentarmos angústias e perplexidades busquemos a Deus em oração, individual e coletivamente. À medida que invocamos Seu nome, citando a Sua Palavra e reivindicando Suas promessas, temos todo o direito de reivindicar a vitória, assim como os israelitas do passado fizeram.

A força do santuário: A ajuda vem do santuário onde Deus está ministrando em nosso benefício. Estas palavras transmitem um sentimento de certeza. Há um conhecimento acerca do que Deus é e do que Ele está fazendo. Temos um amigo nos lugares celestiais e Ele está preocupado conosco e com nosso bem-estar.

Ele também está interessado nos desejos do nosso coração e em nossos propósitos acalentados que coincidem com o Seu plano divino. Podemos ter confiança de que Deus nos conduzirá a um final feliz! — **Delbert Baker** — **Vice-presidente da Igreja Adventista do Sétimo Dia**

Cântico de Vitória

É algo comum que nos alegremos após uma grande vitória, o coração e a alma exultam juntamente e nossa fé na providência divina se fortalece. Incontáveis vezes o salmista teve a oportunidade de louvar ao Senhor pelas muitas conquistas alcançadas durante suas batalhas contra os inimigos de Israel. Neste Salmo, bem como em vários outros, ele se regozija diante de Deus que ouviu sua oração e lhe deu livramento.

Ao ver cumprido seus desejos sobre aqueles que o perseguiam ela se mostra agradecido ao Altíssimo por não ter se negado a atender suas súplicas. Por lhe ter dado longevidade de dias e o coroado como rei do seu povo. Afirma que, por causa de suas respostas diante do seu clamor, sua fé é continuamente fortificada e dessa maneira jamais vacilará seus pés.

Ele era convicto de que a mão do Santo de Israel destruiria seus contrários. Este salmo também faz menção do livramento que o Pai daria a seu Filho, Jesus, quando este viesse como o Messias para libertar Israel. Muitos seriam os que se levantariam contra ele, o perseguiriam com ódio cruel. Mas não alcançariam êxito nas suas investidas contra o Rei porque com ele estaria continuamente a proteção divina.

Somente o Calvário seria definitivo para que se cumprissem as Escrituras. O salmo 21 é uma profecia, uma alusão ao futuro vitorioso de nosso Salvador.

O rei se alegra em tua força, SENHOR; e na tua salvação grandemente se regozija.

Cumpriste-lhe o desejo do seu coração, e não negaste as súplicas dos seus lábios. (Selá.)

Pois vais ao seu encontro com as bênçãos de bondade; pões na sua cabeça uma coroa de ouro fino.

Vida te pediu, e lhe deste, mesmo longura de dias para sempre e eternamente.

Grande é a sua glória pela tua salvação; glória e majestade puseste sobre ele.

Pois o abençoaste para sempre; tu o enches de gozo com a tua face. Porque o rei confia no Senhor, e pela misericórdia do Altíssimo nunca vacilará.

A tua mão alcançará todos os teus inimigos, a tua mão direita alcançará aqueles que te odeiam.

Tu os farás como um forno de fogo no tempo da tua ira; o Senhor os devorará na sua indignação, e o fogo os consumirá.

Seu fruto destruirás da terra, e a sua semente dentre os filhos dos homens.

Porque intentaram o mal contra ti; maquinaram um ardil, mas não prevalecerão.

Assim que tu lhes farás voltar as costas; e com tuas flechas postas nas cordas lhes apontarás ao rosto.

Exalta-te, Senhor, na tua força; então cantaremos e louvaremos o teu poder. <u>*Salmos 21:1-13*</u>

Ações que nos Levam a Agradecer

Li, certa vez, sobre um capelão do Exército americano chamado Clark Vandersall Poling, ex-aluno da Yale Divinity School. Em 3 de fevereiro de 1943, em meio à Segunda Gerra Mundial, ele estava a bordo do navio cargueiro U.S.S. Dorchester, que transportava mais de novecentos homens, quando sofreu um ataque de  torpedos.

Era madrugada e eles estavam no mar gelado cheio de *icebergs*. Vinte e cinco minutos foram suficientes para afundar o navio e lançar no mar da madrugada fria os quase mil homens. A contagem de mortos foi de 678 homens – mais de dois terços do total.

Entre eles havia quatro capelães, incluindo Clark Poling. Relatos dão conta de que os quatro cederam a outros os seus coletes salva-vidas e foram vistos pela última vez de mãos dadas orando pela segurança dos soldados. Tal atitude de bravura e abnegação fez com que os quatro capelães tivessem seus nomes e rostos estampados em selos, placas comemorativas

Pinturas, vitrais e até em um monumento em homenagem a eles. Atitudes como as desses capelães são lembradas e recontadas muitas vezes, muito tempo depois de acontecerem. Geram um misto de sentimentos nas pessoas como admiração, tristeza e agradecimento.

A guerra, em meio às suas atrocidades, consegue destacar atitudes e desprendidas de homens que, mesmo mortos, dão bons exemplos encorajam outros a darem o melhor de si. Por isso, nos muitos documentários que li e vi em vídeos, percebi que algo se repete como um eco. Muitos guerreiros, de volta às suas casas, costumam dizer duas coisas: a primeira é que "os verdadeiros heróis são aqueles que morreram nos campos de batalha"; a segunda é que são gratos a alguém que fez algo incrível por eles.

Às vezes dando a própria vida para salvá-los. O rei Davi também era grato por ações de outro nas batalhas, a saber, ao próprio Deus. O *Salmo 21* é um cântico de gratidão por ações ainda mais eficazes que as dos heróis guerreiros. Davi demonstra uma alegria contagiante ao lembrar o que Deus fez por ele. Por isso, o salmista inicia (*v.1*) seu cântico dizendo: "Senhor, o rei se regozija no teu poder e quão grande é a alegria no teu livramento!".

O rei em questão é o próprio salmista que, curiosamente, se refere a si mesmo na terceira pessoa (*ele*) por todo o salmo. Quanto à sua exultação, ela tem motivos bem definidos. Há, nesse salmo, pelo menos *cinco ações* de Deus que costumam produzir louvores nos seus servos. A primeira delas é **atender as orações**. Davi diz (*v.2*) a Deus: "Concedeste-lhe os desejos do seu coração. Esse tipo de linguagem quase sempre está ligado não apenas aos desejos do servo, mas à sua oração por eles.

É o caso desse exemplo. O salmista não apenas tem necessidades, mas pede a Deus que intervenha nelas. O pranto se torna riso quando Deus, não alheio à condição e aflição do servo, ouve a súplica do rei e a atende. A exultação de Davi está, portanto, no fato de o Senhor ter respondido seu pedido. Por isso escreve: "E não negaste o pedido dos seus lábios". A segunda é **agir com bondade**. A palavra "pois", no início do *v.3*.

Demonstra que o que ele vai dizer a seguir está relacionado com o que já afirmou no verso anterior. É uma explicação que associa a resposta de Deus com sua bondade. O texto traz: "Pois leva-lhe bênçãos de bondade. É a ideia de alguém que deixa seu conforto para "sair ao encontro" de outro a fim de, especificamente, entregar-lhe coisas boas que são fruto de um coração benigno e amoroso.

Não é de espantar que Davi, diante do Senhor dos senhores, que de ninguém precisa, fique alegre a agradecido por vê-lo agir desse modo. A visão da bondade de Deus se perfaz no resultado da ação: "Colocas sobre a sua cabeça uma coroa de ouro refinado" Esse é o vislumbre da vitória de Davi sobre seus inimigos.

E o reconhecimento público da sua entronização sobre Israel, tudo isso efetivado pelo Senhor. A terceira ação é **produzir alegria**. Depois de os *vv.4,5* corroborarem a visão das benesses de Deus sobre o rei, o *v.6* explica que as "bênçãos de bondade" não foram dadas de modo transitório.

Davi está extasiado diante do Senhor "pois lhe preparaste bênçãos perpétuas". "Bênçãos sem fim" também é uma tradução possível para a expressão usada pelo salmista. Deus não foi parcimonioso com seu servo. Resolveu abençoá-lo e nada vai mudar tal desejo ou a aplicação da soberania divina. O resultado de uma ação desse porte é a resposta alegre de Davi.

Na verdade, as bênçãos de Deus aqui descritas produzem, por si só, tal alegria. Portanto, Davi completa: "Encheste-lhe de alegria com a tua presença". A quarta ação de Deus que gera louvores é **fortalecer os servos**. Sempre que se fala de Davi, seja como rei, seja como salmista, seja como refugiado, precisa-se apontar sua constância como servo de Deus. Ele não era uma pessoa que agia de um modo quando tudo ia bem e de outro quando as coisas ficavam difíceis. Sua constância estava embasada na constância.

E na bondade do próprio Deus em quem esperava. Por isso, proclama o salmista (*v.7*): "O rei, pois, é alguém que confia no Senhor". Se isso é realidade enquanto escreve o salmo, sabe ele que também o será no futuro, pois acrescenta: "E com a fidelidade do Altíssimo ele não falhará". Por fim, a quinta ação é **vencer o mal**. A confiança de Davi não é sem razão. Depois de andar toda sua vida na presença de Deus, aprendeu sobre o modo de ele agir contra aqueles que lhe são contrários.

Assim, os inimigos de Deus, que também eram inimigos do seu servo, seriam alvo da mão punitiva do reto juiz. Na certeza de que mais uma vez tal seria a ação de Deus em seu favor, Davi se alegra desde já dizendo (*v.8*): "A tua mão cairá sobre todos quantos lhe são hostis; a tua destra atingirá aqueles que te odeiam".

Assim, tantos os "maus" como o "mal" que produzem encontrarão um fim nas mãos punitivas do santo Deus. Não é pouco o que fez o Senhor por Davi para produzir nele todo o louvor e gratidão demonstrados nesse salmo. Na verdade, nem é pouco o que o Senhor tem feito pelos seus servos, incluindo a nós mesmos. O problema, muitas vezes, longe de estar nas mãos do Senhor, está nos olhos dos servos que deixam passar despercebidas atuações divinas tão grandiosas como essas.

Quando os olhos dos servos, desprovidos de confiança e esperança. Voltam-se apenas para as circunstâncias e dificuldades da vida e se afastam da bondade do Soberano, a benesse do Senhor não é notada. Isso cria crentes lamuriosos e descontentes. Contudo, basta notar o que Deus tem feito e sido para seu povo. Basta ver o modo como responde suas orações, como age com bondade para com eles.

A alegria que sua presença lhes causa quando mantêm comunhão, o modo como os fortalece e como os livra do mal. Essa observação produzirá, certamente, em todos nós que já entregamos a vida a Cristo e que pertencemos ao Senhor da igreja, a mesma conclusão (*v.13*) Com a qual Davi encerrou o *Salmo 21*: "Cantemos e façamos músicas sobre a tua força". Em outras palavras, "louvemos e sejamos gratos ao nosso santo Deus".

Pr. Thomas Tronco

O Salmo Messiânico

O salmo em questão é conhecido como "Messiânico" porque nele é citada a conhecida frase pronunciada por Cristo na cruz nos momentos finais de sua expiação pelos nossos pecados, ali o Senhor meio a ânsia da morte eleva os olhos aos céus e indaga ao Pai porque o havia abandonado. Na verdade, existe aqui uma relação profética entre Davi e seu futuro descendente, o Messias.

Que se assentaria eternamente no seu trono, como foi confirmado da parte de Deus ao rei, através do profeta. Inspirado pelo Espírito Santo, o salmista inicia sua oração, pronunciando as mesmas palavras que Jesus iria falar nos seus últimos instantes no Calvário. Em contrapartida, Cristo pronuncia a expressão de Davi séculos atrás, confirmando a profunda veracidade da revelação por ele recebida da parte do Altíssimo séculos atrás. Na verdade, o Pai jamais abandonou o Filho.

Essa frase citada por Jesus na cruz foi apenas para confirmar a profecia revelada ao salmista. Davi diz ao Senhor que ele havia ouvido e atendido as orações de seus antepassados porque eles eram mais dignos do que ele, que não passava de um verme, merecedor do escárnio e da zombaria de seus inimigos. Porém, clama para que seja liberto, livre da opressão de seus adversários.

Afirma pertencer ao Altíssimo desde o ventre de sua mãe e que necessita de sua proteção, pois grande é a perseguição sofrida por seus adversários. Humildemente, reconhece ser incapaz de oferecer a Deus algo material que seja precioso aos seus olhos, visto que ele é o dono do ouro e da prata. Então finaliza prometendo ao seu libertador que após ser liberto e reinar a paz na sua vida irá se reunir com os demais adoradores no templo e ali ofertará ao Senhor louvores como agradecimentos pela vitória alcançada.

"Meu Deus! Meu Deus! Por que me abandonaste? Por que estás tão longe de salvar-me, tão longe dos meus gritos de angústia?

Meu Deus! Eu clamo de dia, mas não respondes; de noite, e não recebo alívio! Tu, porém, és o Santo, és rei, és o louvor de Israel.

Em ti os nossos antepassados puseram a sua confiança; confiaram, e os livraste.

Clamaram a ti, e foram libertos, em ti confiaram, e não se decepcionaram.

Mas eu sou verme, e não homem, motivo de zombaria e objeto de desprezo do povo.

Caçoam de mim todos os que me veem; balançando a cabeça, lançam insultos contra mim, dizendo:

"Recorra ao Senhor! Que o Senhor o liberte! Que ele o livre, já que lhe quer bem! "

Contudo, tu mesmo me tiraste do ventre; deste-me segurança junto ao seio de minha mãe.

Desde que nasci fui entregue a ti; desde o ventre materno és o meu Deus.

Não fiques distante de mim, pois a angústia está perto e não há ninguém que me socorra.

Muitos touros me cercam, sim, rodeiam-me os poderosos de Basã. Como leão voraz rugindo escancaram a boca contra mim. Como água me derramei, e todos os meus ossos estão desconjuntados.

Meu coração se tornou como cera, derreteu-se no meu íntimo. Meu vigor secou-se como um caco de barro, e a minha língua gruda no céu da boca, deixaste-me no pó, à beira da morte.

Cães me rodearam! Um bando de homens maus me cercou! Perfuraram minhas mãos e meus pés.

Posso contar todos os meus ossos, mas eles me encaram com desprezo. Dividiram as minhas roupas entre si, e tiraram sortes pelas minhas vestes.

Tu, porém, Senhor, não fiques distante! Ó minha força, vem logo em meu socorro!

Livra-me da espada, livra a minha vida do ataque dos cães. Salva-me da boca dos leões, e dos chifres dos bois selvagens. E tu me respondeste.

Proclamarei o teu nome a meus irmãos; na assembleia te louvarei. Louvem-no, vocês que temem o Senhor! Glorifiquem-no, todos vocês, descendentes de Jacó! Tremam diante dele, todos vocês, descendentes de Israel!

Pois não menosprezou nem repudiou o sofrimento do aflito; não escondeu dele o rosto, mas ouviu o seu grito de socorro.

De ti vem o tema do meu louvor na grande assembleia; na presença dos que te temem cumprirei os meus votos

Os pobres comerão até ficarem satisfeitos; aqueles que buscam o Senhor o louvarão! Que vocês tenham vida longa!

Todos os confins da terra se lembrarão e se voltarão para o Senhor, e todas as famílias das nações se prostrarão diante dele, pois do Senhor é o reino; ele governa as nações.

Todos os ricos da terra se banquetearão e o adorarão; haverão de ajoelhar-se diante dele todos os que descem ao pó, cuja vida se esvai.

A posteridade o servirá; gerações futuras ouvirão falar do Senhor, e a um povo que ainda não nasceu proclamarão seus feitos de justiça, pois ele agiu poderosamente.

Salmos 22:1-31

DEUS OUVE E ATENDE NOS TEMPOS DE TRIBULIÇÃO

Na tradição judaico-cristã, muitos salmos ganharam lugar de destaque. Pode-se notar que o salmo 1, salmo 23, salmo 51, salmo 100, salmo 148 e outros vêm à mente sem muito esforço. O salmo 22, por sua vez, tem um destaque importante, dado que carrega uma guia de estruturação e interpretação para a narrativa da paixão de Cristo, recorda Shipp (2011, p. 47).

A inspiração divina levou Davi a escrever este salmo "extraordinário". Destacam-se elementos como a beleza da sua poesia, a ousadia das suas imagens e a sua amplidão em âmbito histórico.

Além disso, o que mais impressiona é o seu caráter messiânico. Alguns aspectos da crucificação de Jesus Cristo estão nitidamente visíveis: A frase "Meu Deus, Deus meu, por que me abandonaste?" (v.22, 1; cf. Mc, 15-34), os insultos dos espectadores (Sl 22, 6-8; cf. Mt 27, 39-43), a perfuração das suas mãos e dos seus pés (Sl 22, 17;cf. Jo 20, 24-27), a repartição das suas roupas e o sorteio das suas vestes (Sl 22, 19; cf. Jo 19,24).

Em Hebreus 2, 12, vê-se também nas palavras de Jesus uma referência sálmica: "Anunciarei o teu nome aos meus irmãos; em plena assembleia te louvarei" (Sl 22,22). Este fato ajuda a evidenciar ainda mais o caráter messiânico apresentado neste estudo. (Heinemann, 1990, p. 286).

Para melhor elucidação, seguem-se em breve análise alguns aspectos: o gênero, a estruturação e a mensagem do salmo. O salmo 22 é uma súplica impressionante. Encaixa-se impecavelmente nos cânones da súplica individual. A descrição da situação trágica do orador e o apelo ao que é e foi o Senhor, para os outros e para ele, são as motivações que apoiam a súplica. Mesmo se tratando de uma tribulação pessoal, vê-se a promessa de uma ação de graças pública e ritual.

Dentro do gênero, por ser um poema forte, pode-se destacar vários conceitos, a saber: a urgência: é uma súplica que parece ter a sua origem em outras súplicas anteriores não escutadas; a intensidade da expressão. Combinação de descrições hiperbólicas (realismo e fantasia), ampla sem ser difusa; nem confessa nem deixa entrever que tenha alguma culpa, além disso, não invoca o castigo de seus inimigos.

A prevista e prometida ação de graças tem extensão inusitada: aproximadamente dois quintos do salmo. (SCHÖKEL, 1996, p. 360-1). Neste salmo, o anúncio da libertação tem consequência imensa, ampla e duradoura. É importante saber também que mais do que nenhum outro do AT, este salmo influenciou nos relatos evangélicos da paixão;

Supõe e descreve a situação crítica típica, e o realiza com acerto poético insuperado em todo o saltério. Em sua estrutura, o salmo 22 segue o padrão da maioria dos salmos de lamento individual. Primeiro, uma introdução que pode ser feita em forma de petição, queixa ou mesmo uma ação de graças.

Depois, realiza-se uma denúncia, o salmista apresenta o seu problema ao Senhor, podendo ainda incluir uma queixa e uma petição. A última parte contém a resposta e um louvor a Deus feito pelo salmista, por ter sido escutado.

Existem divergências entre alguns autores no que diz respeito à estruturação, no entanto, decidiu-se adotar a estrutura anteriormente apresentada, conforme os estudos de Shipp (2011, p. 51):Vv. 1-2: introdução / destinado a Deus:

O salmista tem problemas internos e externos, mas, neste caso, o problema fundamental é com Deus. Aparece aqui uma acusação a Deus, questionando a sua distância e o aparente desinteresse diante da situação.Vv.3-21a: a seção da denúncia: os elementos da denúncia são repetidos duas vezes pelo salmista com o intuito de enfatizar a sua queixa. Primeiramente, (vv. 3-8 e 9-10) a razão do contraste. Depois o primeiro apelo no versículo 11 (com o segundo contraste nos vv. 9-21a).

Em seguida a queixa (com as ameaças externas, inimigos como animais selvagens e angústia interna com repetição nos vv. 16 – 18).21b: a seção da resposta. Neste versículo, encontra-se a resposta característica: "sim, livra-me dos chifres do boi selvagem" *. Segue-se um voto inicial de louvor (v. 22 repetido no v.25). Depois, um convite para o louvor (v.23) e a razão para fazer o louvor (v. 24). Vv. 27-31:

O salmo é finalizado com um convite para o louvor caracterizado pelo fato de ser um convite universal. No salmo 22, nota-se que existe uma relação íntima e pessoal entre o justo e Javé. A prova disso é que o justo faz o uso de "meu Deus" para dirigir-se a Javé.

Entretanto, percebe-se que existe uma sensação de ausência, de *abandono*. Por isso, vê-se um apelo ao passado, faz-se memória. Um exemplo é o fato de que os antepassados confiavam em Javé e eram libertados. Isso aconteceu, especialmente, no Egito quando os hebreus clamaram a Javé.

Ele *ouviu o clamor*, *desceu* e *libertou*. A coragem e a confiança de clamar brotam desse contato com o Deus da aliança. A imagem mais bela de Deus neste salmo é, assim, a do Deus que ouve o clamor do pobre injustiçado e o liberta, levando-o a cantar hino de louvor. Partindo-se da narração dos evangelhos, em Marcos (15,34) e Mateus (27,46), pode-se ver Jesus rezando este salmo na cruz. Ele é o justo inocente que clama confiante.

A *resposta de Deus* é a *ressurreição*. Por isso, é importante atentar-se para todos os clamores que foram ouvidos e atendidos por Jesus ao longo da Sua vida. Por se tratar de uma súplica de um inocente injustiçado, este salmo é apropriado para as ocasiões de clamor e súplica.

A descrição dos injustos (leão, touro, búfalo) recorda a violência nos campos e as lutas dos sem-terra. Além disso, faz pensar nos momentos de solidariedade com os sofredores, quando é possível fazer-se voz dos que não a tem. (BERTOLINI, p. 101, 2006).

Mesmo não podendo relacionar o salmo a um evento específico da vida de Davi, a autoria lhe é atribuída tomando por base a sua árdua odisseia espiritual. Além disso, tendo sido capaz de profetizar, como pode-se notar em At 2, 28-31, é justo que Jesus, sendo herdeiro de Davi, aproprie-se do salmo para melhor expressão do evento da história da salvação. Afinal, não é possível fazer a leitura deste salmo sem lembrar-se do calvário.

Mesmo estando fortemente ligado a Davi em seu sentido histórico, é importante vê-lo à luz dos escritos dos Evangelhos. (PATTERSON, 2004, p. 231). No salmo 22, é possível ver que Jesus faz deste salmo o Seu salmo. Nota-se, a partir disso, a profundidade desta mensagem.

Mesmo tratando-se de uma súplica que descreve muito bem o sofrimento do justo, é muito importante ver a sua capacidade animadora: *Deus ouve* atentamente o pedido daquele que está aflito e *dá a Sua ajuda nos tempos de tribulação*. * Nesta citação, para melhor aproximação do sentido original, faz-se o uso de uma tradução do hebraico

(Disponível,em:<http://www.judaismoiberico.org/interlinear/tanakh/2622P T.HTM>. Acesso em 08 fev 2017.)

INTERPRETAÇÃO DO SALMO 22:

Versículo 1 A 3 – Deus Meu, Deus Meu

Nos primeiros versículos do Salmo 22 percebe-se um sentido agudo de aflição de Davi, em que ele lamenta o sentimento de afastamento de Deus. Essas foram as mesmas palavras pronunciadas por Jesus durante a sua agonia na cruz e por isso reflete o extremo desespero que Davi se encontrava naquele momento.

Versículo 4 – Em Ti Confiaram Nossos Pais.

Em meio a dor e desespero, Davi confessa que a sua fé é no Deus louvado pelos seus pais. Ele lembra que Deus foi fiel às suas gerações anteriores e que tem certeza de que continuará sendo fiel às gerações posteriores que continuam leais a ele.

Versículo 5 A 8 – Mas Eu Sou Verme, E Não Homem

Davi estava exposto a um sofrimento tão grande que se sente menos humano, ele descreve-se como um verme. Sentindo-se no fundo do poço, os seus inimigos ridicularizaram a fé que Davi tinha no Senhor e sua esperança de salvação.

Versículos 9 E 10 – O Que Me Preservaste Mesmo com tanto deboche à sua volta, Davi retoma suas forças e as deposita no Senhor.

Aquele que confiou durante toda a sua vida. Em vez de duvidar da bondade divina durante o período mais difícil de sua vida, ele prova o poder da fé reafirmando seu louvor ao seu único Deus por toda a vida.

Versículo 11 – Não Te Alongues De Mim

Novamente ele repete seu lamento inicial, reafirmando que não é capaz de tolerar o sofrimento sem ajuda de Deus.

Versículos 12 A 15 – Como Água Me Derramei

Nestes versículos do Salmo 22, o salmista usa descrições vívidas para detalhar sua angústia. Ele cita seus inimigos como touros e leões, mostrando que sua aflição é tão profunda que ele sente a sua vida sugada, como se alguém esvaziasse um jarro d´água. Ainda na referência da água, ele aplica as palavras de Jo 19.28, ao dizer que as palavras de Jesus tenho sede, expressando sua secura terrível.

Versículos 16 E 17 – Pois Cães Me Rodeiam

Nestes versículos, Davi cita os cães como a terceira representação animal de seus inimigos. Nessa citação ele prevê claramente a crucificação de Jesus. As figuras de linguagem utilizadas representam as tristes vivências de Davi e os sofrimentos que Jesus viria sofrer.

Versículo 18 – Repartem Entre Si As Minhas Vestes

Neste trecho, Davi alerta que na crucificação de Jesus, os soldados tirariam as vestes de Cristo e tiraram a sorte entre eles, cumprindo fielmente essas palavras

Versículos 19 A 21 – Salva-Me Da Boca Do Leão

Até este versículo, o foco do Salmo 22 era o sofrimento de Davi. O Senhor aqui aparecia distante apesar do clamor do salmista. Ele é chamado para socorrer e livrar Davi como a sua última saída.

O emprego de metáforas animais volta a acontecer, citando cães, leões e agora também unicórnios.

Versículos 22 A 24 – Louvar-Te-Ei No Meio Da Congregação

Este versículo mostra como Deus liberta de toda a dor do salmista. Aqui, Deus já socorreu Davi depois de tanto sofrimento. Depois de tantas palavras de aflição, agora o auxílio de Deus faz com que o salmista se sinta amparado, e por isso evoca palavras de gratidão e devoção. Deus está próximo, responde e salva e por isso, sua fé e suas esperanças não foram em vão.

Versículos 25 E 26 – Os Mansos Comerão E Se Fartarão

Depois de salvo por Deus, Davi promete louvar e evangelizar em seu nome, a sua proclamação pública iria estimular os demais fiéis e depositar sua fé no Senhor, que nunca abandona aqueles que confiam nele.

Versículos 27 A 30 – Porque O Domínio É Do Senhor

Diante de sua salvação, Davi decide que precisa disseminar a palavra sagrada para além de Judá. Ele queria a propagação do Evangelho, a benção de todas as nações.

Versículo 31 – A Um Povo Que Há De Nascer Contarão O Que Ele Fez

A mensagem final mostra que a morte e ressurreição de Cristo irá espalhar a crença no Senhor por toda a terra e por todas as eras. As pessoas ouviram a mensagem clara do Senhor e o seguirão com fé

O Bom Pastor

O Salmo vinte e três encontra-se entre os mais lidos pelos cristãos da atualidade por ser uma oração que confirma as bênçãos do Senhor sobre a vida da igreja, e por causa disso se tornou um talismã de sorte para alguns, que costumam ler e até pregar nas suas paredes e portas para atrair a prosperidade. Porém, a importância desta oração de Davi não se limita apenas em solicitar a ajuda de Deus, mas para mostrar seus cuidados para com seu povo.

O objetivo central do salmista é expor aos salvos o quanto é bom e recompensador adorar e servir ao Senhor com fidelidade, pois ele ouvirá suas súplicas, atenderá as petições e se inclinará para estender as mãos para abençoar todos aqueles que viverem em total comunhão com ele. Não adiantará para ninguém simplesmente colar na porta de sua casa uma cópia do Salmo 23 ou 91 e pensar que com isso alcançará as bênçãos divinas.

Antes, porém, é necessário viver em justiça, esforçando-se para obedecer às suas exigências descritas na sua Palavra e buscar constantemente a santificação do corpo para iluminar a alma, fugindo da prática voluntária do pecado e seguir sua caminhada neste mundo.

Desviando-se da aparência do mal. Estes serão, sem sombra de dúvida recompensados pelos esforços feitos em agradar o Santo de Israel, então ele os ouvirá e os abençoará.

O Senhor é o meu pastor; de nada terei falta. Em verdes pastagens me faz repousar e me conduz a águas tranquilas.

Restaura-me o vigor. Guia-me nas veredas da justiça por amor do seu nome.

Mesmo quando eu andar por um vale de trevas e morte, não temerei perigo algum, pois tu estás comigo; a tua vara e o teu cajado me protegem.

Preparas um banquete para mim à vista dos meus inimigos. Tu me honras, ungindo a minha cabeça com óleo e fazendo transbordar o meu cálice.

Sei que a bondade e a fidelidade me acompanharão todos os dias da minha vida, e voltarei à casa do Senhor enquanto eu viver.

Salmos 23:1-6

O Salmo 23, é provavelmente um dos salmos mais conhecidos por todos. É incrível que, diferente de muitos outros cânticos, o salmista não começa se irando contra seus inimigos, ou algo semelhante a isso, muito pelo contrário, esse salmo se caracteriza pela bondade do Pastor com as suas ovelhas.

Existe uma jornada ainda inexplorada em cima desse texto sagrado. Estamos constantemente escutando pessoas ministrar ou mencionar ele, porém, muitas erram pensando que por estar escrito: "O Senhor é meu pastor e nada me faltará", pensam que não vão passar por provas ou lutas.

Veremos no decorrer do estudo, que não foi isso que o salmista quis dizer. Na verdade, existe 7 provisões que o Pastor supre para suas ovelhas, demonstrando exclusivamente nesse texto, vamos estudar todas elas, continue lendo pois Davi que foi o escritor desse salmo, deixa-nos ricos aprendizados. Minha intenção ao escrever esse artigo, não é fazer como muitos que abrem o Salmo 23 e colocam a Bíblia na estante, ou até mesmo fazem um quadro com as palavras nele contida.

Quero de verdade, que você entenda o que está escrito e possa aplicar nas diversas situações da sua vida. Para isso, vou utilizar os 5 passos altamente eficaz para um bom estudo bíblico. Oesterley também escreve: *"Esse breve e seleto salmo, provavelmente o mais conhecido de todos os salmos, relata de alguém cuja confiança sublime em Deus lhe trouxe paz e contentamento. O relacionamento íntimo com Deus sentido pelo salmista é expresso por duas figuras representando o Pastor protetor e o Anfitrião amoroso...*

Segue o texto que será analisado:

"O Senhor é o meu pastor, nada me faltará. Deitar-me faz em verdes pastos, guia-me mansamente a águas tranquilas. Refrigera a minha alma, guia-me pelas veredas da justiça por amor do seu nome. Ainda que eu andasse pelo vale da sombra da morte, não temeria mal algum, porque tu estás comigo; a tua vara e o teu cajado me consolam. Preparas uma mesa perante mim na presença dos meus inimigos, unges a minha cabeça com óleo, o meu cálice transborda. Certamente que a bondade e a misericórdia me seguirão todos os dias da minha vida; e habitarei na casa do SENHOR por longos dias". (Salmos 23)

O Senhor é meu pastor e nada me faltará (v. 1)

Como disse na introdução, muitos lêem esse pequeno trecho que diz: "O Senhor é meu pastor e nada me faltará", e pensam que estarão isentos de provas ou dificuldades. Porém, a melhor tradução dessa frase seria: "Não sentirei falta de qualquer coisa indispensável". Percebeu a diferença? Davi não está em nenhum momento que vamos ter um luxo na nossa vida, ou status e fama, muito pelo contrário, ele diz que, aquilo que é indispensável em nossas vidas, isso nós não vamos ter falta.

Deus está sempre cuidando de seus filhos, e é exatamente isso que vamos abordar aqui, as 7 provisões de Deus nas nossas vidas que por mais que venhamos a passar por dificuldades, Jesus sempre vai estar suprindo-as. Se você preferir pode também ver um conteúdo em vídeo, para começar a entender ainda mais essa salmo. Mas, sem demora, vamos logo a cada uma das provisões:

Não me faltará completa satisfação

A expressão utilizada no verso 2 que diz: *"Deitar-me faz em verdes pastos"*. Está literalmente abordando os pastos, aqueles que são macios e novo. Dizem que as ovelhas nunca se deitam, até que estejam satisfeitas. Isso é interessante, pois mostra nesse verso, que há um amparo proporcionado pelo pastor ao qual não vai faltar jamais satisfação em nossas vidas. Se formos colocar em contraste, pense no mundo. Existe um caos "lá fora", atormentando diversas pessoas e vidas.

Hoje em dia quando você liga os noticiários, pode acompanhar de perto uma catástrofe e calamidade que estamos vivendo. Parece que quanto mais o tempo passa, as pessoas perdem o amor por Deus e também uns pelos outros. Porém, aqueles que entender esse salmo 23, sabem que estão de baixo de uma satisfação proporcionada por Deus.

302

Não precisamos ficar se "digladiando" em buscas de coisas que o mundo proporciona, temos em Jesus uma completa satisfação. Ele é aquele que preenche o vazio de nossa alma. Fama não satisfaz ninguém, pois quem tem, sempre busca mais; dinheiro não satisfaz ninguém, pois quem tem, sempre busca mais e assim por diante…Entretanto, aqueles que tem Jesus na vida, tem uma satisfação dentro de si que já foi suprida. Ele está diante de um aconchegante momento de sua vida, ao qual o Pastor proporcionou.

Não me faltará orientação - O pastor também nos orienta: "Guia-me mansamente a águas tranquilas" (vs. 2). Ou também pode ser traduzido como "águas do descanso".

Esse texto ainda nos deixa claro a provisão que o Pastor nos traz, mostrando que sempre vai estar nos guiando em nossas vidas. É interessante pensar que ele não vem empurrando ou forçando algo, mas sim guiando.

Deixando sempre as ovelhas em uma situação de conforto e prazer. O maior guia que temos em nossas vidas atualmente é a Palavra de Deus. A Bíblia Sagrada é tão maravilhosa para nos ensinar o caminho que o salmista vai dizer: *"Lâmpada para os meus pés é a tua palavra e luz, para o meu caminho."* (Salmos 119.105) Que maravilha! Existe um Deus tão poderoso que por intermédio de sua Escritura ele ilumina todo o nosso caminho, nos guiando as águas tranquilas.

Não me faltará restauração

"Refrigera a minha alma…" (Salmos 23.3).

Isto é, Deus está sempre nos renovando, avivando e refrescando a nossa alma. Essa parte de refrigério é tão importante que, no Novo Testamento vai ser a mensagem mais pregado por Jesus e seus discípulos e apóstolos. Constantemente vamos ver versículos sobre restauração, por exemplo:

"E vos renoveis no espírito de vosso sentido, e vos revistais do novo homem, que, segundo Deus, é criado em verdadeira justiça e santidade." (Efésios 4.23-24) *"E vos vestistes do novo, que se renova para o conhecimento, segundo a imagem daquele que o criou."* (Colossenses 3.10). Você percebeu que sempre haverá restauração em sua vida? Jesus jamais vai nos desamparar, estamos constantemente com nossa alma (nosso interior) em renovo.

Pois o Espírito Santo do Senhor nos deu promessas maravilhosas ao qual vivemos todos os dias de nossas vidas.

Não me faltará instrução da justiça

"Guia-me pelas veredas da justiça por amor do seu nome…" (Salmos 23.3)

As veredas da justiça são caminhos planos. Assim como na orientação, aqui também está o papel da Bíblia sagrada. O próprio Paulo ao escrever a Timóteo disse: *"Toda Escritura divinamente inspirada é proveitosa para ensinar, para redarguir, para corrigir, para instruir em justiça."* (2 Timóteo 3.16) Percebemos que a Bíblia nos guia pelas veredas da justiça. Deus é tão maravilhoso em buscar justiça em nós, que Jesus vai nos dizer sobre aqueles que tem fome e sede de justiça:

"Bem-aventurados os que têm fome e sede de justiça, porque eles serão fartos." (Mateus 5.6) Quando estamos de baixo dos cuidados do bom Pastor, sempre estaremos em um caminho justo. Fazendo aquilo que realmente é bom e reto diante de Deus e do nosso próximo. Porém, aqueles que decidem se apartar dos cuidados desse Pastor, começam a praticar tudo aquilo que é injusto.

Não me faltará coragem diante do perigo

"Ainda que eu andasse pelo vale da sombra da morte (escuridão profunda e mortal), não temeria mal algum…" (Salmos 23.44)

Existe um momento difícil na vida de todos nós que é a morte, muitos temem ela. E se Deus consegue nos livrar até desse mal, quão dirá dos outros? Não devemos temer a morte, pois se cremos que Jesus ressuscitou nós também ressuscitaremos com Ele (1 Tessalonicenses 4.14)

Além do mais, o próprio Cristo, foi um exemplo de pessoa que venceu a morte, Ele vai dizer no Apocalipse: *"E eu, quando o vi, caí a seus pés como morto; e ele pôs sobre mim a sua destra, dizendo-me: Não temas; eu sou o Primeiro e o Último e o que vive; fui morto, mas eis aqui tenho as chaves da morte e do inferno."* (Apocalipse 1.17-18) Jesus venceu a morte, oh glória! Não temos que temer mal nenhum, pois se até a morte Ele venceu, com certeza vamos estar sempre protegidos pelo Pai.

Não me faltará presença divina

"Porque tu estás comigo…" (Salmos 23.4)

Essa sem dúvida, é uma das grandes motivações do salmista. Por tudo que já foi apresentado até aqui, com certeza a presença de Deus é o que mais lhe dá ânimo. Essa presença é aquela que consola quando estamos angustiados, que faz milagres quando pedimos a Ele e que supre tantas outras necessidades pessoais de cada um. Sabe o que acontece com um coração vazio, ou seja, sem a presença de Deus?

Começa a se atribular com as coisas da vida, lembra do endemoninhado gadareno? (Marcos 5), ele estava totalmente possesso, uma vida sem temor e vivia sendo comandado por satanás e seus demônios. Mas, damos graças a Deus por te Jesus no nosso caminho. Quando estávamos começando a deixar todo o temor de lado, Ele foi lá e te restaurou. Com certeza, você deve ter tido uma grande transformação na sua vida quando você aceitou a Jesus.

Quero acreditar que até hoje está sendo assim na sua jornada, pois como o salmista disse: *"tu estás comigo".*

Não me faltará conforto na tristeza – Conclusão

"A tua vara e o teu cajado me consolam…" (Salmos 23.4)

A vara e o cajado desse pastor, tem uma única função, trazer consolo para as nossas vidas. Quem melhor que Jesus para nos consolar? Ele é um "homem de dores", sabe o que é ser rejeitado ou até mesmo caluniado. Por isso, sabe consolar cada um nós com as coisas certas e no momento certo.

Não se preocupe se o mundo inteiro se virar contra ti, certamente Jesus vai estar sempre te apoiando, claro, se você for um verdadeiro servo, fiel e temente a Ele .Irmãos, esse salmo 23 traz ricos aprendizados para as nossas vidas, que você possa depois de meditar com paciência em cima desses versos, transformar a sua vida, entender que tem alguém cuidando de você. Não fique jamais pensando que está desamparado, pois Deus te fez ler até aqui para saber você saber que Ele é Pastor na sua vida!

EXPLICANDO SOBRE O SALMO 23

"O Senhor é o meu Pastor", lindas e sábias palavras, cuja beleza ímpar, parece nos arrebatar juntamente com o autor, a viajar pelos campos verdes e os ribeiros cristalinos do antigo Israel. O Salmo 23, escrito em uma linguagem poética, traz em seus versos, significados profundos sobre o zelo do Senhor, para com seus servos. Este texto foi escrito pelo rei Davi, que foi pastor em sua juventude. Davi estava cuidando de suas ovelhas quando o profeta Samuel foi à casa de seu pai Jessé, para ungir um novo rei. Vamos ver neste estudo os pontos mais importantes do

Salmo 23, onde a cada versículo, procuramos comentar a principal mensagem que o salmista nos deixou como ensinamentos de verdades espirituais valiosíssimas para os nossos dias *"O Senhor é o meu pastor," Salmos 23:1* Davi revela aqui "o segredo" do sucesso do seu reinado. Ele foi o chefe do maior reino que Israel já teve. O próprio messias seria conhecido como "o filho de Davi".

Estes versos falam da felicidade daqueles que aceitam a liderança divina em suas vidas. O salmista era rei, porém se coloca como apenas uma ovelha do rebanho do supremo pastor. É um exemplo de humildade e de submissão à vontade de Deus. É também uma referência profética futurística que viria a se cumprir centenas de anos depois, em Jesus, que aludindo a este Salmo, o Mestre se declara como o Bom Pastor.

Nada me faltará

"nada me faltará." Salmos 23:1

Jesus certa vez ilustrou o carinho e o cuidado do Pai em prover e atender todas as necessidades materiais dos seus discípulos. Ele tem cuidado de nós, e reforça que devemos estar constantemente na sua dependência, confiando na sua providência. *"Olhai para as aves do céu, que nem semeiam, nem segam, nem ajuntam em celeiros; e vosso Pai celestial as alimenta. Não tendes vós muito mais valor do que elas?" Mateus 6:26*

Deitar-me faz em verdes pastos

"Deitar-me faz em verdes pastos" Salmos 23:2 A Judeia e Samaria, estão em uma região tropical, onde praticamente predominam duas estações, o inverno, a estação das chuvas que vai de novembro a abril, e o verão, período da seca, que vai de maio a outubro.

Nos primeiros dias de abril, a vegetação recente, oferece um espetáculo maravilhoso, um esplendor verde, um tipo de mosaico multicolorido, excelente para a pastagem dos rebanhos Porém, a medida que o verão e o calor do sol se tornam mais intensos, o verdor e as flores secam, tornando muito mais difícil de se encontrar um local com alimento suficiente para as ovelhas. Isto obriga os pastores seguirem em uma cansativa peregrinação em busca de pastos verdes. Mas Davi afirma que o Senhor o convida a descansar em pastos verdejantes.

Jesus nos ensina que Ele possui em abundância o alimento que suas ovelhas necessitam. Aquele que for a Jesus, achará pastagens durante todo o ano. Mesmo que o mundo esteja no período de seca espiritual, nós entraremos no repouso de Jesus. O Mestre tem o alimento espiritual que sacia a nossa fome. As suas palavras são espírito e vida, o verdadeiro pão que desceu do céu.

"Eu sou a porta; se alguém entrar por mim, salvar-se-á, e entrará, e sairá, e achará pastagens." João 10:9

Guia-me mansamente a águas tranquilas

"guia-me mansamente a águas tranqüilas." Salmos 23:2

As ovelhas são naturalmente animais muito inquietos. Qualquer perturbação as assusta, não conseguem deitar-se se não sentirem que estão totalmente seguras. As ovelhas também têm receio dos rios caudalosos e turbulentos. Mas em Jesus, elas podem estar sossegadas, pois o Senhor as suprirá com águas tranquilas.

Um ribeiro cristalino de águas calmas passa a correr no interior daqueles que são tocados pelo Espírito de Deus. A palavra é a água que mata a nossa sede espiritual, formando em nós uma fonte de águas vivas, que jorra para a vida eterna.

"Mas aquele que beber da água que eu lhe der nunca terá sede, porque a água que eu lhe der se fará nele uma fonte de água que salte para a vida eterna." João 4:14

Estas são as águas que transformam o homem em sua estrutura e em seu caráter. Por essas águas nasce uma nova criatura. São águas que libertam, que lavam de todo pecado e tornam nossas vestiduras "mais brancas que a neve".

Refrigera a minha alma

"Refrigera a minha alma;" Salmos 23:3

A Judeia e Samaria é de extensão relativamente pequena, entretanto, o seu clima é extremamente variado, dependendo da localidade em que se encontramos. Há a zona tropical do baixo Jordão, com altas temperaturas, a região desértica que contrasta com a marítima e vice-versa. E na região da alta Galileia, que também é tropical, com calor intenso, em determinado horário, o sol é tão escaldante, o clima fica tão abafado, que fica difícil até de seus habitantes se alimentarem. Porém quando o vento do norte sopra mais forte, traz um refrigério, um sopro de frescor que vem do monte Hermom. O monte Hermom fica no norte de Israel e há em seu cume uma grande quantidade de neve, que quando há vento, ajuda a trazer este refrigério, amenizando a temperatura da região.

"Oh! quão bom e quão suave é que os irmãos vivam em união." Salmos 133:1

"Como o orvalho de Hermom, e como o que desce sobre os montes de Sião, porque ali o SENHOR ordena a bênção e a vida para sempre." Salmos 133:3

E muitas vezes as circunstâncias da nossa existência parecem atuar de forma semelhante, onde o calor dos acontecimentos, faz com que nos sintamos abafados e cansados com tantas coisas. Temos dificuldades até para buscar o alimento espiritual.

Mas nestes momentos, o Espírito do Senhor vem como uma brisa suave, que desce do alto, e refrigera a nossa alma, e renova as nossas forças, nos capacita a continuarmos a caminhada pelos seus caminhos.

Guia-me pelas veredas da justiça

"guia-me pelas veredas da justiça, por amor do seu nome." Salmos 23:3

Guiar as ovelhas era uma das funções do pastor. E nos campos de Israel, os pastores buscavam passagens que facilitassem a condução do seu rebanho.

Sem que suas ovelhas se desviassem pelos mais diversos caminhos. As veredas são passagens estreitas entre a vegetação, onde não há espaço para desviar-se nem para a direita, nem para a esquerda. É um caminho reto, onde as ovelhas podem percorrer com segurança, seguindo sempre pra frente, até chegar ao aprisco, sob a liderança e a proteção do pastor. E o Senhor nos convida e trilhar pelo caminho da retidão e da justiça.

O caminho que leva a Deus realmente é estreito, não se pode olhar para os lados, é preciso prosseguir em direção ao alvo, que é Jesus. *"E porque estreita é a porta, e apertado o caminho que leva à vida, e poucos há que a encontrem." Mateus 7:14* E o supremo Pastor nos revela que Ele mesmo é o caminho, pelo qual devemos viver e caminhar. *"Disse-lhe Jesus: Eu sou o caminho, e a verdade e a vida; ninguém vem ao Pai, senão por mim." João 14:6*

Ainda que eu andasse pelo vale da sombra da morte

"Ainda que eu andasse pelo vale da sombra da morte, não temeria mal algum, porque tu estás comigo;" Salmos 23:4 Há em Israel um vale profundo e íngreme, onde a luz só consegue atingir a sua base quando o sol está em toda a sua força, ao meio dia. Após esse horário, faz se sombra durante o restante do dia.

Certamente Davi conheceu este vale em suas peregrinações com suas ovelhas, pela Judeia e Samaria. Vales são o extremo contrário de montes. Montes são lugares altos, falam de vitórias. Vales porém, são lugares baixos que ficam entre os montes. Vales falam de dificuldades, tempos de sofrimentos, de angústias. Em nossa caminhada por este mundo, podemos enfrentar situações e circunstâncias difíceis de se resolver. Muitos problemas de diversas naturezas podem chegar até nós.

Tu estás comigo

Davi também passou por momentos difíceis de se suportar. Envolvido em combates, perseguido por seus inimigos. Mas ele soube superar estes momentos, porque depositava em Deus a sua confiança. Davi sabia que os vales ficavam entre montanhas. Depois de passar por um lugar profundo, pela depressão ou tristeza, Deus o levaria a um lugar alto, onde a alegria do Senhor se faz presente. Jesus nos deixou semelhante ensinamento. Ainda que passemos pela dor ou tristeza, o Bom Pastor estará conosco, para nos consolar e proteger o nosso coração, nas horas mais difíceis e angustiantes.

"no mundo tereis aflições, mas tende bom ânimo, eu venci o mundo." João 16:33

A tua vara e o teu cajado me consolam

"a tua vara e o teu cajado me consolam." Salmos 23:4

A vara e o cajado eram ferramentas do pastor para resgatar, proteger e guiar as ovelhas. A vara servia para proteger as ovelhas dos animais ferozes e dos ladrões. O cajado era usado para erguer uma ovelha pelo corpo ou pelas pernas, quando esta ficava presa entre pedras. Estas ferramentas eram símbolo do zelo amoroso do Senhor.

Que está em uma vigília constante ao nosso lado, levando-nos <u>para a segurança da sua presença</u>. E o supremo Pastor deixou a sua glória para resgatar as ovelhas perdidas do seu rebanho. O seu cajado, a sua palavra, está pronto a nos erguer para nos livrar da armadilha e da <u>prisão do pecado</u>.

"A perdida buscarei, e a desgarrada tornarei a trazer, e a quebrada ligarei, e a enferma fortalecerei;" Ezequiel 34:16

Uma mesa perante mim

"Preparas uma mesa perante mim na presença dos meus inimigos," Salmos 23:5

Davi confiava que <u>a providência de Deus</u> era tão grande, que os seus inimigos não conseguiriam vencê-lo, e que eles veriam mais adiante a benção do Senhor visível em sua vida Esta palavra também era profética, e anuncia ainda hoje a vinda do Messias Jesus, quando todos o verão, até aqueles que o <u>transpassaram na cruz</u>.

"e olharão para mim, a quem traspassaram; e pranteá-lo-ão sobre ele, como quem pranteia pelo filho unigênito; e chorarão amargamente por ele, como se chora amargamente pelo primogênito." Zacarias 12:1

Neste dia, todos os seus inimigos verão o Senhor regozijante com suas ovelhas, em um <u>grande banquete</u>. Mas eles não poderão entrar e prantearão eternamente.

Unges minha cabeça com óleo

"unges a minha cabeça com óleo," Salmos 23:5

Era costume no antigo oriente, no meio da refeição, o <u>anfitrião ungia a cabeça</u> do convidado de honra, com uma gota de óleo perfumado. O óleo também simboliza o Espírito Santo.

Deus mostra que somos seus <u>convidados especiais</u> para o seu banquete, as bodas do cordeiro. E o Senhor <u>nos ungiu e nos perfumou</u> com o seu Espírito. O óleo precioso que desce sobre nossas cabeças, penetrando nas nossas mentes, perfumando o nosso entendimento, chegando até a nossa alma. Bendito é aquele que recebe essa unção sobre a sua vida.

"É como o óleo precioso sobre a cabeça, que desce sobre a barba, a barba de Arão, e que desce à orla das suas vestes." Salmos 133:2

O meu cálice transborda

"o meu cálice transborda." Salmos 23:5

Durante a refeição, de uma maneira geral, <u>o cálice simbolizava a alegria</u>. E a unção do Espírito Santo, traz uma alegria que transborda o nosso ser. É a alegria da salvação, do reencontro com aquele que é o autor da nossa vida, da volta ao nosso Pai celeste. Jesus afirmou que há uma festa no Céu quando um pecador se arrepende. O cálice da alegria da salvação transborda, há abundância de alegria quando somos alcançados por tão sublime e imerecido perdão.

"Digo-vos que assim haverá alegria no céu por um pecador que se arrepende," Lucas 15:7 A bondade e a misericórdia do Senhor me seguirão.

"Certamente que a bondade e a misericórdia me seguirão todos os dias da minha vida;" Salmos 23:6

O verbo [seguir] tem aqui o mesmo sentido, no original <u>hebraico,</u> da palavra utilizada para descrever o ato de caçar de um animal selvagem.

Quando o Senhor é o nosso Pastor, ao invés de sermos perseguidos por feras selvagens, somos seguidos pela bondade e pela <u>misericórdia</u>, que descrevem o amor leal de Deus.

Habitarei na casa do Senhor

"E habitarei na casa do SENHOR por longos dias." Salmos 23:6 Mais do que uma promessa terrena e material, esta palavra também é uma profecia do Reino eterno do nosso Senhor Jesus. Em cuja presença estaremos para sempre, usufruindo das suas promessas e de suas bênçãos, vivendo eternamente com Ele. — Por: Israel Silva — Rude Cruz - Web Site

O Retorno do Rei

Eis aqui a narrativa de mais uma revelação profética feita a Davi a respeito do final glorioso de Cristo, após sua morte e ressurreição, que nos permite entender como foi sua volta ao Reino do Pai e a maneira como ele foi recebido nos céus por seus anjos. Mas, como início, o salmista deixa-nos claro a imensidão do poder que foi dado ao Senhor.

Sua glória e poder com a dimensão em que ele pode chegar que é até os confins da terra e do Universo. Em seguida ele indaga sobre quem poderá um dia subir ao "Monte do Senhor", uma referência às moradas de Deus. E ele mesmo nos dá a resposta, quando diz ser somente aqueles que são puros de coração e cujas mãos estão limpas de cometer a injustiça.

Depois ele cita as ordenanças que com certeza foram dadas no céu no momento em que o Filho Unigênito do Pai Celeste retornava de sua missão na terra. Talvez dada pelo próprio Deus ou por um anjo incumbido de tão grande honra. Podemos imaginar Jesus caminhando pela rua feita de ouro e cristal na direção do palácio divino e a voz sendo entoada como um trovão.

Ordenando que todos os ministros do Eterno curvassem suas cabeças em respeito ao nosso Salvador, que voltava vitorioso da batalha contra o mal. Alguns afirmam que o termo "Portais Eternos" estão diretamente ligados a anjos. Que como uma "Guarda Real" se posicionavam na entrada do palácio, como os antigos que soldados que ficavam parados. Com suas lanças nas mãos, guarnecendo as portas dos reinos. A verdade é que esse treco bíblico presente no Salmo 24 é alusivo ao retorno e chegada de Cristo ao seu Reino e nos deixa explícito a maneira honrosa como o receberam.

"Do Senhor é a terra e tudo o que nela existe, o mundo e os que nele vivem, pois foi ele quem fundou-a sobre os mares e firmou-a sobre as águas.

Quem poderá subir o monte do Senhor? Quem poderá entrar no seu Santo Lugar?

Aquele que tem as mãos limpas e o coração puro, que não recorre aos ídolos nem jura por deuses falsos.

Ele receberá bênçãos do Senhor, e Deus, o seu Salvador lhe fará justiça. São assim aqueles que o buscam, que buscam a tua face, ó Deus de Jacó.

Abram-se, ó portais; abram-se, ó portas antigas, para que o Rei da glória entre.

Quem é o Rei da glória? O Senhor forte e valente, o Senhor valente nas guerras.

Abram-se, ó portais; abram-se, ó portas antigas, para que o Rei da glória entre.

Quem é esse Rei da glória? O Senhor dos Exércitos; ele é o Rei da glória! Pausa"

Salmos 24: 1–10

Levantai, ó portas, as vossas cabeças

Em uma aula de Teologia onde estava eu, minha esposa (Missionária Márcia) e mais alguns amados irmãos, o nosso professor de Teologia (Pastor Jeremias) abordou sobre o texto e comentou sobre este tão interessante assunto. Mas o que são as portas e portais e cabeças nos versículos 7 e 9 do Salmo 24?

Vejamos a maravilha da revelação de Deus para nos! Antes, nasce uma pergunta: Em qual momento foi escrito este Salmo? Provavelmente a liturgia que está contemplando tal situação seria a seguinte: O rei Davi comprou um campo (veja II Samuel 24.18-25) em Jerusalém. Este campo era de um homem chamado Araúna, jebuseu. Davi trouxe a arca da aliança para aquele lugar o qual se tornou um lugar de adoração (ainda não havia o templo). O Salmo 24 provavelmente foi escrito quando Davi mandou trazer a arca da casa de Obede-Edom (I Crônicas 15.25-28) para o campo de Araúna, também conhecido como Monte Moriá.

Um cumprimento Profético! - nos mostra que tudo pertence a Deus; quem subirá o monte do Senhor e que Cristo é o Rei da Glória (cumprimento Profético) Agora que temos algumas informações importantes, vejamos o que são as portas, portais e cabeças. Salmo 24 - os versículos 7 e 9 dizem: *"Levantai, ó portas, as vossas cabeças; levantai-vos, ó entradas eternas, e entrará o Rei da Glória.*

Quem é este Rei da Glória? O SENHOR forte e poderoso, o SENHOR poderoso na guerra. Levantai, ó portas, as vossas cabeças, levantai-vos, ó entradas eternas, e entrará o Rei da Glória. Quem é este Rei da Glória? O SENHOR dos Exércitos, ele é o Rei da Glória."

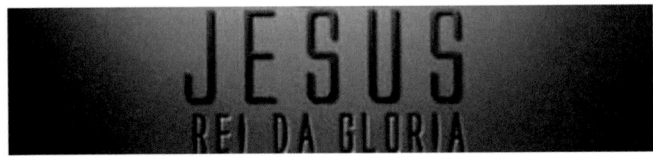

Bom, o que significa: Levantai, ó portas, as vossas cabeças? Observe os versos seguintes: "Seu marido é conhecido nas portas, e assenta-se entre os anciãos da terra" (Pv 31:23); "Quando eu saía para a porta da cidade, e na rua fazia preparar a minha cadeira..." (Jó 29:7)

Quando o Salmista clama: "Levantai, ó portas as vossas cabeças..." (v.7), ele profetizou acerca dos poderosos (príncipes, juízes, magistrados, anciões, nobres etc.) que exercem domínio e juízo entre os homens. Quando os homens, à época de Jó, viam aproximar-se da "porta" da cidade, ou seja, do lugar próprio aos que exerciam a liderança na antiguidade, eles de pronto preparavam a cadeira (lugar) para Jó se assentar.

Os jovens deixavam o recinto, os príncipes nada diziam e os velhos colocavam-se e permaneciam em pé em sinal de reverência (Jó 29:7 -10). Ao registrar a profecia que sua mãe havia ensinado, o rei Lemuel deixou registrado que a mulher, quando cheia de virtudes.

Faz com que o seu marido assuma posição de destaque às portas da cidade. Assentando-se entre os anciões da terra (Pv 31:23). Com o exposto acima, o "assentar-se" à porta em Provérbios 31:23 é o mesmo que a "cadeira preparada" no livro de Jó 29:7.

Observa-se que o lugar onde os magistrados, príncipes, sábios, etc. reuniam na antiguidade era denominado de "portas". As "portas" eram vetadas as pessoas comuns do povo. Somente os que exerciam influência na sociedade é que poderiam ter acesso ao local denominado "portas". Vemos então que o verso 7

do Salmo 24 refere-se ao domínio eterno de Cristo, quando na segunda vinda, como filho de Davi, Rei e Senhor de toda a terra. De igual modo, ele já se assentou na condição de Senhor nos céus. "Levantar" é sinal de reverência e admiração, ou seja, quando o salmista profetiza:

"Levantai, ó portas, ...", ele diz para que os que exercem domínio levantem-se em reverência Àquele que subiu ao monte do Senhor e que se assentará para reinar no seu Santo monte! 'Levantar' é um sinal de respeito.

É uma forma de reconhecimento de que àquele que adentrou é digno de reverência. É um ato semelhante ao recomendado por Davi no salmo segundo: "beijai o Filho".

Enquanto que 'beijar o Filho' é um reconhecimento da divindade de Cristo (Sl 2:12), "levantai" refere-se ao ato reverente dos que exercem domínio quando Cristo se assentar para reger as nações com vara de ferro (Sl 2:9). É o mesmo que dizer: Levantem-se e reverenciem o Rei da Glória, pois Ele entrou e se assentou entre as nações para exercer o domínio. O ato de levantar diz da reverência àquele que entrou no lugar próprio, ou que, por direito, exercerá o domínio.

Os homens que exercem o domínio devem levantar, deixando as suas posições, ou seja, levantar "as cabeças". Porta, portais, ou entradas diz do local que se dá o exercício do poder nos reinos, principados e potestades. Além de Jesus exercer o domínio entre os homens, Ele exercerá o domínio sobre os principados e as potestades celestiais (Ef 3:10). Por isso o Salmo diz: "... levantai-vos, ó entradas eternas, e entrará o Rei da Glória" (v.7).

As "entradas eternas" (portas) diz de um reino que não é deste mundo onde Cristo exercerá domínio para sempre. "As portas" diz do governo humano, e os "portais eternos" do governo celestial. Cristo é poderoso em batalhas (forte e poderoso) e Ele mesmo conquistará os reinos e o domínio sobre toda a terra com mão poderosa.

Ele se assentará para dominar a todos os povos "Quem é esse Rei da Glória? O Senhor forte e poderoso, o Senhor poderoso na guerra" (v. 8). O rei da Glória é o mesmo que está entronizado entre os serafins, pois Ele é o Senhor dos Exércitos (v. 10). Para reflexão: Aquele que é limpo de mãos e puro de coração... Todos os homens nasceram de Adão portanto, nenhum nasceu de coração puro, pois em iniquidade foram formados e em pecado foram concebidos.

Somente um é digno: Cristo - o servo do Senhor. Qual o homem limpo de mãos e puro de coração dentre os nascidos de mulher? Somente um é digno: Jesus Cristo. E nós "a Geração". Nós que "queremos ser a geração" precisamos seguir o Mestre. Para ser "a geração", que possamos "a cada dia" sermos chamados filhos de Deus gerados em Cristo. Precisamos nascer da água e do Espírito (Jo 3.5) "Nisto é perfeito o amor para conosco, para que no dia do juízo tenhamos confiança; porque, qual Ele é, somos nós também neste mundo" (I Jo 4: 17).

Precisamos aprender a andar como Cristo andou: "Tomai sobre vós o meu jugo, e aprendei de mim, que sou manso e humilde de coração; e encontrareis descanso para as vossas almas" (Mt 11.29).

OS PARADOXOS DE DEUS NO SALMO 23

Salmo 23.1-6

Introdução:

O pensamento chave, a mensagem fundamental do Salmo 23 é a seguinte verdade maravilhosa: Porque o Senhor é meu Pastor, não terei falta de nada. A título de recapitulação: Na última palestra, fizemos 4 observações Sobre a linda confissão de Davi: "O Senhor é meu pastor" :

1ª.) Davi poderia ter escrito: O Senhor é pastor

2ª.) Davi usou o pronome possessivo de forma correta: "O Senhor é meu pastor" (amor profundo, comunhão perfeita, dependência e submissão)

3ª.) Um grande número de crentes (fruto de uma falsa teologia) empregam o pronome possessivo de forma errada: "MEU" no sentido que Deus é meu empregado – Deus é meu ajudante – Deus é o meu servo – Eu mando e Ele faz. (Tudo errado...)

4ª.) Se você puder grifar na sua Bíblia no v.1 deste Salmo- Duas Palavras chave: Senhor E Pastor

-Aqui reside o grande problema da maioria dos crentes: Querem Deus como Pastor (cuidado e provisão), mas, não o querem como SENHOR (Aquele que manda, que dá ordens, que diz: me obedeça). Hoje, Deus vai nos revelar o Salmo 23 – Como o Salmo dos paradoxos de Deus – PARADOXOS DA VIDA.

Quando falo em Paradoxos de Deus, não estou dizendo que Deus se contradiz pelo contraditório; mas, que Ele usa o contraditório para nos ensinar, para nos fazer crescer, para nos abençoar. Na nossa vida, tão bem descrita no Salmo 23, vemos com muita clareza como o positivo e o negativo andam juntos. Note como lutas e vitórias se entrelaçam.

Note também como mesa preparada e cabeça ungida não nos livra da guerra. Já notou como Deus gosta de trabalhar com coisas que se contradizem. Você já parou para pensar, que aquilo que para nós é contraditório, paradoxal – no final tem um resultado maravilhoso. Diante de coisas erradas, diante do contraditório, a gente fica confuso e não entende – Jo 13.7 Use o contraditório para crescer e vencer: -Ec 7.14

"No _dia da prosperidade goza_ o _bem; mas, no_ _dia da adversidade_, _considera; porque_ _também Deus faz este em oposição àquele,_ para que o homem nada ache que tenha de vir depois dele."

- Paulo tirava proveito do contraditório (do dia da adversidade) – 2 Co 6.9,10 "Como desconhecidos, mas sendo bem conhecidos; como morrendo e eis que vivemos; como castigados e não mortos._

Como contristados, mas sempre alegres; como pobres, mas enriquecendo a muitos; como nada tendo e possuindo tudo."

Vamos, portanto, aos Paradoxos De Deus No Salmo 23 – que traduzem como é a vida de cada um de nós:

1. TEM BÊNÇÃOS, MAS TEM AFLIÇÕES

Amamos o Salmo 23.1; e dizemos com alegria: _"O Senhor é meu Pastor, nada me faltará."_

Não me faltará paz, não me faltará o pão, não faltará o teto, não me faltará saúde, não me faltará trabalho. Não faltará alegria, não me faltará prosperidade, não me faltará proteção, não faltará provisão.

Só que a gente esquece, que a Palavra é abrangente e completa: Não me faltará aflições (Jo 16.33), não me faltará lutas (Ef 6.10-18), não me faltará ataques do diabo (Jo 10.10), não me faltará perseguições (1 Tm 3.12), não faltará tribulações (At 14.22), não faltará desafios (Is 43.2), etc... O grande problema de nossos crentes, é que se apegam em um texto e esquecem o contexto: (Exemplos):

- Vamos ler primeiro: Fp 4.13, 19 – Quantos amam estes dois textos... Quem lê isoladamente este dois versículos, pode pensar: Jamais vou ter crise – jamais terei aflições – jamais ficarei doente – jamais sentirei dor – jamais ficarei desempregado – jamais vou passar privações – jamais fracassarei Mas, vejamos agora o contexto – O mesmo Paulo que fez estas duas declarações poderosíssimas – Ele confessa: "O mais importante é sabermos que existem bênçãos de crescimento para nós no contraditório - Fp 4:11-12

2. TEM MONTES, MAS TEM VALES (nossa vida é assim...)

Monte na Bíblia fala de coisas boas: Sucesso, vitória, crescimento, conquistas, prosperidade, bênçãos.   Enquanto Vale fala de provação, tribulação, aflição, aperto, problemas, dificuldades, etc.. O Salmo 23 não é apenas o Salmo do Monte (Bençãos), é também o Salmo do Vale (lutas e aflições).

O que é que temos no Monte?

1º.) O Cuidado de Deus – Sl 23.1 *"O Senhor é meu Pastor, nada me faltará."*

- 1 Pe 5.7 – Existem dois tipos de Cuidado de Deus

2º.) A Provisão de Deus – Sl 23.2 *"Deitar-me faz em verdes pastos, guia-me mansamente a águas tranquilas."*

3º.) A Restauração de Deus – Sl 23.3 *"Refrigera a minha alma"*

4º.) A Direção de Deus – Sl 23.3 *"...guia-me pelas veredas da justiça por amor de seu Nome."*

O Salmo 23 não mostra só o monte da benção – Mas, nos revela o Vale da provação – Sl 23.4 *"Ainda que eu andasse pelo vale da sombra da morte..."*

- Primeiro notemos que Davi não chama este vale de Vale da morte... Mas, de vale da sombra da morte (você não sabe de que lado ela vem).

 Por mais escuro que seja o vale; lembre-se que temos duas bênçãos no vale:

1ª. Benção – A Presença do Senhor *"Ainda que eu andasse pelo vale da sombra da morte, não temeria mal algum porque Tu estás comigo...*

2ª. Benção: O Consolo do Senhor *"...a tua vara e o teu cajado me consolam. "A* mesma vara que bate no lobo e o afugenta, traz consolo para a ovelha do Senhor. É o conforto da Palavra de Deus nas horas mais difíceis da vida (referências bíblicas que consolam...)

3. TEM BANQUETE, MAS TEM GUERRA

Ao ler o Salmo 23.5 – encontramos o servo de Deus em um banquete no meio de uma guerra. Outro paradoxo de Deus – festa no meio de uma batalha. Folguedo no meio da aflição. Alegria no meio da peleja.

Você pergunta..."*Pode Deus fazer isto....me dar um banquete no meio desta guerra que estou enfrentando....*

- Sim, Deus gosta de fazer isto pelos seus filhos (Exemplos):

- Fome ao redor, banquete para Elias (1 Rs 17) –Fome e miséria ao redor da terra, fartura de pão na casa da viúva de Sarepta (1 Rs 17) comente o milagre.

– Não esqueça que Deus não nos abençoa só com anjos –Mc 1.11-13 (Nossa vida é entre feras e anjos)

4. TEM UNÇÃO, MAS TEM INIMIGOS

Sl 23.5 *"Preparas uma mesa perante mim na presença dos meus inimigos, unges a minha cabeça com óleo, o meu cálice transborda."*

Você já notou que quanto maior é a unção, maiores são dos desafios, maior é a luta, maior é o número de inimigos que se levantam contra nós. Parece até que Unção traz a reboque os inimigos.

Recebemos a Unção não é para entrarmos em uma Disneylândia espiritual – Mas, somos ungidos para a guerra – 1 Sm 16.13 - Davi é ungido, em seguida Davi enfrenta um rei Saul endemoniado......em seguida Davi enfrenta o gigante Golias.

1ª.) Deus preparando um banquete para você – Ct 2.4

2ª.) Deus te ungindo com poder – *"unges a minha cabeça com óleo."*

3ª.) Deus fazendo você transbordar de alegria - ...meu cálice transborda."

- Deus que te dar alegria abundante – Sl 4.7; Jo 15.11 – Ilustração: A diferença entre o cheio e o transbordante...

5. TEM MALDADE NO CAMINHO, MAS A BONDADE E MISERICÓRDIA ME SEGUEM

Sl 23.6 "Certamente que a bondade e a misericórdia me seguirão todos os dias da minha vida..." Vivemos em um mundo mau e perverso, Corrupto e corruptor. Pelo caminho, vamos encontrar muita maldade, muita perversidade, muita violência... Mas, podemos fazer a diferença: Que o mundo veja em nós, não maldade, não corrupção, não desonestidade; mas, ver que somos bons e misericordiosos.

Petições ao Senhor

Em quantas ocasiões temos nos prostrados diante do Senhor em oração meio as piores dificuldades da vida e nos derramamos em lágrimas, confessando a ele nossas fraquezas, pecados e nenhum merecimento de receber dele perdão e misericórdia? Quantas vezes oramos e ouvimos no nosso subconsciente uma voz que nos diz sermos imerecidos da compaixão divina e nos é lançado em rosto todo o mal que já praticamos?

É função de satanás nos acusar e afirmar que Deus não quer conversa conosco, que não iremos ser perdoados nem teremos nossas súplicas atendidas porque somos pecadores rebelados, desobedientes e reincidentes. Mas Jesus nos ensinou que Deus estará sempre disposto a nos estender as mãos e a nos levantar de onde caímos, porque dele é a misericórdia e a compaixão. E Davi conhecia muito bem esse lado misericordioso do Senhor.

Ele pede encarecidamente que seus pecados praticados na sua mocidade não sejam lembrados nem imputados como injustiça, mas que sejam todos esquecidos e apagados da memória do Altíssimo, mas que o ensine o caminho da retidão.

O salmista afirma saber que somente aqueles que temem ao Senhor viverão em paz e seu Espírito o conduzirá no caminho do bem. Pede que os olhos de Deus não se voltem para suas fraquezas, mas contra seus inimigos e lhe garanta vitórias.A ti, SENHOR, levanto a minha alma. Deus meu, em ti confio, não me deixes confundido, nem que os meus inimigos triunfem sobre mim. Na verdade, não serão confundidos os que esperam em ti; confundidos serão os que transgridem sem causa.

Faze-me saber os teus caminhos, Senhor; ensina-me as tuas veredas. Guia-me na tua verdade, e ensina-me, pois tu és o Deus da minha salvação; por ti estou esperando todo o dia. Lembra-te, Senhor, das tuas misericórdias e das tuas benignidades, porque são desde a eternidade.

Não te lembres dos pecados da minha mocidade, nem das minhas transgressões; mas segundo a tua misericórdia, lembra-te de mim, por tua bondade, Senhor. Bom e reto é o Senhor; por isso ensinará o caminho aos pecadores. Guiará os mansos em justiça e aos mansos ensinará o seu caminho.

Todas as veredas do Senhor são misericórdia e verdade para aqueles que guardam a sua aliança e os seus testemunhos. Por amor do teu nome, Senhor, perdoa a minha iniquidade, pois é grande. Qual é o homem que teme ao Senhor? Ele o ensinará no caminho que deve escolher. A sua alma pousará no bem, e a sua semente herdará a terra.

O segredo do Senhor é com aqueles que o temem; e ele lhes mostrará a sua aliança. Os meus olhos estão continuamente no Senhor, pois ele tirará os meus pés da rede. Olha para mim, e tem piedade de mim, porque estou solitário e aflito. As ânsias do meu coração se têm multiplicado; tira-me dos meus apertos. Olha para a minha aflição e para a minha dor, e perdoa todos os meus pecados.

Olha para os meus inimigos, pois se vão multiplicando e me odeiam com ódio cruel. Guarda a minha alma, e livra-me; não me deixes confundido, porquanto confio em ti. Guarde-me a sinceridade e a retidão, porquanto espero em ti. Redime, ó Deus, a Israel de todas as suas angústias. Salmos 25:1-22

Salmo 25 - Pedidos a Serem Feitos ao Senhor

Conheço um rapaz com quem sair para jantar é, às vezes, divertido e, outras vezes, enervante. Isso se deve ao modo como ele faz seus pedidos ao garçom. Enquanto todos à mesa, depois de examinarem o cardápio, fazem seu pedido da maneira mais simples possível, essa pessoa a que me refiro pede, não somente pratos, mas detalhes que nenhum chef jamais imaginou. Os outros pedem um "filé ao ponto". Porém, o pedido do meu amigo é mais ou menos assim:

"Quero um "filé ao ponto... desde que não haja diferença entre a quantidade de fritura entre os lados da carne... A cebola, em vez de frita com azeite, quero-a frita na manteiga... manteiga sem sal... sirva-a separada e não sobre a carne... A salada não deve tocar o filé e o molho deve vir à parte... por falar em salada, quero que ela seja rasgada com as mãos e não cortada com faca...

Assim está bom, gosto de uma comida simples". Esse é o gosto do meu amigo, mas – "cá para nós" – são exigências dispensáveis em um bom e gostoso pedaço de carne bem macia e temperada, frita com a experiência de um bom cozinheiro. Bem, longe de fazer pedidos irrelevantes, o rei Davi, no Salmo 25, pediu a Deus bênçãos da maior importância para a vida dos seus servos.

Pedidos que devem ser repetidos por tantos quantos andam ao lado daquele que, pela graça, os salvou. Tais pedidos podem ser identificados, no salmo, pela forma dos verbos que o salmista utilizou.

A forma imperativa do verbo serve para aplicar uma ordem que pode ser dirigida a uma pessoa, a um grupo e até a si mesmo. Quando a ordem é para outra pessoa – a segunda pessoa do singular ou do plural – chamamos tal forma, na gramática hebraica, de jussivo.

Ela representa uma ordem a outrem, ou um pedido – este é o caso do salmista quando se dirige, desse modo, a Deus. Assim, identificando os jussivos no salmo, identificamos, também, alguns dos importantes pedidos pelos quais o rei Davi costumava clamar em suas orações.

Há pelo menos cinco clamores feitos pelo salmista. O primeiro clamor é por ensino. Nos vv.4,5, o salmista é insistente, ou enfático – utiliza quatro jussivos –, em sua oração a Deus a fim de ser ensinado por ele: "Faz-me conhecer os teus caminhos, ó Senhor; ensina-meos teus trajetos; instrua-me na tua verdade e me ensina".

Quando o salmista usa os termos "caminhos" e "trajetos" é óbvio que não tem em mente a geografia. Esses são modos de se referir aos ensinos de Deus sobre como seus servos devem agir. O fato de estarem no plural demonstra que se trata de várias orientações, às quais o salmista deseja atender, pelo que também ora a Deus.

Por sua vez, a ocorrência do termo "verdade" na forma singular, contrastando com os plurais precedentes, demonstra que o salmista almeja andar de conformidade com o caráter de Deus que é bem definido e imutável. O segundo clamor do salmista é por relacionamento. Os três jussivos de Davi nos vv.6,7 apontam para a memória de Deus. Contudo, o salmista tem plena consciência de que não há nada que o Senhor não saiba. Não é possível lembrar Deus de algo que lhe tenha escapado ou vê-lo esquecer qualquer coisa (Sl 139).

Assim, quando Davi pede que o Senhor se lembre de algumas coisas e não se lembre de outras, sua intenção não é a memória de Deus. Mas o modo de o Senhor se relacionar com ele diante das realidades da misericórdia divina e do pecado do homem. Ele escreve: "Lembra-te da tua compaixão, ó Senhor, e da tua misericórdia, pois elas existem desde a eternidade; não te lembres dos pecados da minha juventude, nem das minhas transgressões.

Conforme a tua misericórdia, lembra-te de mim por causa da tua bondade, ó Senhor". Davi pede que Deus, valorizando seus atributos de bondade e compaixão e perdoando o seu pecado, venha a agir com ele de modo favorável e paternal. O resultado final da aplicação da misericórdia do Senhor para com o servo falho é a manutenção de um bom relacionamento com ele. O terceiro é por consolo.

Nesse ponto (vv.16,17), Davi apresenta suas aflições a Deus e pede que o alivie delas. Contudo, ao fazer suas solicitações, parece que Davi tem menos em mente os problemas em si que o modo como elas o estão afetando. Por isso, ainda que deseje ver o fim das oposições e perseguições, seu pedido a Deus é ser consolado da tristeza.

Solidão e desânimo. O efeito de tais sofrimentos é descrito no início do v.17: "Eles alargaram a aflição do meu coração". Assim, a primeira cláusula desse pedido de Davi é (v.16): "Volta-te para mim e me tenha piedade, pois eu estou solitário e aflito". Davi expressa o que vem sentindo devido às circunstâncias.

Sente-se sozinho, lutando contra todos sem ter com quem contar. Mas, ele olha para Deus, em oração, com a esperança de não se achar desprovido de tal apoio. Por isso, completa seu pedido (v.17b): "Retira-me das minhas angústias" .O quarto é por perdão.

De modo muito interessante, mas nada incomum, os sofrimentos de Davi o levam a refletir sobre seus atos. É possível que perguntasse a si mesmo durante as noites: "Será isso tudo uma disciplina de Deus para me corrigir? Que tenho feito de errado para que Deus me alerte com tais tribulações?". Tal dedução vem da conexão que Davi faz, no v.18, entre o sofrimento e seu próprio pecado.

Davi não diz a Deus algo do tipo "veja o meu pecado e perdoa-o". Ele diz: "veja o meu sofrimento e o meu cansaço e leva todos os meus pecados". Ao dizer "leva meus pecados", a ideia do salmista é ser perdoado deles, além de ser liberto de seu domínio. Ele pede um auxílio amplo de Deus no tocante às suas faltas.

Seus pecados realmente o preocupam. Nenhuma turbulência serve de motivo para Davi descuidar da sua vida espiritual. Ou para dar desculpas do tipo: "não estou com cabeça para pensar em pecados ou para me arrepender... você não vê como estou sofrendo?". O último clamor de Davi nesse salmo é por socorro.

Ele inicia seu pedido, assim como o anterior, dizendo "veja". Entretanto, seu desejo é que os olhos de Deus repousem, dessa vez, sobre seus inimigos e sobre o mal que lhe têm feito. Ele escreve (v.19): "Veja os meus inimigos, pois são numerosos e me odeiam com um ódio cruel". Eis o motivo da aflição de Davi: inimigos que, sem limites, o perseguem e querem sua destruição. Assim, depois de o salmista abrir seu coração a Deus dizendo-lhe o que o aflige. Faz-lhe o pedido natural diante de uma situação como essa (v.20):

"Guardaa minha alma e me proteja". A expressão "minha alma". Nesse texto, tem a intenção de apontar para todo o salmista. Ele não quer apenas proteção espiritual, mas livramento das mãos dos que o odeiam. Assim, como Davi quer se ver livre dos maus, quer ver.

Também, Israel desfrutando as bênçãos de Deus longe das tribulações. Para tanto, completa (v.22): "resgata Israel, ó Deus, de todas as suas aflições". Esses são os pedidos fundamentais que faziam parte das orações de Davi: ensino, relacionamento, consolo, perdão e socorro. São clamores de um homem falho que serve a um Deus magnífico, santo e soberano. Não há ordens; não há orgulho; não há bravatas.

Há apenas humildade, submissão, dependência, confiança e desejo de andar com o Senhor. Tais motivações também devem guiar as nossas orações, além das nossas atitudes e escolhas durante toda a vida. Que outras preocupações deveríamos ter? Que outros anseios? O que seria mais importante que tais coisas para a nossa vida? Acaso, seria o modo de servir o molho da nossa salada?

Pr. Thomas Tronco

Considerações Finais

Os Salmos são mais que simples cânticos e orações feitas por um homem completamente devotado ao seu Criador, eles nos ajudam a compreender qual o tipo de relação que deve haver entre nós e nosso Deus. Com maior reverencia, fidelidade, temor e gratidão do que temos feito até agora. Ser "um homem segundo o coração de Deus" não é tarefa fácil, pois ser agradável aos seus olhos perfeitos e santos é quase impossível, mas Davi conseguiu. E se ele chegou nesse nível de comunhão com o Criador prova que ele, o Senhor, não está à procura de nossa perfeição, mas de nossa obediência incondicional, nossa dedicação e humilhação, ele quer que vivamos para lhe oferecer completa adoração. Aprendemos, portanto, como servi-lo em espírito e verdade (João 4:23)

Biografia

ABDENAL CARVALHO, é Pastor Evangélico com Doutorado e PhD pela Faculdade de Teologia das Assembleias de Deus, presidente fundador do MEMPA - Ministério de Evangelismo e Missões no Pará, Palestrante, Membro da CADB – Convenção das Assembleias de Deus do Brasil/ CPB – Comissão de Pastores do Brasil, OPB – Ordem dos Pastores do Brasil, Palestrante e Escritor, com vários títulos publicados nas maiores e mais importantes Plataformas de Publicação Independente e na Rede Global de Varejo (Ingram)

Contatos

E-mail: autorabdenal@gmail.com

Redes Sociais:

https://facebook.com/EscritorAbdenal

https://twitter.com/escritorabdenal

https://www.instagram.com/agendaliteraria/

WhatsApp: +5591998206557

Site: https://imagensdapaixao.blogspot.com

Livrarias que revendem as obras do autor:

https://obras-do-autor-abdenal-carvalho8.webnode.com/meu-trabalho/?fbclid=IwAR36-rRNqpJBK7N9tndytxC4Rm4xR6kPFcyWpx1p_YugpyJI1zEz Dt9-7kE

Referências

[1] "A Via Láctea abriga 250 bilhões de astros como o Sol." **Fonte**: http://super.abril.com.br/superarquivo/1989/conteudo_111630.shtml**Super Interessante**.

[2] http://objetom42.wordpress.com/tag/virgem/

[3] http://super.abril.com.br/superarquivo/1989/conteudo_111630.shtml :"...**outra s centenas de bilhões de galáxias que se calcula haver no Universo conhecido...**"

Pr. Roberto Biagini

Pr. Thomas Tronco

Delbert Baker — Vice-presidente da Igreja Adventista do Sétimo Dia.

BERTOLINI, José. Conhecer e rezar os salmos: comentários populares para nossos dias. Paulus: São Paulo, 2006.

HEINEMANN, Mark H. An exposition of psalm 22. Bibliotheca sacra 147. July, 1990. Disponível em:

<https://pdfs.semanticscholar.org/188a/a93ec749c8d0dfa278f763401fca a44bc81a.pdf>. Acessado em: 03 fev 2017.

PATTERSON, Richard. Psalm 22: from trial to triumph. JETS 47/2. p. 213-33, jun. 2004. Disponível em:

<http://www.etsjets.org/files/JETS-PDFs/47/47-2/47-2-pp213-233_JETS.pdf > Acessado em: 07 fev 2017.

Pastor Marcos Antonio — O Arauto –

SCHÖKEL, Luís. Salmos I: salmo 1-72. São Paulo: Paulus, 1996. (Coleção grande comentário bíblico)

SHIPP, R. Mark. Psalm 22: The Prayer of the Righteous Sufferer. Christian Studies Scholarship for the church. vol. 25, p. 47-59, 2011-2012. Disponível em:

<http://austingrad.edu/Christian%20Studies/CS%2025/Psalm%2022.pdf> Acessado em: 03 fev 2017.

Antonio Rômullo Pereira Ribeiro de Sousa

Licenciado em filosofia pelo Instituto Católico de Estudos Superiores do Piauí – ICESPI. Endereço eletrônico: romullo.sousa@hotmail

— *Blog Enfoque Bíblico* —

Israel Silva — Rude Cruz - Web Site

— G. B. Williamson (Prefácio)